ON NE NAÎT PAS

ENTREPRENEUR

ON LE DEVIENT

W0331496

LEADER.S®

Pour accéder à la formation,
rendez-vous sur https://acces.leader-s.fr
Code : NFAESHS

Réalisation de la couverture : Dubble Deez Agency.

© 2021, Diateino, une marque du groupe Guy Trédaniel.

ISBN : 978-2-35456-459-9

Tous droits de reproduction, traduction ou adaptation réservés pour tous pays.

www.diateino.com
contact@diateino.com
fr.linkedin.com/company/diateino
@diateino

NICOLAS BELNOU

ON NE NAÎT PAS ENTREPRENEUR ON LE DEVIENT

12 SEMAINES POUR CRÉER VOTRE ENTREPRISE

diateino

Je dédie ce livre à cette force qui réside en nous…

À cette capacité que nous avons tous de reprendre le contrôle de nos vies, de progresser, de choisir notre avenir, d'affronter les obstacles les plus insurmontables.

Je dédie par-dessus tout cet ouvrage à mon fils Abel.

Chaque jour, je participe à ton combat pour une vie meilleure et pour construire pas à pas ton avenir.

Tu es un exemple pour moi de courage, et chaque jour qui passe est une opportunité de te montrer à mon tour la voie et de te prouver que, malgré les difficultés rencontrées, nous devons avancer dans la tempête, quitte à serrer les dents et à baisser la tête.

Tant que mon corps et mon cœur me porteront, je serai à tes côtés, je serai ta canne et ton moteur, ton soleil et le souffle de la vie qui chaque jour te porteront vers une vie choisie.

L'homme que je suis n'est rien comparativement au père que tu as fait de moi. Nous avançons chaque jour vers la lumière malgré la nuit noire qui nous entoure.

Chaque entrepreneur a un modèle qui l'inspire et le guide dans ses combats. Mon modèle à moi, c'est toi.

Je t'aime,

Papa

REMERCIEMENTS

Ce livre, comme tout ce que j'ai accompli jusqu'à aujourd'hui, est en premier lieu le fruit de multiples rencontres, péripéties et expériences.

Je voudrais exprimer ma reconnaissance à celles et ceux qui ont rendu possible cet ouvrage.

J'éprouve une immense gratitude pour avoir le privilège d'accompagner de nombreux étudiants et entrepreneurs, de la France au Maroc, en passant par la Tunisie, l'Allemagne et la Belgique. Vous m'avez nourri à chaque instant. Je garde chacun de vos sourires.

Je tiens à remercier celles et ceux qui, au jour le jour, ont enrichi ma démarche de mille manières, m'apportant généreusement leur aide, leur soutien, leurs conseils.

Je remercie celles et ceux qui, par leur attitude, leur comportement, leur pensée, me démontrent à tout instant que le monde est formé d'éléments multiples, diversifiés, en mouvement permanent, plein de contradictions, et de fantastiques occasions offertes à ceux qui osent les revendiquer.

À ma femme Fouzia, une guerrière incroyable qui, malgré l'adversité, combat à mes côtés jour après jour, ne lâche jamais rien et qui dans les moments les plus difficiles, sait serrer les dents et baisser la tête pour continuer d'avancer.

À mes enfants, Abel et Elhye...

Au moment où j'achève ce guide, vous êtes âgés de 6 et 4 ans. Si ce livre nous a coûté en temps de complicité parfois, qu'il puisse vous nourrir à votre tour dans quelques années. Que vous puissiez vivre votre vie et que vous puissiez vous consacrer à réaliser vos rêves.

Mille mercis à mes parents à qui je dois tout.

SOMMAIRE

LES FICHES-CONSEILS POUR CRÉER VOTRE ENTREPRISE

LE PROGRAMME DE 12 SEMAINES POUR CRÉER VOTRE ENTREPRISE

AVANT-PROPOS

Cher entrepreneur, chère entrepreneuse,

Félicitations pour avoir investi dans notre ouvrage. C'est certainement votre premier meilleur investissement pour faire aboutir votre projet entrepreneurial !

Passionnés par l'esprit d'initiative sous toutes ses formes, mon équipe et moi-même avons décidé de rédiger un ouvrage abordant de manière détaillée l'ensemble des savoirs, savoir-faire et savoir-être que nous diffusons auprès des start-up que nous accompagnons, des séminaires que nous animons et des conférences dans lesquelles nous intervenons.

Nous avons pensé cet ouvrage comme un guide pratique, un partenaire susceptible de vous accompagner tout au long de votre parcours. Vous y trouverez toutes les clés pour réaliser votre projet de création d'entreprise. Il ne s'agit en aucun cas d'un ouvrage rédigé comme un roman, mais plutôt comme **un programme qui vous permettra d'éprouver votre idée en 12 semaines**, pas à pas, grâce à de nombreuses fiches-conseils.

Près d'un Français sur trois aspire à créer son entreprise afin de prendre les rênes de leur propre existence[1]. Malheureusement, seule une minorité d'entre eux se lance dans un projet.

Les médias mettent souvent en avant des personnalités inspirantes pour porter les valeurs de l'entrepreneuriat. Cette démarche est évidemment indispensable, mais, malheureusement, rares sont les personnes capables de s'identifier aux leaders dont la presse est friande.

Au sein de notre équipe, nous sommes convaincus que **tout le monde peut entreprendre**, mais que tous ne peuvent pas tout entreprendre. Il est donc fondamental de trouver la raison d'être qui vous donnera l'énergie de livrer les combats de la création d'entreprise. La création d'entreprise n'est

1. 29 % des personnes interrogées répondent « Oui » à la question « Vous personnellement, auriez-vous envie de créer une entreprise, d'en reprendre une ou de vous mettre à votre compte ? » (étude OpinionWay pour le Salon des entrepreneurs, 2020).

pas réservée aux gens extraordinaires, bardés de diplômes et financièrement à l'abri par des familles bourgeoises.

N'oubliez pas une chose fondamentale : **vous êtes extraordinaire**. Malheureusement, de nombreux éléments de votre vie et de votre histoire vous empêchent de devenir qui vous êtes vraiment, de mener à bien vos projets, de prendre les décisions qui s'imposent.

À travers cet ouvrage, nous partageons avec vous les bonnes pratiques que nous appliquons quotidiennement. Notre objectif en rédigeant ce guide est de vous permettre de devenir performant dans la mise en place et le pilotage de votre projet d'entreprise. Devenir performant vous demande trois choses : **savoir ce que vous voulez vraiment, dépasser vos peurs et faire preuve de courage**.

Mais si c'est aussi simple, pourquoi écrire un ouvrage sur le sujet ? Tout simplement, car il est important de comprendre que nos peurs et nos angoisses sont le fruit d'un manque de méthode, de travail et de planification.

Beaucoup de gens ont des aspirations de vie, parfois largement accessibles, mais ils s'obligent à penser que cela n'est pas pour eux, qu'ils ne vont pas réussir, que le risque est important, que leurs contraintes sont trop lourdes, etc. Ces mêmes personnes seront celles qui vous diront : « Tu sais dans la vie, on ne fait pas ce qu'on veut. » Cette phrase est certainement la pire que je connaisse, car elle nous conditionne depuis notre plus tendre enfance à l'immobilisme et à l'acceptation du sort qui nous est réservé.

Comme évoqué précédemment, les statistiques nous informent que plus d'une personne sur trois aspire à changer de vie**. 29 % des gens interrogés déclarent par exemple aspirer à entreprendre en 2020.** Mais, lorsque nous regardons cela de plus près, combien de personnes entreprennent réellement ? Très peu finalement. Moins de 5 %. Pourquoi, selon vous ?

Nous avons deux manières de répondre à cette réalité : la première en regardant les études réalisées sur le sujet et la seconde en étant pragmatique.

Concentrons-nous sur la première manière de répondre à ce pourquoi. Les statistiques déclaratives évoquent plusieurs raisons à cette distorsion entre le souhait et le fait, entre l'aspiration et la réalisation.

La première d'entre elles est la dimension financière. En effet, bon nombre de personnes refusent d'entreprendre pour des questions financières.

J'entends par là une baisse des revenus sur une période conséquente. Il est intéressant de constater que, dans un monde où le discours commun n'a jamais autant promu l'initiative individuelle, un bon nombre de personnes ne parviennent pas, pour une simple question financière, à changer de vie.

Ce chiffre est réellement surprenant et, d'une certaine manière, interpelle. Comment des gens qui ne sont pas bien dans leur existence, qui aspirent à autre chose, qui aspirent à vivre leur propre existence, soient à ce point devenus esclaves de l'argent ? Ces personnes préfèrent-elles ne pas être à leur place plutôt qu'essayer et prendre la responsabilité de réaliser leurs aspirations personnelles ?

La deuxième raison qui explique ce non-passage à l'acte, ce sont les lourdeurs administratives, juridiques, sociales, fiscales, etc. Là encore, les personnes aspirant à un changement dans leur vie, sans réellement connaître la situation précise de ce qui les attend, anticipent les difficultés. Elles jouent à se faire peur.

La nature humaine est brillante et a une capacité à se trouver des excuses pour ne pas agir. La véritable raison à ce non-passage à l'acte est bien la peur. La peur de l'échec et peut-être même de la réussite. La peur de ne pas être à la hauteur, la peur de se découvrir moins fort qu'on ne le pense, moins intelligent qu'il n'y paraît, la peur de sortir de sa zone de confort, etc.

N'oubliez pas une chose. **La vie commence quand on sort de sa zone de confort.** Cependant, il va falloir du courage pour renoncer au confort de la vie qui ne vous rend pas heureux. Croyez-moi, le jeu en vaut vraiment la chandelle. Vous passerez d'un état dans lequel vous existez à un état dans lequel vous vivez.

Dans le cadre de mes séminaires, les gens s'ouvrent et partagent avec moi leur réalité. Ces personnes, pour un bon nombre d'entre elles, connaissent une certaine réussite professionnelle. Elles travaillent dans un secteur qu'elles ont choisi, gagnent confortablement leur vie et ont de réelles responsabilités. D'un point de vue externe, nous pourrions penser que ces personnes sont vraiment satisfaites de leurs parcours. Lorsque ces personnes témoignent de la satisfaction de leur existence, de la vision qu'elles ont d'elles-mêmes, ces dernières déclarent ne pas être satisfaites.

À l'issue de leurs témoignages, je leur pose automatiquement la même question : considérez-vous que vous avez réussi ? **90 % des personnes interrogées considèrent qu'elles n'ont pas réussi leur vie** et qu'elles se sentent frustrées. Elles ont le sentiment de ne pas être à leur place, de ne pas vivre leur vie et d'être rentrées dans une spirale infernale dans laquelle elles sont embourbées. C'est ce que j'appelle le « tunnel de la vie ».

Laissez-moi partager avec vous le témoignage d'une personne qui m'a marqué lors d'un de mes séminaires. Il s'agit du témoignage d'une dame d'une cinquantaine d'années travaillant à l'époque pour un grand groupe dans l'univers de la beauté et des cosmétiques. Cette dernière a accepté de partager son histoire. Voici la retranscription exacte de son récit :

«Lorsque j'ai commencé ma vie active, je ne me suis pas vraiment posé de questions. J'étais une jeune fille studieuse, mention très bien au bac, j'ai naturellement intégré une prépa puis une école de commerce, des stages, mon premier emploi, mon deuxième emploi, enfin est venu le temps de mes premières vraies responsabilités. Je suis montée dans le train de la carrière professionnelle sans jamais me poser de réelles questions. Ça marchait bien pour moi, alors j'avançais. J'ai entre-temps rencontré mon mari, fondé une famille, qui m'apporte beaucoup d'épanouissement, heureusement, de ce côté-là, ça va.

Mais je ne me suis jamais posé la question de ce que je voulais vraiment. J'avançais dans ma vie professionnelle, naturellement ou plutôt mécaniquement. Puis un matin, j'ai voulu me lever, mais je ne pouvais plus bouger. J'étais immobilisée, mon corps était lourd, inerte. Mon mari a contacté le médecin tout de suite. Le diagnostic était clair. Mon corps avait lâché! Les pressions professionnelles et familiales étaient devenues tellement fortes que mon corps n'avait pas tenu le coup. J'ai été en arrêt trois mois, puis trois autres mois pour récupérer. On me parlait de burn-out, de dépression… Je pensais ne jamais connaître cela. J'avais tellement le sentiment de maîtriser les aléas de mon existence.

Ce burn-out a été pour moi une chance extraordinaire. C'était la première fois de ma vie de femme que je me retrouvais face à moi-même. Les premières semaines ont été vertigineuses. En prenant un minimum de recul, je me rendais compte que ma vie n'était pas la mienne. Je me suis rendu compte que j'étais tellement mal, que j'étais rentrée dans un tunnel de vie qui m'évitait de me poser des questions. Un jour poussait l'autre.

La vie était passée. Je me souvenais de mes débuts comme si c'était hier et pourtant, c'était il y a vingt-huit ans. J'ai perdu ma vie à la gagner», me dit-elle en s'effondrant. Mais elle trouva la force de continuer, elle voulait raconter son histoire.

«Pourtant, tous les signaux étaient là. Quand je commençais mes semaines, j'avais une boule à l'estomac, je n'osais plus ouvrir mes e-mails. Parfois, quand je partais en vacances, je réservais les prochaines dès mon retour. Je prétextais qu'il fallait les réserver rapidement pour avoir de bons prix. Mais, au fond de moi, je savais que cela allait me faire tenir encore quelques mois. Cela me donnait un but, cela me permettait de tenir le coup. Je fais partie de ces gens qui gagnent très correctement leur vie au regard de la moyenne nationale, mais, si vous me demandez si j'ai le sentiment d'avoir réussi, ma réponse est non. Mais j'ai envie d'aller au-delà de votre question et de répondre à la question que vous ne m'avez pas posée : est-ce que je considère que ma vie est un échec? Ma réponse est oui.

J'ai conscience évidemment d'avoir un mari formidable, stable, aimant, des enfants beaux, intelligents, en bonne santé. Mais comment puis-je leur demander de vivre leur existence, de suivre leurs rêves alors que moi-même je suis le parfait contre-exemple? J'ai honte, vous savez. J'ai bradé ma vie.

J'ai conscience que faire le constat de cette situation est un grand pas en avant pour moi. J'ai mis vingt-huit ans pour le faire. Vous savez ce qui est le plus dur dans cette situation? Ce n'est pas se lever le matin sans but, mais être en colère contre soi-même. J'ai renoncé. J'ai renoncé très jeune à me poser la question qui pour moi est la plus importante et que j'aurais dû me poser il y a bien longtemps. Qu'est-ce qui me rend réellement heureuse et qu'est-ce qui va faire que je vais me sentir épanouie dans ma vie?

Aujourd'hui, j'ai 50 ans, je désire profondément changer, entreprendre, mais je ne trouve pas le chemin. Je suis terrorisée. J'ai peur de changer, de ne pas réussir, de perdre mon confort de vie, de me décevoir. Je gère plusieurs millions d'euros de budgets chaque année et je ne me sens pas capable de mener à bien des projets qui me tiennent à cœur.

La seconde raison qui me bloque est le fait que je ne sais pas par où commencer; j'ai l'impression que la tâche est immense. Je manque terriblement de méthode malgré mes années d'expérience.»

Le témoignage de cette dame est assez symptomatique de l'interrogation de bon nombre de gens. Beaucoup de personnes ont semble-t-il une vie plutôt réussie, vu de l'extérieur. Pourtant, nombre d'entre elles considèrent ne pas être à la bonne place. C'est cette dualité qui crée une frustration de ne pas vivre sa vraie vie.

Entreprendre est certainement un parcours d'angoisses et de peurs, mais c'est aussi **un chemin de liberté et d'épanouissement individuel**. Entrepreneur est certainement le seul métier où nous sommes confrontés à notre propre limite.

Comment voulez-vous dire à vos enfants de vivre leurs rêves quand vous-même en êtes incapable? Pensez-vous être crédible? Pensez-vous être un exemple?

Depuis notre enfance, nous faisons des choix, sans réels objectifs, qui ne reposent pas sur ce que nous voulons réellement, mais plutôt sur ce que nous pensons être le mieux, pour les autres, les enfants, nos parents, mais aussi pour nous, sans s'interroger sur **ce que nous voulons vraiment**. Le savons-nous d'ailleurs?

Cette dame s'appelle Marie. Elle m'a touché, car son discours était sincère et poignant. Il y a en chacun de nous une Marie. N'oubliez pas. La vie est courte, alors ne perdez plus votre temps. Cessez d'exister, vivez! **Entreprenez!**

À travers ce guide, je vais vous accompagner pas à pas dans votre projet, dans la définition de vos objectifs, dans l'identification de vos valeurs et de vos croyances. Vous trouverez quatre niveaux pour vous accompagner :

1. Des fiches-conseils pour répondre à vos questions

Entreprendre peut parfois devenir technique. Trouver des financements, comprendre les statuts juridiques, bénéficier d'aides spécifiques et de conseils ciblés. Les fiches-conseils répondront à l'essentiel de vos interrogations.

2. Un guide pratique de 12 semaines pour créer votre entreprise

Jour après jour, semaine après semaine, ce guide vous accompagne dans votre projet et fixe avec vous les objectifs quotidiens et hebdomadaires. La trame est conçue pour vous permettre de travailler de manière intensive et instinctive.

3. Un accès à 25 heures de vidéos méthodiques et inspirantes pour vous booster

Ce guide vous donne un accès à près de 25 heures de vidéos inspirantes où je vous expliquerai pas à pas, problématique après problématique, la manière dont vous devez penser, créer et développer votre entreprise. Je mets à votre service mon expérience de « serial entrepreneur ». Pour y accéder, rendez-vous sur https://acces.leader-s.fr (code : NFAESHS).

4. La participation à des *masterclasses* mensuelles

Uniquement réservées aux lecteurs de cet ouvrage, des *masterclasses live* mensuelles et totalement gratuites seront aussi l'occasion de traiter de sujets techniques et de rebooster la communauté des lecteurs.

Je rêvais depuis très longtemps d'offrir aux néo-entrepreneurs un ouvrage totalement révolutionnaire. Ce guide est le premier dans son genre et mon équipe et moi-même l'enrichissons jour après jour pour vous offrir la meilleure expérience utilisateur.

— APPRENDRE À DÉPASSER SES PEURS —

Notre parcours de vie depuis notre naissance a fait de nous l'être que nous sommes. Nos expériences vécues et notre éducation ont créé en nous un référentiel de valeurs, de croyances, de certitudes, etc. Ce référentiel est parfois devenu une seconde nature qui nous permet de dire ou de faire certaines choses. Il nous permet également de nous convaincre que nous ne pouvons pas dire ou faire d'autres choses.

Si je vous dis que votre parcours vous a programmé à être celui que vous êtes, et à croire que vous n'êtes que cela, me croyez-vous ? Si je vous dis que notre programmation inconsciente nous empêche souvent d'avancer, car nous transportons avec nous un passé, une histoire, des souffrances, des peurs et des valeurs qui peuvent nous bloquer, me croyez-vous ?

Si je vous dis que vous n'êtes pas la personne que vous pensez être, le croyez-vous ? L'être humain a cette capacité immense à se convaincre que ses choix sont les bons et que sa place est celle qu'il a choisie, alors qu'ils sont souvent **le résultat d'influences extérieures anciennes** et le fruit de notre volonté profonde à vivre dans une norme sociale et à **suivre le modèle qui nous est suggéré**. Croyez-moi ! Si vous êtes là où vous êtes actuellement, ce n'est pas le fruit du hasard, mais bien le résultat d'une **programmation inconsciente**.

Quels que soient votre parcours de vie, vos diplômes, votre expérience, votre âge ou bien encore vos projets, n'oubliez pas deux choses :

- **La définition du succès est différente pour chaque individu.** Pour certains, le succès sera la richesse matérielle, pour d'autres, la liberté, le courage d'entreprendre, de vivre de sa passion. Pour d'autres encore, le succès sera d'apprendre à vivre le moment présent. Il y a autant de définitions de la réussite que d'êtres humains.
- **Vous êtes votre principal ennemi.** Vous êtes votre propre limite, celui contre lequel vous devez lutter chaque jour.

Beaucoup de gens pensent que le succès ou la réussite sont réservés aux autres, qu'ils ne sont pas suffisamment intelligents, qu'ils n'ont pas fait assez d'études, qu'ils ne sont pas suffisamment forts mentalement, qu'ils n'ont pas d'économies pour le moment, qu'ils attendent d'avoir plus d'expérience, etc. Beaucoup d'entre eux pensent également que c'est plus facile pour les autres, mais tout cela n'est qu'une excuse pour ne pas agir. Trouver des excuses est facile et nous sommes très imaginatifs pour en trouver.

Soyez sûr d'une chose. **Devenir entrepreneur est largement à votre portée, mais vous ne le savez pas.** Pourtant, seul le premier pas compte.

Un jour, dans le cadre d'un séminaire, on m'a posé la question suivante : «Quel est le secret pour réussir dans l'entrepreneuriat?» J'ai répondu à cette personne : «La grande différence entre les gens qui réussissent et les autres, c'est **le passage à l'action**. La meilleure manière d'échouer est de ne jamais commencer.»

Seul un petit pourcentage de la population vit réellement la vie qu'elle a choisi de mener. Vous rendez-vous compte que moins de 5 % de la population se lèvent chaque matin, se couchent chaque soir avec la certitude que leur vie est le résultat de leurs choix et que cette vie est bien la leur? Pensez-vous que ces gens se lèvent le matin à reculons? Pensez-vous que ces gens cultivent la «négative» attitude? La jalousie? La rancœur? Qu'ils se cherchent des excuses pour ne pas agir? Bien sûr que non.

Ces personnes ne sont pas plus intelligentes, plus courageuses ou plus énergiques que vous, mais **des habitudes de vie** les distinguent des autres :

- ils cultivent un état d'esprit positif;
- ils n'abandonnent jamais;
- ils ont des objectifs clairs et mesurables;
- ils agissent avec méthode;
- ils aiment profondément ce qu'ils font;
- ils ont une raison d'être.

Ne pensez pas que ces personnes ne connaissent pas l'échec, ne tombent pas, ne souffrent pas, ne pleurent pas, que c'est facile pour elles. Si c'est difficile pour vous, c'est difficile pour elles. Mais leur état d'esprit leur permet de franchir les étapes, de s'adapter, de changer de trajectoire dans un seul et unique but : **atteindre leurs objectifs**. La question n'est pas : vont-ils les atteindre? La vraie question est : quand et de quelle manière?

Je compare souvent le fait de changer d'existence avec l'action de monter sur un ring. Monter sur un ring est certainement l'une des choses les plus courageuses qu'un individu puisse faire. Comment un être humain normalement constitué peut accepter de monter sur un ring avec comme seul projet de faire mal à l'autre et de sortir vainqueur de cet affrontement pugilistique ? Il sait qu'il va souffrir, qu'il va avoir mal, qu'il doit dépasser sa peur, mais il sait qu'il va gagner. Il est prêt.

Si vous voulez changer de vie et devenir entrepreneur, n'oubliez pas une chose : quoi qu'il arrive, cela sera **plus difficile que prévu, plus long que prévu, plus cher que prévu**, vous prendrez plus de coups que prévu, et ce, quel que soit votre talent. Cependant, vous franchirez ces étapes, car ce guide va vous accompagner avec méthode. C'est ensemble que nous allons le faire.

Cet ouvrage n'a pas vocation à vous vendre un rêve inatteignable ou à vous promettre la fortune. Soyez sûr d'une chose : que vous pensiez être capable de faire quelque chose ou que vous pensiez en être incapable, dans les deux cas, vous avez raison.

La seule et unique question que vous devez vous poser est la suivante : **« La vie que je mène est-elle celle que je souhaite mener ? »** Si la réponse est non, alors le temps est venu de vous interroger et de réaliser un projet qui a du sens pour vous. Ce guide vous permettra de davantage « performer ».

Quelle que soit votre situation, **entreprendre est un voyage extraordinaire qui vous changera à tout jamais**. Entreprendre n'est pas une ligne droite ou un sprint. C'est un marathon fait de détours, d'envies profondes d'abandon, de joies extraordinaires, de doutes sur vos capacités. N'oubliez pas de cultiver et de maîtriser trois leviers :

- **Prendre soin de son corps** : un corps en état de bon fonctionnement est indispensable. Vous connaissez la fameuse expression « Un corps sain dans un esprit sain ». Nous avons bien conscience de l'impact de l'alimentation sur notre organisme, mais nous le sous-estimons trop souvent. L'alimentation et ses conséquences ont un impact direct sur votre métabolisme, votre énergie et votre perception du monde.
- **Cultiver le bon *mindset*, le bon état d'esprit** : il faut avoir conscience que la réalité n'existe pas. C'est un angle de vue, et uniquement un angle de vue. Ainsi, si vous changez d'angle de vue, vous passerez du « c'est impossible » au « c'est possible », du « je ne peux pas le faire » au « je suis en train de le faire ».
- **Avancer avec méthode et pragmatisme** : c'est ce que j'appelle le « travail profond ». Sans une organisation précise et une planification efficiente, impossible de mener à bien vos projets avec efficacité.

DÉVELOPPER SON *MINDSET* D'ENTREPRENEUR

Cela va peut-être vous surprendre, mais la route vers le succès est avant tout une programmation biochimique entre le corps et l'esprit. Beaucoup parmi vous savent déjà que le corps et l'esprit ne forment qu'un tout. Beaucoup de gens utilisent régulièrement l'expression « bien dans son corps, bien dans sa tête ». Pourtant, malgré cette connaissance, peu de gens mettent en place dans leur quotidien **des habitudes de vie permettant d'influencer cette biochimie**.

Beaucoup de gens pensent que le résultat de cette biochimie est le fait d'éléments extérieurs à leur existence (de bonnes nouvelles, une naissance, des vacances, une perte de poids, une victoire sportive, une promotion, etc.) qui vont faciliter cet équilibre. Toutefois, si nous raisonnons de cette manière, cela signifie que cet équilibre est très rare, dans la mesure où il est rarissime que tout aille parfaitement bien dans nos existences. Généralement, quand cela arrive, on le sait et on sait que cela ne va pas durer. La vie est difficile pour tout le monde et les difficultés (problèmes et tracas) font partie de notre quotidien.

Apprenez à maintenir vos performances et votre biochimie quoi qu'il arrive. Ne rendez pas les éléments extérieurs responsables de cet état. Grâce à vos actions, soyez responsable de cela. Pensez à cette expression : **« Tout va mal, je vais bien. »** Voilà votre objectif.

L'action de porter un projet d'entreprise se rapproche énormément des objectifs sportifs, car ils portent en eux deux états émotionnels contradictoires : la douleur et la joie, ou bien encore la difficulté et le bien-être. Le sportif de haut niveau a deux principaux objectifs dans sa pratique :

- **Gagner.** Quelle que soit sa discipline, quel que soit le niveau auquel il évolue (régional, national, international), son objectif est bien d'être le meilleur de sa discipline. Pourquoi, selon vous, s'entraîne-t-il si dur ? Comment peut-il supporter physiquement et mentalement deux à trois entraînements par jour, sans parler de la diète qui accompagne cet entraînement? Pensez-vous que ce sacrifice et tous ces efforts s'inscrivent dans une simple logique de participer à une compétition? Bien sûr que non. La peine est bien trop lourde. Son corps et son esprit supportent cela, car il a un objectif précis, celui de gagner.

- **Durer.** Un sportif même extrêmement bien encadré sursollicite son corps. Son métier est de mobiliser à 150 % ses ressources physiologiques pour «performer». Cependant, pour tout sportif, gagner est le début de sa carrière, l'élément incontournable. S'il souhaite marquer sa discipline et être reconnu comme champion, la seule possibilité qui s'offre à lui est d'enchaîner victoire sur victoire, pour marquer son sport, marquer une génération. Le sportif est donc destiné à gagner et à durer. C'est ce qui fera la différence entre le sportif et le champion. Imaginez-vous tous les sacrifices que cela demande et la prise de risque immense que cela représente pour lui!

Notre objectif à travers cet exemple est de vous démontrer que, dans vos projets, **vous êtes un sportif de haut niveau**, et vous devez vous appliquer la même discipline pour devenir le champion de votre vie. Ne souriez pas, car vous savez que je suis dans le vrai. Cultiver la biochimie corps/esprit, vous l'avez compris, demande de la discipline et de l'exigence. C'est un style de vie. Vous souhaitez changer votre vie, alors vous savez déjà ce que vous devez faire : **être discipliné**.

Rassurez-vous, nous sommes tous les mêmes. Lorsque nous devons choisir entre un hamburger savoureux accompagné de bonnes frites maison et des légumes vapeurs accompagnés d'un poisson sans véritable saveur, le choix est rapidement fait de prime abord. Rappelez-vous la dernière fois que vous êtes allé au restaurant et que le moment de choisir est venu. Qu'avez-vous choisi pour déjeuner ou dîner?

Pour ma part, si je n'écoute que mon estomac et mon envie de manger, je vais choisir le hamburger. C'est facile. Je sais qu'en prenant ce hamburger, je vais satisfaire mon envie immédiatement. Quand cela sera terminé, je vais culpabiliser et, en plus, je sais que mon organisme va pomper un maximum d'énergie pour digérer ce repas. Je sais aussi que l'énergie immense qui va être consommée par mon organisme ne sera pas utilisée pour autre chose. Je vais mal dormir, être fatigué, avoir peu d'entrain. Je vais donc doublement payer le prix.

En revanche, je sais aussi que, si je connais mon objectif, je sais que je dois maintenir ma biochimie corps/esprit pour l'atteindre. Tout mon être doit être focalisé sur cet objectif. Si je ne perds pas de vue cet objectif, alors je vais prendre ce repas vapeur. Ce choix va me permettre de nourrir mon corps correctement, et je vais ainsi pouvoir **focaliser cette énergie vers l'atteinte de mes objectifs**. Sans objectif, pourquoi faire des sacrifices? À quoi bon faire des efforts? Il n'y a pas d'intérêt, si je ne sais pas ce que je veux et où je vais.

Vous l'avez compris, sans discipline, rien n'est possible, mais sans objectif, pourquoi être discipliné? Les maîtres mots sont donc **objectifs – discipline – exigence**.

Lors de mes séminaires, beaucoup de gens avouent être exigeants avec leurs enfants ou leurs proches. Cependant, quand je leur pose la question «Vous appliquez-vous la même exigence?», la réponse est non dans 80 % des cas. Pourquoi? Ils n'ont pas d'objectifs à atteindre. L'effort n'a donc pas de sens pour eux.

Je dis aux gens que ce sont leurs habitudes de vie qui font la différence Changez votre comportement, vous changerez votre état. Changez votre état et vous changerez votre perception de la réalité. **Changez votre perception de la réalité et le champ des possibles s'ouvre à vous.**

N'oubliez pas une chose : le négatif amène toujours le négatif et le positif amène toujours le positif. Il y a quelques années, je regardais la saga X-Men. Dans l'un des épisodes, lorsque le personnage de Logan (Wolverine) se cache dans la grange d'un fermier et qu'il s'apprête à partir, le fermier lui pose une question : «Sais-tu ce qui arrive aux gens qui cherchent du sang? Eh bien, ils en trouvent.» Eh oui, si vous vous concentrez sur le négatif, vous trouverez du négatif. Logique, non?

Peut-être vous levez-vous le matin sans savoir pourquoi vous vous levez, sans objectif, de mauvaise humeur, en vous disant «Zut, je suis en retard», «Pouf, je dois prendre ma douche à l'arrache», «Ah, je n'ai rien à me mettre», «Zut, les enfants sont encore en train de dormir», «Encore une journée difficile et pénible», etc. Pensez-vous que cet état va favoriser une biochimie corps/esprit positive? Bien sûr que non! Pensez-vous qu'une personne négative puisse **mobiliser une énergie positive, susciter l'entrain des autres**? N'oubliez pas une chose : les gens ne verront qu'une personne négative, triste, stressée, désagréable, agressive, au bout du rouleau, etc. Avez-vous envie de suivre ce type de personne? Je ne pense pas.

En revanche, si vous vous levez le matin avec une énergie positive, que vous êtes heureux de faire ce que vous vous apprêtez à faire, cela change tout. Vous êtes heureux de vous lever, généralement tôt, vous prenez le temps de correctement vous nourrir, de vous programmer à travers le respect de vos rituels, vous êtes **disponible pour les autres**.

Attention, ne pensez pas que cette personne positive n'a pas de problèmes et de tracas. Elle en a, mais elle a certainement un objectif. Elle sait pourquoi elle se lève. Elle sait ce qu'elle veut et sa discipline de vie lui permet de créer la bonne biochimie. Avez-vous envie de suivre une personne joyeuse, disponible, pleine d'énergie ? Laissez-moi deviner...

Vous voulez savoir si votre vie est bien la vôtre ? Facile. Vous êtes prêt ? Allez dans votre salle de bain. Là, maintenant. Fermez la porte pour être certain de ne pas être dérangé. À présent, regardez-vous dans la glace et posez-vous la question suivante :

Que ferais-tu de ta vie si tu n'avais pas peur ?

Répondez à cette question le plus sincèrement du monde. Vous aurez la réponse.

Lors d'un séminaire, une dame d'une quarantaine d'années m'a dit : « J'ai tellement peur de la réponse que je n'ose même pas me poser la question. » Vous rendez-vous compte dans quelle souffrance était cette personne ?

N'oubliez pas : quels que soient vos choix, ce sont les vôtres. Vous pouvez choisir de vivre votre vie pleinement, simplement en passant à l'action, ou bien choisir de simplement exister, d'être là. **Vous êtes le seul arbitre de votre existence.** Devenir entrepreneur va vous permettre de cultiver l'une des choses les plus importantes pour mener à bien votre projet : **la volonté**.

Nous vous souhaitons une excellente lecture, et surtout, quoi qu'il arrive, quels que soient les épreuves et les doutes par lesquels vous allez passer, **ne lâchez jamais rien**.

« SI VOUS NE TRAVAILLEZ PAS POUR VOS RÊVES, QUELQU'UN VOUS EMBAUCHERA POUR TRAVAILLER POUR LES SIENS. »

STEVE JOBS

LES FICHES-CONSEILS

POUR CRÉER VOTRE ENTREPRISE

POURQUOI ET COMMENT ENTREPRENDRE ?

— QU'EST-CE QU'UN ENTREPRENEUR ? —

Est-ce qu'il suffit de se mettre à son propre compte et de devenir indépendant ? S'agit-il du simple fait de créer une entreprise ? De déposer les statuts de celle-ci pour se dire que l'on est un entrepreneur ? Voici quelques repères pour y voir clair.

Oui, l'entrepreneur n'est pas un salarié, mais pas que…

La notion de dépendance et de responsabilité limitée est effacée lorsqu'on parle **d'entrepreneur**. Ce nom implique le fait d'**agir à son propre compte en toute indépendance.** Vous n'êtes donc pas placé sous la subordination juridique de qui que ce soit. Le salarié, lui, exécute sa mission sous l'autorité d'un supérieur qui supervise l'exécution de son travail, lui donne des directives et oriente son avancement. Cette principale différence ne complète pas pour autant la définition.

L'entrepreneur n'est pas uniquement **un créateur d'entreprise.** Il n'est pas un simple créateur de société à but lucratif, mais beaucoup plus que cela ! Il est une personne qui, **portée par des valeurs profondes et une vision affranchie**, s'engage dans un **projet qui lui tient à cœur**. La croissance d'une entreprise et les profits générés proviennent d'un processus de **production de valeurs pour les autres** (les clients de l'entreprise). Le rôle de l'entrepreneur est justement d'être ce pilier, celui qui s'assure que son entreprise produise de la valeur et implique les autres dans son développement.

Différentes façons d'entreprendre pour différents profils d'entrepreneurs

Les transformations profondes (digitalisation de l'économie, globalisation des activités, mutation des relations employeurs-employés) que nous vivons, individuellement et collectivement, se sont accompagnées d'un changement des mentalités. Les générations de jeunes passionnés et très motivés sont donc aujourd'hui portées par des attitudes, des aspirations et des valeurs qui les orientent de plus en plus vers **l'entrepreneuriat.**

C'est en fonction des trajectoires, des objectifs personnels, des motivations, des modes de décision et d'action que se distinguent **les façons d'entreprendre.** On peut entreprendre :

- en créant son propre emploi, par nécessité ou par **volonté d'indépendance ;**
- en devenant *trend-setter* et en créant un nouveau produit, service, ou concept innovant qui fait la différence et qui permet de devenir leader ;
- en essayant de **stimuler l'évolution économique** : créer une entreprise à fort potentiel de développement et d'emplois ;
- en perpétuant la tradition familiale et en assurant **la continuité d'une génération de business** (reprendre une entreprise existante) ;
- en devenant **franchisé** et en exerçant une activité qui a déjà fait ses preuves ailleurs, etc.

Pourquoi devenir entrepreneur ?

L'entrepreneur s'expose beaucoup. Il faut être un peu fêlé pour créer sa propre entreprise et se dire : « Tiens, j'ai vu qu'il y a un problème et je vais y apporter une solution, et, pour ce faire, je vais m'y consacrer corps et âme. »

Les entrepreneurs que je connais ont tous un point commun. Fondamentalement, ce sont des rebelles avec un ego développé, même s'ils vous disent le contraire. Tout entrepreneur a besoin d'un ego développé. Comment voulez-vous, sinon, prendre autant de coups et continuer à avancer tout en gardant la foi ?

Qu'ils soient créateurs de start-up, auto-entrepreneur, micro-entrepreneur, repreneur, franchisé, commerçant, coiffeur, agriculteur, professionnel libéral (avocat, médecin, notaire, architecte, etc.), les entrepreneurs qui agissent à leur propre compte ont des **motivations** et des **objectifs différents**. Ils acceptent de relever le défi de créer leur propre entreprise pour plusieurs raisons telles que :

1. Devenir son propre chef et profiter d'une certaine liberté

Ce n'est pas toujours facile de recevoir des ordres et des directives de son supérieur, d'avoir l'impression d'être toujours surveillé ou assisté. On peut choisir de devenir entrepreneur pour être son **propre chef** et prendre soi-même les décisions importantes. Bien que cela implique **d'endosser toute la responsabilité de l'entreprise**, le **sentiment d'indépendance** peut être très stimulant et motivant. Avoir le pouvoir décisionnel est souvent bénéfique d'un point de vue personnel pour fortifier et stimuler la confiance en soi et la persévérance.

2. La passion et le besoin d'accomplissement personnel

La passion est un facteur clé pour toute **réussite d'un projet entrepreneurial**. Elle est un moteur puissant de créativité et permet de surmonter les coups durs. Faire ce qui vous passionne vous arme d'une grande ardeur et stimule votre persévérance. **Vouloir réussir et s'accomplir** en faisant ce qui vous passionne vous aide à tenir une entreprise durablement. Vous pourrez entreprendre en étant en accord avec vos valeurs et vos besoins, et ainsi donner du sens à votre vie.

3. L'amour du challenge et l'envie de se surpasser

Créer son entreprise signifie **être responsable de sa réussite**, devenir sa source de revenus et **assurer la survie de son business** : quoi de plus motivant comme challenge à relever? En ayant un projet personnel qui vous implique autant, les enjeux seront forcément importants. Résultat : une adrénaline constante. **L'expérience entrepreneuriale sera donc très excitante**. L'envie de se surpasser et de relever les défis peut donc être une grande motivation pour ceux qui aiment faire partie de ce jeu.

4. Gagner de l'argent et assurer son indépendance financière

Il faut savoir qu'en début d'aventure, l'entrepreneur ne gagne pas assez d'argent. Heureusement, cette phase ne dure pas longtemps! Après le lancement de son activité, l'entrepreneur voit souvent **ses revenus décupler rapidement** si son entreprise fonctionne bien. C'est ainsi que des entrepreneurs arrivent à avoir un bon confort matériel et deviennent leur propre «sponsor» en revendant par exemple leur entreprise pour ainsi réaliser leur rêve par la suite (tour du monde, retraite anticipée...).

Il y a aussi **le devoir sociétal, le désir d'instaurer un changement**, ou **l'envie de créer son propre emploi** et d'en finir avec une situation de chômage prolongé. Les motivations sont nombreuses, comme vous le voyez, mais la bonne question est :

Peut-on réussir facilement en devenant entrepreneur ?

Retenez-le : **personne ne « naît » entrepreneur. On le devient**. Comment ? En apprenant, en progressant, en tirant des leçons de ses erreurs et en comprenant la mécanique du business. Il s'agit d'un **processus évolutif au cours duquel vous progressez**, et c'est là que vous pourrez réussir. Le business est une mécanique. Comme toute compétence mécanique, cela s'apprend.

Donc, **la réussite n'est pas donnée à tout entrepreneur** ! Cependant, si vous vous investissez réellement, si vous ne vous laissez pas intimider, dévaluer par ceux qui vous diront que vous ne pouvez pas réussir, si vous **entreprenez sérieusement votre projet et avancez intelligemment**, vous réussirez et vous progresserez. C'est à la portée, non pas de tous, mais de tous **ceux qui désirent ardemment réussir et atteindre le succès.**

– COMMENT DEVENIR ENTREPRENEUR ? –

De nos jours, plusieurs personnes se lancent dans l'aventure entrepreneuriale en choisissant de créer une entreprise qui s'accorde avec leurs buts et leurs attentes. Que ce soit par désir d'indépendance ou d'une meilleure rémunération, ou par envie de surmonter de nouveaux challenges, la création d'entreprise n'est plus un défi aussi effrayant, et nombreux sont ceux qui décident de s'y lancer !

On entend même dire que lancer sa boîte en France n'est pas forcément plus difficile qu'à l'étranger, et présente un certain nombre d'avantages. D'ailleurs, la France est aujourd'hui l'un des premiers pays européens en termes de création d'entreprise : près de 850 000 entreprises y ont été créées en 2020[1].

Grâce au **régime du micro-entrepreneur,** il semblerait que même les profils les plus jeunes et les moins expérimentés n'ont plus de difficultés à faire prévaloir **leurs idées de business innovant**. Qu'en est-il exactement ? Et est-ce réellement facile de créer une entreprise en France ?

C'est vrai, il devient possible de **tester une idée de création d'entreprise ou de se lancer dans une démarche peu risquée** de création d'une micro-entreprise qui bénéficie d'avantages importants, notamment en matière d'allègements administratifs, comptables et fiscaux. Cela a pour but **d'encourager la prise d'initiatives** et de favoriser l'animation d'un écosystème d'entrepreneurs talentueux.

Toutefois, **la création d'une entreprise à fort potentiel de développement et de croissance** demeure une approche délicate nécessitant **une bonne réflexion**, **une anticipation stratégique** et une bonne préparation du projet dans l'ensemble. Se lancer dans une telle aventure, demande **d'agir avec méthode** pour pouvoir surmonter tous les défis et offrir toutes les chances de réussite à son business. Tout cela ne peut pas se faire en **un simple clic** : il faut bien prévoir le temps, les concessions et les efforts nécessaires à déployer pour savoir dans quoi on se lance !

---

1. 848 200 entreprises ont été créées en 2020 (régime du micro-entrepreneur inclus), soit 4 % de plus qu'en 2019 (Insee).

Attention : ne confondez pas le fait de « créer une entreprise » et « les formalités de création d'entreprise ».

Oui, les **démarches administratives** pour monter une entreprise peuvent être réalisées rapidement, notamment grâce aux outils des nouvelles technologies et à la possibilité d'**accomplir ses formalités en ligne** en toute sécurité. Elles ont été simplifiées grâce aux :

- **centres de formalités des entreprises (CFE)**, qui sont des « guichets uniques » qui gèrent vos demandes et simplifient les formalités de création, de modification ou de radiation d'activité des entreprises ;
- **services d'immatriculation en ligne**, qui permettent à tout porteur d'idée de créer son entreprise de chez soi, à toute heure du jour ou de la nuit.

L'immatriculation est une phase facile à réaliser (il suffit de déposer une demande auprès du centre de formalités des entreprises), mais elle ne constitue qu'une simple étape du processus de création d'entreprise qui cache une certaine complexité. Allant de la recherche des sources de financement, des fournisseurs, jusqu'à la prospection, vous devrez mener différentes actions de réflexion...

Ne vous contentez pas de créer une entreprise, tâchez de réussir votre création !

Si monter sa boîte est aujourd'hui à la portée de tous d'un point de vue administratif, l'entrepreneuriat reste **un parcours jalonné d'embûches et de difficultés**. Il faut avoir **la bonne démarche** et **accorder le temps nécessaire à chaque étape** pour garantir les chances de réussite de son projet. N'hésitez pas à respecter ce processus chronologique :

- Avant toute chose, trouvez ***la* bonne idée de création d'entreprise,** celle qui a un potentiel de croissance, qui peut converger avec vos buts et attentes, et surtout celle qui est rentable, un facteur très important !
- Affinez cette idée et améliorez-la progressivement en fonction des retours et des recommandations. Réalisez ensuite **une étude de marché pertinente** qui confirmera son attractivité par rapport à la cible.
- **Accordez beaucoup d'intérêt aux clients** et mettez-les au cœur de votre stratégie d'évolution, puisqu'ils confirmeront ou non la faisabilité de votre projet. De plus, c'est **l'analyse de la clientèle** qui vous aidera à déterminer le chiffre d'affaires prévisionnel de votre entreprise.

- Chiffrez votre idée et passez à la phase pratique : prévoyez **l'évolution de votre activité** et étudiez ses **charges et dépenses éventuelles** en élaborant des prévisions financières. Ceci vous permet de faire face aux risques et de s'assurer de la rentabilité et de la pérennité de votre entreprise.
- Collectez les données nécessaires pour établir les comptes et **intégrez-les dans un *business plan*** clair et détaillé, qui crédibilisera votre demande de financement et facilitera la gestion future de l'entreprise.
- **Choisissez votre statut juridique avec précaution** puisque ce choix aura des conséquences sur vos futures décisions stratégiques et vos responsabilités en tant qu'entrepreneur. Une fois **l'immatriculation obtenue**, vous pouvez enfin donner naissance à votre entreprise et **exercer librement et en toute légalité votre activité.**

Soyez rassuré, vous pouvez être accompagné !

La question de l'accompagnement est une vaste question et un vaste problème. Est-il préférable d'être accompagné ? Oui, sans hésiter une seconde. Encore faut-il l'être par la bonne personne. Malheureusement, en France, l'accompagnement n'est pas du tout au niveau, et cela pour plusieurs raisons :

- Les créateurs d'entreprise n'ont pas d'argent au début. Ils ne peuvent donc pas se faire accompagner par des personnes vraiment compétentes et expérimentées.
- Les associations et autres structures étatiques proposent des accompagnements qui leur ressemblent; administratifs avec des consultants juniors.
- Beaucoup d'experts-comptables sont rapidement dépassés dès qu'un projet sort un peu trop du cadre.
- Les associations qui proposent du mentorat sont intéressantes, mais les places sont rares et chères.
- Les incubateurs proposent de l'accompagnement, mais souvent trop superficiel.

Je suis un peu en rébellion à ce sujet, quand je vois des personnes sans aucune expérience conseiller de futurs entrepreneurs. Je ne comprends pas le concept. Pour apprendre à jouer au tennis, il est préférable d'apprendre avec un bon joueur et pas avec le ramasseur de balles.

ENTREPRENDRE POUR DONNER DU SENS À SA VIE

Réveil monotone, rythme de vie exaspérant qui manque d'exaltation, pression hiérarchique intensifiée, succession de conflits avec les autres salariés, rémunération décevante et non proportionnelle aux efforts consentis, tout cela peut mener à un surmenage, à un burn-out et à une incapacité à continuer encore longtemps ainsi.

Il est fréquent de sentir que son parcours professionnel, si bien tracé, devient **dénué de passions et d'aspirations, au point de perdre sa valeur**. À partir de ce moment, il est normal de chercher à **redéfinir ses priorités**. Le fait de vouloir **créer sa propre entreprise** et d'entreprendre pour devenir son propre patron peut être un bon remède pour redonner **du sens à sa vie professionnelle**.

Toutefois, le quotidien et la vie d'un chef d'entreprise sont-ils vraiment ceux présents dans l'imaginaire collectif? La réalité peut s'avérer très éloignée et le bonheur recherché peut être détourné par les nombreux défis et la grande responsabilité. Pour **garantir la satisfaction et le bien-être dans votre travail**, voici quelques éclaircissements utiles!

Entreprendre est-il vraiment synonyme de bien-être au travail?

Avez-vous le sentiment de perdre votre motivation au quotidien? De ne plus savoir pourquoi vous consacrez un bon tiers de votre vie, voire davantage, à votre métier? Si oui, le moment est venu de **changer le cours de votre vie et de mettre vos efforts et aspirations dans la création de votre propre entreprise**!

Avoir un travail qui a du sens est fondamental pour votre bien-être et votre motivation. Entreprendre vous offrira la chance de faire ce qui vous passionne. Comme le dit Confucius : « Choisissez un travail que vous aimez et vous n'aurez pas à travailler un seul jour de votre vie. » Vous aurez enfin la possibilité **d'exploiter votre plein potentiel**, de **vous dépasser**, et de prendre des décisions **en accord avec ce que vous êtes réellement**.

Créer une entreprise en harmonie avec ses convictions et ses aspirations personnelles stimule **la création de sens au travail.** Vous jouirez de l'indépendance, du pouvoir d'agir et du sens d'accomplissement qui favoriseront évidemment **une bonne qualité de vie au travail.** Vous retrouverez donc enfin l'enthousiasme pour sortir du lit le matin !

Donc, les chefs d'entreprise ont plus de chances d'être heureux !

Eh bien, non, pas forcément ! Contrairement à ce que croient les autres, les chefs d'entreprise sont plus exposés aux **risques psychosociaux** au travail et sont confrontés à des situations très stressantes au quotidien qui sont tout sauf joyeuses. La création d'une entreprise ou le fait d'entreprendre représente un bouleversement comparable à la naissance du premier enfant dans un couple. C'est un choix de vie bien plus intense et marqué qu'un changement d'emploi, et qui aura également **un impact sur la qualité de vie de l'entrepreneur et de sa famille**. Parmi ces risques, les chefs d'entreprise :

- acceptent **une certaine solitude**, et de nouvelles responsabilités vis-à-vis de leurs proches comme de leurs salariés ;
- consacrent **des heures supplémentaires** de travail et des **efforts intensifiés**, surtout au premier stade de lancement de leur entreprise ;
- risquent **le surmenage** et endurent **une forte pression**, puisque tous leurs actes auront des conséquences sur l'entreprise, et qu'il faudra toujours préserver l'intérêt de leurs partenaires et de leurs clients ;
- sont indépendants, mais ***jamais* libres** : ils décident de leur stratégie de développement, mais **dépendent de leurs clients et de leurs résultats** ;
- acceptent **une certaine insécurité**, puisqu'ils devront prendre des risques et entrer dans une nouvelle logique financière en termes de revenus ;
- verront leur **confort de vie dépendre de revenus professionnels** qu'il faudra d'abord reverser à leurs collaborateurs, au remboursement de leur emprunt, aux charges courantes, avant même de se rémunérer.

En devenant entrepreneur indépendant, vous bénéficierez de nombreux avantages :

- **autonome dans votre organisation**, vous disposerez d'outils technologiques performants et de formations complètes sur votre métier ;
- vous sentirez donc **votre utilité** et vous valoriserez **votre performance**.

Mais ces avantages ne vous protégeront pas pour autant de tous les effets négatifs des risques cités. Il faut donc bien étudier votre démarche avant de vous lancer.

Entreprendre, oui, mais pensez à bien étudier votre décision !

La création de votre entreprise, le passage de la vie de salarié à celle de chef d'entreprise est **une aventure humaine très impliquante**, nécessitant endurance, courage, capacité d'anticipation et de délégation. Alors, avant de faire le choix de devenir entrepreneur ou d'entreprendre votre projet, comprenez bien vos motivations et mesurez les atouts et les contraintes qu'introduira ce changement.

■ Prenez le temps de classer vos priorités et de réfléchir calmement

Demandez-vous **ce que vous voulez faire réellement**, **détectez vos forces et vos faiblesses et misez sur vos talents** pour bien choisir votre prochain domaine d'activité. Suscitez des opportunités intéressantes, pour voir d'où vous pourrez recommencer et ne démissionnez pas sur un coup de tête.

■ Voyez l'image de plus loin et anticipez l'emploi du temps de vos journées

Ne croyez pas à un avenir enchanté, et à des journées paisibles sans défis ni contraintes financières et sociales ! Soyez prêt, **armez-vous de courage, de persévérance** et **soyez clairvoyant** pour prendre les bonnes décisions.

Un conseil pour vous aider à faire le prochain pas : n'ayez pas peur de **demander conseil auprès de professionnels du métier** ou de ceux qui ont une expérience professionnelle plus enrichissante que vous. Cherchez à trouver des réponses à toutes vos questions pour avoir une représentation claire basée sur des faits qu'ils vous transmettront.

- **Attendez-vous à des débuts financièrement « difficiles »**

Les premières phases de démarrage d'une entreprise et **d'affranchissement de l'activité entrepreneuriale** sont rarement accompagnées par une rémunération aussi stable que celle du salarié. Il est donc très probable que vous subissiez une baisse de votre niveau de vie ! Il est impératif de l'envisager en amont.

Choisir de **créer son entreprise est une démarche** qui nécessite un engagement total dans votre projet : vous aurez la charge de tous les aspects de votre business, vous prendrez toutes les décisions importantes et vous prévoirez votre stratégie de développement. Soyez conscient des efforts (énergie, temps, réflexion profonde, etc.) que vous aurez besoin d'allouer et appuyez-vous sur le soutien de votre famille et de vos proches qui seront votre vrai pilier.

QU'EST-CE QU'UNE RÉUSSITE ENTREPRENEURIALE ?

Les visions diffèrent et, pourtant, les témoignages semblent se rejoindre sur un point : la vérité de la réussite tend à se préciser avec le temps ! Réussir sa vie, son projet, atteindre ses objectifs, c'est formidable, mais il est important que chaque étape, succès ou échec, nous amène vers une autre étape, vers un autre projet, vers un autre objectif.

La réussite n'est pas un coup de chance, mais le résultat d'un long cheminement

Nous sommes dans une société de compétition qui ne laisse pas de place à l'échec. **Réussir** rime avant tout avec **l'atteinte des objectifs fixés**, des objectifs diversifiés. Et pour atteindre ces objectifs et réussir, il faut avoir une **vision claire** dès le début de ce que l'on veut entreprendre. Il faut donc être **en harmonie et en accord avec ses valeurs**.

La réussite n'est pas un résultat parachuté ou un simple coup de chance comme le croient certains. Elle est le résultat d'un long processus fastidieux constitué d'éléments divers qui, tous regroupés, contribuent à sa réalisation.

Pour réussir il faut donc...

- **Dénicher sa passion et miser sur ses talents :** tout le monde a du talent. Tout le monde sait faire quelque chose un peu mieux que les autres. Il faut vraiment partir de là, se poser la question : « Qu'est-ce que j'aime bien faire ? » ou « Qu'est-ce que je maîtrise mieux que les autres ? » **La passion est un facteur très important**. Il est plus facile de réussir professionnellement et de sentir l'épanouissement lorsqu'on fait ce que l'on aime. Le désir de bien faire nous anime et nous pousse à aller de l'avant chaque jour.

- **Avoir confiance en soi et croire en sa vision :** il faut aller au bout de ses rêves et se dire que rien n'est impossible pour ceux qui se donnent les moyens. **Prendre les devants et oser prendre des risques** sans se laisser paralyser par la peur de l'échec permet **de grandir et de progresser**. Les meilleurs inventeurs ont été reconnus par l'histoire parce que, un jour, ils ont osé **aller au bout de leurs idées et croire en leur vision**. Alors, croyez en vous et osez réussir !

- **Apprendre à s'entourer de deux types de profils :** des personnes plus intelligentes que vous et celles qui ont une expertise dans votre domaine d'activité. Ces personnes vous offriront **des conseils constructifs**, **des recommandations** et vous aideront à voir l'image de plus loin. Peu importe votre background et vos compétences, vous aurez toujours besoin de profils qui vous permettront **d'être performant et de faire avancer rapidement votre projet**.

- **Garder la tête froide et ne pas avoir peur des défis :** tant dans les périodes difficiles que dans les périodes fastes, il faut **apprendre à se contrôler et à être « maître de la situation »**. Maîtriser sa colère s'apprend et les efforts sont toujours couronnés de succès. Les états qui vous plongent dans le désarroi et vous font perdre le contrôle sont souvent les déclencheurs de catastrophes. Il ne faut pas se laisser déborder par ses émotions : **prenez les défis pour des tremplins** qui boosteront le désir d'aller vers l'avant.

- **Travailler dur et mettre toutes les chances de son côté :** pour **réussir**, il est indispensable de **faire des efforts et d'entretenir une motivation solide**. Pour avoir une vie aisée et épanouie qui se rapproche de vos rêves, la composante principale qui permettra de s'y faire et d'offrir les garanties nécessaires est le **travail**. Il ne faut pas se fier à la chance : le succès est un chemin que la patience et le travail rendent accessible. Le fait d'**entreprendre peut donner un sens à votre vie**. Persévérez dans ce que vous faites, mettez-y toute votre âme et tout votre cœur, les résultats suivront et vous finirez par réussir !

- **Concilier vie pro et vie perso :** l'équilibre n'est pas toujours facile à atteindre lorsque l'on est salarié. Le fait de pouvoir organiser librement son temps de travail peut représenter un atout précieux pour **exploiter son plein potentiel et saisir les opportunités qui se présentent**. Avoir un vrai soutien psychologique boostera aussi l'envie d'avancer et rechargera les batteries pendant les périodes difficiles et les défis démoralisants.

Des visions croisées sur une notion à déconstruire pour mieux la vivre

La réussite n'a pas la même signification pour tout le monde. Vous ne devrez pas vous y prendre de la même manière que votre voisin pour **réussir votre vie**. Le panel d'efforts à faire et de stratégies à utiliser pour **atteindre ses objectifs** dépend des motivations personnelles de chacun et de sa manière de percevoir le monde, de ce qu'il attend et surtout de qui il choisit d'être.

Outre les objectifs qui animent l'individu, vous êtes aussi des êtres construits et influencés par votre éducation et votre environnement. Chacun de vous a donc un système de valeurs qui lui est propre. Pourtant, la seule chose sur laquelle vous devez vous concentrer est que, pour réussir, il est indispensable **d'être en accord avec ce que vous êtes réellement et avec vos envies**.

Des motivations différentes qui aboutissent à des objectifs différents...

Pour réussir à déceler **vos objectifs**, créer un **plan d'action réel** et vous mettre sur le chemin de la réussite, commencez par vous poser les questions suivantes :

- **Pourquoi** voulez-vous faire ce pas ? (Créer une entreprise, s'associer avec un partenaire, agrandir votre investissement...)
- Quelles sont vos **motivations profondes** ?
- Qu'est-ce que vous attendez comme **résultat** ?

Cherchez au plus profond de vous les réponses et soyez honnête et vrai. Construisez ensuite **votre grille de réussite personnelle** pour mieux classer vos priorités, détecter vos objectifs et avoir une meilleure visibilité de votre avancement.

APPRENEZ À MAÎTRISER LES RISQUES

—— EST-IL POSSIBLE DE TESTER UNE ACTIVITÉ AVANT DE SE LANCER ? —

Vous avez l'esprit entrepreneurial, mais sauter le pas représente un risque trop important pour vous ? C'est tout à fait compréhensible ! En effet, en créant votre entreprise, vous acceptez de vous lancer dans une grande aventure. Et, comme dans toute aventure, il existe des risques, l'idéal étant de les réduire au maximum.

La bonne nouvelle, c'est qu'il existe différentes structures et programmes qui offrent la possibilité de tester une activité d'entreprise avant de se lancer réellement. Ceci vous permettra de vérifier son potentiel et de détecter les critiques et les éventuelles améliorations qui maximiseront les chances de réussite de votre projet.

Préparer le terrain avant de se lancer : une très bonne idée pour tester une activité !

En commençant son parcours entrepreneurial, il est judicieux de passer par **une phase de test** avant de lancer réellement son activité. La phase de préparation a justement toujours été le talon d'Achille de tout projet de création d'entreprise ou de start-up. C'est en effet au cours de cette phase que **l'idée se modifie, se développe puis se concrétise** : à ce stade, tout manque d'information ou toute erreur d'interprétation pourrait se révéler fatal !

Cette phase de préparation, d'étude ou de test porte en elle **les germes de la réussite ou de l'échec.** Pour cette raison, de nombreuses solutions ont été mises en œuvre pour **encourager les nouveaux projets porteurs de valeur à se lancer**.

▪ Rejoindre une couveuse ou une coopérative d'activité telles que les boutiques de gestion

Les **couveuses d'entreprise** permettent aux porteurs de projets de tester leur activité sans créer de structure ni prendre de risques. En intégrant une couveuse, le nouvel entrepreneur bénéficie d'**un hébergement fiscal et juridique** lui permettant de tester son idée de création, **sans devoir immatriculer tout de suite son entreprise**. Il prend donc le temps de vérifier le potentiel de son concept et le teste en approchant son marché.

Ces structures offrent aussi un certain nombre d'avantages aux porteurs de projets, qui pourront **bénéficier d'un accompagnement** et de **séances de formation collective** pour apprendre à **développer leur leadership**. Une fois son passage en couveuse terminé, le porteur de projet pourra **décider ou non de créer son entreprise**. La solution couveuse d'entreprise est mieux adaptée **aux activités qui ne nécessitent pas d'investissements lourds** pour démarrer ou d'être installé dans une boutique.

La coopérative d'activité et d'emploi (CAE) est aussi un excellent moyen de commencer une petite activité indépendante sans créer réellement son entreprise. C'est une formule proche du **portage salarial** qui permet de **bénéficier d'un réseau et d'un accompagnement par des professionnels**. Le chiffre d'affaires réalisé est encaissé par la coopérative qui le reverse ensuite au porteur de projet sous la forme d'un salaire.

■ Recourir à une société de portage

Le portage salarial est une très bonne solution pour les nouveaux porteurs de projet : il leur donne la chance de proposer leurs prestations ou de tester leurs capacités à entreprendre, sans créer une véritable entreprise. En effet, le portage peut être **totalement occasionnel** et ne concerner que **des missions déterminées** en fonction des objectifs souhaités. Cela permet de **tester une idée de business sur une période prédéfinie** qui pourra être prolongée en cas de besoin pour s'assurer de sa faisabilité. C'est aussi le moyen de travailler en indépendant tout en ayant le statut de salarié.

En étant portée juridiquement par une autre entreprise, la personne qui profitera du portage salarial pourra proposer son travail ou sa prestation au client. Celui-ci versera les honoraires qui lui sont facturés à une société de portage qui les rétrocédera **sous forme de salaire** après déduction des cotisations sociales (patronales et salariales) et d'une commission.

Les sociétés de portage n'acceptent **généralement que des missions de services** (telles que les activités de conseil), à l'exclusion des activités réglementées qui n'entrent pas dans leur domaine de compétence.

■ **Vous inscrire en tant que micro-entrepreneur**

Le statut du **micro-entrepreneur** est parfait pour tester concrètement le lancement d'une petite activité indépendante en profitant **d'un régime fiscal et social très simplifié**. En effet, dans cette situation, le micro-entrepreneur est exposé à **peu de risques**, puisque ce régime n'impose aucune charge fixe et présente **très peu d'obligations administratives et comptables**. Il suffit de s'inscrire en ligne et de déclarer son CA tous les trimestres.

Exercer en micro-entreprise n'est soumis **à aucune limite dans le temps**, il est donc très facile de se lancer puisque, à tout moment, vous pouvez arrêter la micro-entreprise, qui est dispensée d'avoir **une comptabilité réelle**, et créer votre société. **La simplicité** du régime micro-entrepreneur est tout à fait adaptée avec le test d'une activité, il faut juste vérifier sa compatibilité avec votre projet.

■ **Participer à des salons professionnels**

Les **salons professionnels, tels que le Salon des entrepreneurs, devenu Go Entrepreneurs,** sont des lieux **d'échange et d'information** qui offrent une large panoplie d'actions qui stimulent toute activité commerciale. **Ces rendez-vous événementiels** introduisent les nouvelles évolutions du marché, regroupent de nombreux exposants et sont ouverts à un large public d'experts. **La participation à ces concours et salons** peut donc favoriser et développer, en un seul et même lieu, les échanges entre professionnels d'un même secteur d'activité.

En tant que porteur de projet, participez à ces salons en tant que visiteur ou exposant pour avoir **une idée plus claire de votre marché**, **identifier les besoins de vos futurs clients** et **établir des partenariats**.

Vous aurez la possibilité **d'évaluer vos produits** par rapport aux besoins du marché et à sa variation, et de découvrir les offres des concurrents. Il est également possible de **générer un maximum de contacts** à court terme, de parler **de votre idée et de la tester auprès du public** avant de vous lancer réellement.

■ **Lancer une campagne de *crowdtesting***

Le *crowdtesting* est une approche à l'aspect **innovant et collaboratif**, qui consiste à solliciter un grand nombre de consommateurs via une plate-forme en ligne pour **tester un produit, un service ou un concept**. Il s'agit de faire évaluer son offre par **une communauté** qui jouera le rôle de « **bêta testeur** », pour l'occasion.

Ce concept communautaire offre **une excellente opportunité aux nouvelles start-up** qui peuvent **tester leur service** avant qu'il ne soit recommandé à ses cibles et à ses potentiels financeurs. En effet, à travers les retours, les commentaires et les recommandations, l'entrepreneur aura la chance de modifier ou de corriger le nécessaire, avant d'envisager une levée de fonds ou de lancer officiellement son projet sur le marché.

Voici quelques autres pistes qui vous aideront à tester le marché à petite échelle :

- Réalisez une petite série et louez un stand sur un marché ou un magasin éphémère pour vérifier que le produit se vende.
- Testez la vente sur Internet avant de produire à grande échelle : soit sur votre site en faisant une campagne de publicité pour attirer du trafic ou sur une place de marché type eBay, etc.
- Pensez à démarcher quelques clients en faisant du porte-à-porte (produit) ou de la prospection par téléphone (service). Les clients peuvent vous donner leurs avis et remarques en direct, ce qui vous permettra de vous faire une idée précise des attentes et des besoins réels.

SAVOIR IDENTIFIER ET MAÎTRISER VOS RISQUES

Créer une entreprise est une aventure enrichissante qui passionne de nombreux porteurs d'idées qui savent maîtriser les risques. En effet, la prise de risque est un élément inhérent à cette aventure entrepreneuriale qui peut être un challenge au quotidien. En effet, pour lancer votre affaire, vous prenez le risque de changer de situation, vous mettez sur la table tout ou partie de vos finances et vous prenez des décisions importantes à chaque instant. Tous les grands entrepreneurs vous le diront : pas de réussite sans prise de risque !

Pour limiter leurs conséquences sur votre business et réussir comme entrepreneur, vous devez donc maîtriser ces risques, les analyser en amont et veiller à les anticiper pour prévoir les solutions adaptées.

Veillez à bien comprendre vos futures responsabilités :

- **Vis-à-vis de vos futurs salariés :** vous serez responsable du **bien-être de vos équipes**, de **leur cohésion** et en grande partie de **leur productivité**. La mission n'est pas toujours facile, surtout lorsque vous gérez **des personnalités et des profils différents** qui cherchent à s'affirmer.
- Vous devez donc **être un bon exemple** : **veillez à les motiver** et à **les encourager à évoluer** (en offrant des récompenses financières par exemple). Soyez vigilant et surtout bienveillant, car des erreurs d'appréciation de votre part ou un manque d'écoute pourront **engendrer des situations conflictuelles** qui affecteront la productivité et l'évolution de votre business.
- **Vis-à-vis de vos proches :** lorsque vous décidez de **lancer votre entreprise** et de délaisser « le confort » du salariat, il faut savoir que plusieurs changements vont apparaître qui bouleverseront votre mode de vie et celui de votre famille. Vous ne jouirez plus de la même stabilité financière (surtout en phase de lancement de projet), vous n'aurez plus

assez de temps libre, vous serez très pris par les responsabilités et la gestion des urgences professionnelles, et vous verrez le stress monter au quotidien. Tout cela représente **un vrai challenge** et votre famille doit être consciente de ces changements. Pour maîtriser les risques, **partagez votre vision** avec les gens que vous aimez et demandez leur soutien qui sera le **principal pilier de votre réussite**. Ils sont votre vraie motivation !

- **Vis-à-vis des tiers :** vous devez impérativement **respecter vos engagements commerciaux** et veiller à assurer **une bonne gestion prévisionnelle.** En effet, vos clients et/ou fournisseurs ne seront pas prêts à compenser vos dettes ou à comprendre la difficulté d'une phase que vous traversez, puisqu'ils gèrent eux aussi un business. En cas de litige, ils n'hésiteront donc pas à rechercher la responsabilité de votre entreprise et la vôtre en tant que dirigeant. Faites très attention et **respectez vos accords et échéances.**
- **Vis-à-vis de votre environnement :** la fonction entrepreneuriale est, par essence, le véhicule d'une transformation continuelle de l'économie. Et en tant **qu'entrepreneur responsable,** vous devez être capable d'engager vos ressources et compétences pour qu'advienne **un monde plus équitable et plus soutenable**. Veillez à générer de la croissance, tout en étant sûr que votre entreprise soit **responsable** envers ses parties prenantes externes. Vous devez faire en sorte que votre activité soit **influente dans la société**, dans une **perspective de performance globale**, et faire rimer, d'une part, la croissance de votre entreprise et, d'autre part, **le respect de la planète et de ses ressources.**

Nos conseils pour accepter et maîtriser les risques

Même si vous avez une idée de projet révolutionnaire qui confère beaucoup de potentiel à votre entreprise, celle-ci peut facilement disparaître si vous ne **maîtrisez pas bien les risques** ! N'attendez pas que les dangers viennent à vous pour improviser une solution. Il est impératif d'**identifier ces risques en amont** pour mieux s'armer.

■ Classez vos priorités et identifiez ce que vous acceptez de perdre dans ce projet

Voyez l'image de plus loin et cernez la valeur de ce que vous possédez en classant chaque élément par ordre de priorité ou d'utilité.

- Vos économies : il s'agit de l'argent disponible que vous allez **investir dans la création de votre entreprise**. Vous devez **optimiser votre placement** de manière à rapporter des revenus futurs, mais vous pouvez aussi le perdre. **Procédez étape par étape**, surtout au début, et fixez-vous la limite acceptable.
- Votre patrimoine : de quoi est-il constitué réellement? S'agit-il de vos biens personnels ou des biens communs que vous partagez avec votre conjoint? Qu'allez-vous mettre au service de votre projet? N'hésitez pas à clarifier les choses et prenez conseil auprès d'un juriste qui vous proposera **des solutions pour protéger votre patrimoine**.
- Votre équilibre familial : comme nous l'avons déjà évoqué, votre famille doit accepter de vous accompagner dans ce long voyage entrepreneurial, et faire les concessions nécessaires pour que vous puissiez évoluer.
- Votre santé : faites attention, n'hésitez pas à faire un check-up pour vous assurer que tout va bien et que votre condition physique vous permet de vous lancer dans cette aventure laborieuse et pleine de défis.

▪ Faites-vous accompagner par un professionnel

Accompagné par un expert, vous maximiserez **les chances de réussite de votre projet**. En effet, il mettra son expérience, ses compétences et même son réseau d'investisseurs à votre service pour vous aider à atteindre vos objectifs. Vous avez le choix entre de nombreux réseaux généralistes ou spécialisés qui vous offriront **une aide stratégique capable de booster le potentiel de votre projet**. N'hésitez pas à les impliquer tout au long **du processus de développement de votre business** puisqu'ils assureront le suivi de votre activité. Le programme Mentorat de LEADER.S® est l'outil idéal pour trouver un entrepreneur mentor au service de votre projet.

▪ Choisissez un régime juridique adéquat

Il doit être adapté à votre situation et à **vos futurs objectifs entrepreneuriaux**, pour assurer la protection de votre patrimoine personnel en cas de faute de gestion. **Ne laissez pas place aux risques**, soyez bienveillant et prévoyez même votre sortie pour être prêt à toute sorte d'imprévu.

▪ Sollicitez les dispositifs de garantie

Ils vous aideront à financer votre activité en facilitant l'obtention d'un emprunt bancaire. Certains organismes qui les délivrent veillent à **protéger**

les entrepreneurs en intervenant auprès des banques pour **limiter ou exclure la prise de cautions personnelles**.

Enfin, après avoir lancé votre projet sur les bons rails, ne tardez pas à cerner vos besoins d'assurance pour être prêt à surmonter tous les futurs défis. **Faites un bilan détaillé et analysez votre situation financière** de manière à déterminer le **seuil de remboursement des risques** que vous serez capable **d'encaisser seul,** et celui à partir duquel vous aurez besoin **d'une couverture assurance** pour vous épauler. Ces approches prévisionnelles vous armeront contre d'éventuels aléas et protégeront votre entreprise sur le long terme.

QUEL STATUT CHOISIR POUR ENTREPRENDRE SEUL ?

Vous avez décidé de franchir le cap et de **lancer votre propre projet de création** ? Vous avez choisi d'entreprendre seul, sans associé ? Sachez qu'il existe deux grands choix devant vous : soit vous optez pour l'entreprise individuelle, avec la possibilité de choisir le régime ultra simplifié du micro-entrepreneur, soit vous vous orientez vers la création d'une société : EURL ou SASU. Chaque choix a ses avantages et ses inconvénients et il faut avoir les informations nécessaires pour pouvoir faire le meilleur choix, celui qui sera le plus adapté à votre activité et à vos ambitions entrepreneuriales.

Pour mieux vous éclairer, nous vous aiderons à distinguer les statuts à choisir, en soulignant les avantages et les inconvénients de chacun.

Quelle différence entre l'entreprise individuelle et la société ?

Lorsqu'on parle **d'entreprise individuelle**, il faut comprendre que votre identité se fusionne à celle de votre entreprise pour ne former **qu'une seule et même personne** ! C'est justement pour cette raison qu'on utilise parfois l'appellation **d'entreprise « personne physique »** pour désigner les entreprises individuelles.

En ayant une entreprise individuelle, vous bénéficierez de certains avantages, mais il y a aussi des risques à prévoir :

- Vous aurez certainement **une grande liberté d'action** et **un pouvoir décisionnel « entier »** ou non fragmenté : vous serez le seul et unique maître à bord et vous n'aurez de comptes à rendre à personne ! Vous agirez en toute indépendance en étant aligné avec vos valeurs, vos objectifs et vos aspirations.
- En contrepartie, il faut être conscient que **vos patrimoines professionnel et personnel seront juridiquement confondus**. Vous serez

donc responsable des dettes de votre entreprise sur l'ensemble de vos biens, à l'exception de votre résidence principale, et vous serez le seul maître de la situation. Si vous êtes marié sous le régime légal de la communauté réduite aux acquêts, **les biens de votre conjoint seront également engagés dans votre entreprise**, sauf à opter pour l'EIRL ou à procéder à une déclaration d'insaisissabilité devant notaire. Il faut donc opter pour la transparence et informer votre partenaire dès le début.

En revanche, si **vous créez une société** (EURL ou SASU), la situation sera différente puisque vous donnerez naissance **à une nouvelle personne à part entière, distincte juridiquement de vous** (une « personne morale »). De ce fait :

- Votre entreprise aura **son propre patrimoine** qui n'est pas confondu au vôtre. Ainsi, en cas de risques ou de difficultés, et si l'on ne peut pas vous reprocher une faute de gestion, **vos biens personnels seront à l'abri** de l'action des créanciers de l'entreprise. Ils seront, en principe, en sécurité.
- Si vous utilisez les biens de votre société **à des fins personnelles autres que celles liées à votre exercice professionnel**, vous commettrez un abus de biens sociaux. Soyez-en conscient !
- En tant que dirigeant désigné pour représenter la société vis-à-vis des tiers, vous n'agirez pas « pour votre compte », mais **« au nom et pour le compte » de la société.** Vous devrez donc respecter un certain formalisme lorsque vous prendrez des décisions importantes. Et vous aurez des comptes à rendre à vos collaborateurs ou associés qui joueront un rôle aussi important dans le développement de votre projet de création.

Qu'en est-il du régime de l'auto-entrepreneur devenu micro-entrepreneur ?

Le **régime micro-entreprise** a nettement facilité la création de nouvelles entreprises du fait de sa simplicité. En effet, **le micro-entrepreneur** peut bénéficier **d'obligations comptables ultra-simplifiées** et de coûts de fonctionnement réduits. Ceci lui offre la chance de **se concentrer pleinement** sur le développement de son activité. Avant ce dispositif, la majorité des porteurs d'idées craignait de se lancer pour de nombreuses raisons :

- par peur de « l'inconnu » et des défis contraignants : des formalités compliquées, du fameux « parcours fastidieux et stressant », des charges dont ils ne mesurent pas l'ampleur, des responsabilités accablantes, etc. ;

- parce qu'ils n'avaient pas la possibilité **de tester le potentiel de leur activité** et de **cerner leurs capacités à entreprendre** avant de se lancer réellement ;
- ou, tout simplement, parce qu'ils ne se sentaient pas « entrepreneurs », leur projet correspondant à une opportunité ponctuelle pas aussi évidente.

Aujourd'hui, avec **l'évolution du régime entrepreneur** et de ses seuils d'application qui ont été doublés pour s'adapter à de nombreuses situations, la crainte de se lancer s'est considérablement estompée ! Il faut juste **se concentrer sur son idée** et choisir les bonnes pistes de croissance. Ce régime concerne les personnes :

- ambitieuses et créatives qui se lancent, en toute indépendance, dans une petite activité **à forte valeur ajoutée** nécessitant peu d'investissements et de stocks, et ne présentant pas de risques particuliers ;
- qui ne sont pas dérangées par **la non-récupération de la TVA** et n'y voient pas d'inconvénient (parce qu'elles effectuent peu d'achats, n'ont pas souvent recours à des prestataires, ont une clientèle composée principalement de particuliers, etc.).

ENTREPRENDRE À PLUSIEURS : UN BON CHOIX ?

Créer son entreprise demande un engagement total, du temps, de l'énergie, un goût du risque et une bonne équipe. En tant que démarche individuelle, cette aventure entrepreneuriale peut s'avérer complexe. Partagée à plusieurs, elle permet d'être plus fort, stimule la créativité et suscite la réussite.

L'association est donc une bonne idée, mais, mal préparée, elle engendre des mésententes entre associés et l'échec de la mission commune. Voici quelques conseils pour réussir votre création en équipe.

Une démarche collaborative réussie, une fois bien préparée

Il n'est jamais simple de confronter ses idées à une autre personne, même si la finalité est **la bonne conduite du projet commun**. Les concessions sont au rendez-vous et les prises de bec peuvent finir par tout détruire. Il faut justement **savoir évoluer au sein de l'équipe** et adopter des comportements constructifs pour réussir à plusieurs.

▪ Choisissez des associés aux profils complémentaires

Les associés qui ont des **compétences différentes et complémentaires** assureront la bonne marche de l'entreprise : la fusion de leurs savoirs et compétences ne fera que **créer de la valeur ajoutée**. La combinaison devient donc fructueuse puisque **la complémentarité des compétences et des tempéraments** permet d'assurer un équilibre. Par exemple, il y a souvent un fonceur qui impulse l'audace, mais qui doit aussi être cadré et canalisé. Posséder **un socle commun (une passion) ou un lien de complémentarité** ne fera qu'augmenter **l'engagement et la performance de votre équipe.** C'est aussi idéal pour échapper à toute situation de rivalité !

- **Définissez un leader et clarifiez les missions de chacun**

Travailler en équipe, oui! Cependant, il est important de **nommer un leader pour votre projet**. Il sera le porte-parole de votre travail, pourra recevoir les critiques, les assumera, mais il fera surtout **avancer le projet dans de bonnes conditions**. Ce leader a la responsabilité de veiller au bon déroulement du projet, au respect des *deadlines*, des budgets et des autres contraintes techniques, sans pour autant être dispensé de faire sa part dans l'œuvre collective. Au contraire, le leader n'est pas l'observateur immobile du projet, non, il en est **le garant et le pilier**.

Il est important aussi de **clarifier les rôles de chaque associé**. Ainsi, il sera plus facile de **confier les missions et de partager les responsabilités**. Certains vont jusqu'à rédiger une charte ou un contrat pour déterminer le temps de travail, les fonctions et les tâches. Une chose est sûre : plus c'est clair, mieux c'est!

- **Développez le respect et la confiance**

Faites confiance à vos associés, encouragez-les et motivez-les à mieux s'impliquer! Ne doutez pas de **leur détermination à bien mener la mission**. Faites plutôt **naître un sentiment d'appartenance** et **créez une émulation autour du projet**. Les personnes de votre équipe se sentiront donc valorisées, et cela **renforcera leur engagement**. Incitez-les à être ouverts, à partager leurs questionnements. L'intérêt d'être à plusieurs réside en partie dans le fait de se respecter, de s'encourager et se soutenir les uns les autres pour avancer.

- **Privilégiez la transparence et prévoyez la sortie**

Pour que votre mission d'équipe puisse aboutir, vous devez avoir **des échanges basés sur la clarté et l'intégrité**. Veillez à partager et à transmettre toutes les informations nécessaires pour que l'équipe soit bien orientée. En entreprise, cela s'appelle du ***knowledge management*** (management des connaissances). Il vous incombe de faire tourner l'information aux membres du groupe dès qu'elle vous parvient. Le but est de permettre à chacun d'interpréter cette donnée, dans l'optique d'avoir une vision différente pouvant amener à **une prise de décision stratégique**.

On le sait tous, un jour, les associés finissent par partir, alors autant **prévoir les répercussions de ce départ**! Clarifiez toutes sortes de modalités et anticipez tout risque de mésentente. Mieux encore, faites **un écrit dans un**

pacte d'associés. Et n'hésitez pas non plus à **vous faire conseiller par un avocat en droit des sociétés** qui vous conseillera et vous présentera les solutions juridiques à adopter.

- **Misez sur la communication et soyez toujours à l'écoute**

Il vous est impossible de réussir si vous n'assurez pas **une bonne communication** ! Clarifiez vos doutes, exprimez vos questionnements par rapport à une nouvelle stratégie, demandez un conseil sur un chiffre clé. Faites en sorte **que tout le monde y voit clair** sur l'avancée du projet dans le groupe.

Autre chose, **soyez toujours à l'écoute** et ne soyez pas impulsif quant à vos jugements. Vos associés ne sont assurément pas votre copie conforme et ont, de manière logique, des références et des visions différentes. **Écouter est alors la bonne solution** pour **tirer parti du meilleur de chacun** dans le but de servir le groupe. Prenez en considération les idées des autres, leurs conseils et leurs recommandations, et ne vous focalisez pas uniquement sur votre point de vue personnel.

Pour **réussir votre création en équipe,** vous pouvez vous inspirer de ces conseils, mais l'essentiel est de vous focaliser sur les buts communs et l'objectif principal de votre union, de manière à délaisser vos réflexions « boxées » ou bornées, pour assurer la réussite de l'association.

— EST-CE RISQUÉ D'ENTREPRENDRE EN FAMILLE ? —

L'idée d'entreprendre en famille ou de reprendre l'entreprise familiale apparaît souvent comme une excellente opportunité. En effet, les entreprises familiales se distinguent par une culture et des valeurs d'entreprise fortes qui enrichissent la notoriété et accroissent la valeur de l'entreprise. Autrement dit, lorsque le patrimoine familial est investi dans une activité professionnelle, les associés et les dirigeants familiaux ne peuvent que se sentir très impliqués et motivés, non seulement par la réussite, mais également par **le mode de fonctionnement de l'entreprise fondé sur une forte volonté de transmission**.

Toutefois, il faut savoir qu'entreprendre en famille peut être un pari risqué qui engendre souvent plus de difficultés qu'on ne le pense ! Les conflits professionnels peuvent affecter directement la sphère personnelle et il ne suffit pas de quitter le travail pour s'échapper. Ainsi, réfléchissez bien avant d'envisager une reprise de l'entreprise familiale et posez-vous les bonnes questions afin d'être certain de ne pas vous fourvoyer dans une impasse entrepreneuriale ou successorale difficile à gérer. Pour vous aider à cerner les spécificités de cette approche, voici quelques éclaircissements et conseils qui orienteront votre prise de décision !

Créer une entreprise pour partager le succès avec sa famille, ça fait souvent rêver…

On a tous rêvé à un certain moment de notre vie **de créer une société ou de monter un projet avec une personne qui nous est très proche et qui nous inspire confiance** : un frère, une sœur, une cousine ou naturellement son conjoint ! Les avantages qu'offre **cette approche collaborative** sont divers et peuvent être très motivants. À titre d'exemple, lorsque les associés sont tous issus de la même famille et partagent une raison sociale commune, **un climat de confiance naît au sein de l'entreprise**, ce qui est favorable à son développement. Plus encore, l'administrateur a moins de difficulté à confier des tâches à ses associés, car il connaît le potentiel de chacun.

Au-delà de **la confiance mutuelle partagée**, l'un des plus grands avantages **d'entreprendre en famille** reste la parfaite connaissance de chacun des membres. De ce fait, certains conflits peuvent être évités puisque vous connaissez bien vos associés et vous savez parfaitement ce qui leur plaît ou déplaît. Vous pouvez ainsi **anticiper, agir en conséquence ou choisir la bonne manière d'aborder** les problématiques délicates.

Les motivations derrière la décision d'entreprendre en famille peuvent varier en fonction des situations. Elles peuvent être :

- le désir de regroupement familial et de la transmission d'héritage ;
- l'envie de concrétiser un projet à grand potentiel imaginé et préparé depuis un bon moment ;
- le souhait d'assurer un avenir professionnel à ses enfants, et une stabilité financière méritée pour leur épargner le risque du chômage (dans le cas d'une association parent(s)/enfant(s)) ;
- la conciliation entre vie professionnelle et vie personnelle et le partage des tâches et des responsabilités au quotidien (dans le cas d'un projet en couple).

Entreprendre en famille peut être un lourd fardeau qui rassemble beaucoup de risques...

Bien qu'elle ait repris du galon, **la décision d'entreprendre en famille** demande de se pencher attentivement sur le dossier complexe de la succession qui peut comporter des dangers spécifiques :

- **Le risque de la mauvaise gestion :** les associés de l'entreprise étant des membres de sa famille, le dirigeant ou le président peut laisser les relations affectives et émotionnelles prendre le dessus. Dès lors, **les erreurs de gestion peuvent se multiplier** : accorder des faveurs, surestimer un rendement, etc.
- **L'apparition de conflits familiaux** liés au stress et aux périodes de tension qui accompagnent la création d'une entreprise. Les premières années sont souvent les plus dures et demandent des efforts considérables pour pouvoir gérer toute la pression et la lourdeur des responsabilités.

- **La difficulté de se réaliser personnellement** ou de trouver sa place, de gagner sa légitimité ou d'exprimer sa vraie empreinte, puisqu'il faut s'immerger dans la culture entrepreneuriale et partager une vision et des aspirations communes.
- **Le risque d'humiliation**, surtout dans le cadre des projets portés par les couples : un partenaire peut dominer l'autre et le subordonner devant tout le monde ! Chose qui pourra le dévaloriser ou l'humilier, se sentant « dans l'ombre de l'autre ».
- **La liaison étroite entre les deux vies :** les vies personnelle et professionnelle sont tellement étroitement liées que si, par malheur, l'une des deux vient à partir en vrille, l'autre peut rarement servir de bouée de sauvetage.
- **La succession délicate :** contrairement aux autres entreprises qui gèrent autrement cet aspect, la succession pose plus de problèmes dans une entreprise familiale. Par exemple, à la **mort du dirigeant**, chaque enfant peut espérer remplacer le défunt.

Gardez à l'esprit que **le projet familial doit être un véritable projet de vie et non un choix par défaut.** Vous devez avoir l'envie et la motivation nécessaires qui vous permettront de vous épanouir et d'avoir un sens de réalisation. Pour les couples, **la complicité, la complémentarité et l'égalité** doivent être des conditions nécessaires pour assurer une association réussie.

Les bonnes questions à se poser en amont avant de se lancer en famille

- Pourquoi envisager ce projet en famille ? Qu'est-ce qui nous motive à le porter ensemble ou à le partager ? Sommes-nous prêts à partager le pouvoir, les responsabilités, les difficultés et les bénéfices de notre entreprise ?
- Quels sont nos objectifs personnels dans ce projet : créer notre propre emploi, assurer une certaine stabilité financière pour un proche ? Construire un véritable projet de vie et réaliser notre rêve de lancer un projet à potentiel ? Nos objectifs sont-ils convergents ? Avons-nous la complicité et l'entente nécessaires ?
- Aurons-nous le même degré d'engagement personnel en termes de temps et d'argent et saurons-nous valoriser l'implication de chacun sans se sentir en rivalité ? L'un de nous va-t-il prendre le leadership ?
- Où voulons-nous mener notre entreprise à court, moyen et long terme ?

- Quels sont les points forts de chacun d'entre nous ? Pourrons-nous vérifier notre complémentarité ? Selon quels critères allons-nous partager les rôles et les champs de responsabilité de chacun ?
- Pourrons-nous mettre nos considérations personnelles de côté et manager de manière objective et purement professionnelle ? Ou les sentiments et les ressentis personnels influenceront-ils nos prises de décision ?

Notre conseil : rédigez un pacte d'associés et clarifiez les choses dès le début !

Ce conseil est valable pour tous les créateurs d'entreprises qui choisissent **de se lancer à plusieurs**, mais le fait d'entreprendre en famille est **une approche délicate et assez complexe à appréhender**, et c'est ce qui confère plus d'importance à ce conseil. Ce pacte vous épargnera beaucoup de problèmes et des risques de conflits ! En effet, toutes les difficultés que vous serez susceptible de rencontrer seront soulignées et bien définies. De plus, cette sorte de charte rappellera **les valeurs et les règles de l'entreprise**, notamment pour que les personnes venant de l'extérieur puissent mieux les appréhender, mais aussi pour mettre l'aspect émotionnel à distance en cas de conflits.

Un autre point très important est que, dans un projet familial, il est essentiel de **délimiter les territoires de chacun** et de **bien définir les rôles et les responsabilités**. Identifiez les points forts de chaque membre et attribuez des missions ou des responsabilités qui mettront ces compétences à l'épreuve. Cela assurera **une meilleure performance des associés** et une adaptation de leurs postes avec leurs personnalités. Et n'oubliez pas de toujours, sur le plan économique, **faire passer l'intérêt de l'entreprise avant ceux de la famille.**

Un autre conseil : pensez à **désigner une personne de confiance** qui agira en tant que **médiateur** et qui saura trouver une solution objective et efficace à un éventuel conflit. Vous pouvez faire appel aux services **d'un notaire ou d'un avocat** en droit des sociétés qui pourra vous conseiller et orienter votre démarche collaborative. Ces acteurs pourront vous apporter un regard extérieur et vous éclaireront lorsqu'il s'agira de solutions juridiques à mettre en place.

QUEL STATUT CHOISIR POUR ENTREPRENDRE À PLUSIEURS ?

Le lancement de votre projet de création va vous demander **un engagement indéfectible** et un **investissement financier et personnel** (en temps et en énergie) non négligeable. Pour vous faciliter la tâche et réussir à partager les responsabilités et les missions que vous êtes tenu d'endosser, choisir de s'associer et d'entreprendre à plusieurs peut être une très bonne idée. Dans ce cas, vous n'aurez qu'à créer une société pluripersonnelle : SARL, SNC, SAS ou SA, et à vous investir en donnant le meilleur de vous-même pour faire de cette association une bonne opportunité de croissance.

S'associer et entreprendre à plusieurs : est-ce une bonne idée ?

Choisir de s'associer vous permet de bénéficier de nombreux avantages qui vous aideront à **garantir la réussite de votre projet de création**. En effet, un des avantages indéniables à s'associer réside dans le **partage des responsabilités et la meilleure répartition des tâches** avec vos associés. A contrario, en entreprenant seul, vous devrez faire face à l'ensemble des tâches fastidieuses qui concernent le bon fonctionnement de votre entreprise. Ceci peut affecter votre engagement et vous submerger au point de perdre l'envie d'avancer.

Ainsi, **en s'associant avec des collaborateurs,** chacun aura la chance **de se concentrer sur la tâche qui le motive le plus** et vous aurez plus de temps et d'énergie pour exprimer vos talents et votre créativité. Cela permet d'**accélérer sensiblement le développement des activités de l'entreprise**. Par exemple, alors qu'un des associés se chargera de prospecter pour obtenir de nouveaux clients, le second pourra se consacrer à d'autres tâches (production, R&D...). L'entreprise pourra donc **croître beaucoup plus rapidement**.

Un autre atout de l'association est **la complémentarité et l'enrichissement des compétences**. En faisant appel à plusieurs acteurs, **les compétences de l'entreprise se diversifient et s'enrichissent**, grâce à la diversité des expériences. Résultat : l'entreprise bénéficiera de ces compétences multiples pour **identifier de nouveaux axes de développement**.

Plus encore, la multiplication d'associés permet de **renforcer les moyens de l'entreprise et d'enrichir son réseau** parce qu'avoir un associé, c'est aussi **bénéficier de son carnet d'adresses**. L'entreprise pourra donc acquérir de nouveaux clients et son nom se propagera dans les réseaux de chacun des associés, chose qui améliorera sa notoriété. Intéressant, non ?

Mais attention ! S'associer et **entreprendre à plusieurs** peut être un vrai défi si vous ne planifiez pas tous les aspects importants de votre association. Gardez en tête que ce choix aura des conséquences **sur votre mode de gestion et votre approche entrepreneuriale**. En effet vous ne serez pas le seul maître à bord ! Vous allez devoir **céder une grande part de votre autonomie** et **fragmenter votre pouvoir décisionnel**, puisque vous serez tenu de respecter les points de vue de vos associés. Le plus important est de vous assurer de **partager une vision commune** qui soutiendra l'évolution de l'entreprise et initiera l'amélioration de ses prestations.

Soyez donc vigilant **au risque de conflits entre les associés**, car c'est l'une des causes majeures d'échec des nouvelles entreprises. Ainsi, pour éviter toute sorte de risque, efforcez-vous d'être clairvoyant et pensez dès le départ à **bien préciser vos droits, vos responsabilités, votre statut ainsi que l'étendue de votre pouvoir.** Ceci s'applique également à vos collaborateurs, qui auront des repères précis en respectant toutes ces indications importantes qui figureront dans **votre pacte d'associés**. Les risques de conflits seront minimisés et vous garantirez une certaine fluidité dans vos rapports, nécessaire à la réussite de votre business.

Créer une société : de quoi s'agit-il au juste ? Que signifie le fait de s'associer ?

La création d'une société consiste à **donner naissance à une personne morale distincte de vous juridiquement**. Celle-ci aura :

- un nom appelé **dénomination sociale** ;
- un domicile qui sera **le siège social** ;

- **un capital social** constitué d'un apport minimum d'argent nécessaire pour couvrir ses premières dépenses.

Pour maximiser les chances de réussite de votre association, réfléchissez bien avant de désigner **le ou les dirigeants chargés d'administrer** l'entreprise au quotidien et de la représenter vis-à-vis des tiers. Cette décision doit être prise **à l'unanimité et d'une manière objective** : choisissez la personne qui a **les compétences nécessaires et les meilleures qualités de leader** pour être sûr de son engagement et de son efficacité. Un autre point très important : n'oubliez pas de consigner cette désignation dans les statuts et/ou dans un règlement intérieur et spécifiez toutes les règles qui régiront le fonctionnement de votre entreprise !

Quelles sont les sociétés les plus couramment créées ?

C'est une bonne question ! En ayant une idée sur les sociétés créées, vous pouvez orienter votre choix et creuser un peu plus pour identifier les motivations qui ont amené les entrepreneurs à s'associer.

Pour commencer, en 2018 les structures qui ont été les plus utilisées sont la société par actions simplifiée (**SAS** : 67 % des sociétés ont été créées sous cette forme) et la société à responsabilité limitée (**SARL** : 31 %)[1]. Les créations de sociétés anonymes (**SA**) sont quant à elles très minoritaires. Ceci s'explique par deux raisons : d'une part, il y a **l'importance du montant du capital minimum à apporter**, qui doit être supérieur ou égal à 37 000 euros, d'autre part, la **SA** reste généralement réservée à des projets à fort potentiel, et c'est ce qui explique la lourdeur de l'apport demandé.

Quant aux sociétés en nom collectif (**SNC**), elles sont également peu répandues en raison **des risques pris par les associés** qui ont tous la qualité de commerçant et sont donc responsables **solidairement et indéfiniment** des dettes de la société.

Pour faciliter l'exercice de l'activité de leurs membres et soutenir leurs objectifs, certaines entreprises choisissent de se regrouper en optant pour la structure du groupement d'intérêt économique (**GIE**). Les membres de professions libérales ont la possibilité de constituer une société civile des

1. Statistiques du répertoire des entreprises et des établissements (REE, issu de Sirene) géré par l'Insee, 2020.

moyens (**SCM**) pour partager et enrichir leurs moyens (locaux, accueil, matériel) et donc réaliser une économie.

Sur quels critères faut-il se baser pour choisir le type de votre société ?

Comme pour toute prise de décision, **le choix du type de société** peut être basé sur **des critères objectifs et d'autres subjectifs**.

Pour ce qui est des critères objectifs, il peut s'agir du montant minimum du capital, du statut social du dirigeant ou du régime fiscal de la société. Ces critères sont déterminés par la loi, avec des possibilités d'options qui peuvent s'adapter aux différents projets de création.

Quant aux critères subjectifs, ils sont divers et ils surgissent lorsque l'on souhaite renforcer, dès le début, **la crédibilité de l'entreprise** en lui donnant **une meilleure image auprès des tiers**. C'est le cas de la **SAS** ou de la **SA** pour certains projets. **Les objectifs de l'entreprise et ses perspectives de croissance** peuvent également orienter votre choix, car certains projets d'entreprises nécessitent d'être assignés, à court terme, à un type de société différent. Par exemple, en fonction de **l'importance de votre besoin en capitaux** ou de l'obligation de solliciter un nouveau partenaire financier, le type de votre société variera pour répondre à ces critères. Il est indispensable de tenir compte, dès le départ, de ces éléments pour prendre la décision la mieux adaptée à votre projet et à ses ambitions futures.

DE L'IDÉE À LA VALIDATION DE VOTRE MARCHÉ

COMMENT TROUVER UNE IDÉE POUR ENTREPRENDRE ?

Vous aimeriez entreprendre, mais vous cherchez encore une idée de création d'entreprise qui fera le succès de votre démarche entrepreneuriale ? C'est compréhensible puisque, en réalité, la phase de recherche d'idée est l'étape la plus délicate à appréhender et la base pour la naissance de toute entreprise !

Voici quelques pistes et conseils inspirants qui vous aideront à stimuler votre créativité et à trouver *la* bonne idée de création qui vous aidera à vous lancer.

La recherche d'idée de création d'entreprise : un processus laborieux qui musclera votre créativité

Bien souvent, **trouver une bonne idée de business n'est pas chose facile** ! La seule méthode pour la trouver est d'y consacrer du temps, de l'énergie et beaucoup de réflexion : il faut trouver un concept qui soit **en accord avec vos valeurs et vos attentes** et qui **soulignera votre singularité tout en étant rentable**.

L'idée qui va aboutir à **la création de votre entreprise** peut avoir de nombreuses origines : il ne faut donc pas hésiter à creuser un peu partout ! Elle peut être le **fruit d'une expérience professionnelle**, d'une **passion cachée encore non exploitée**, d'une **formation dédiée** ou tout simplement, être le résultat **d'une opportunité.**

La réalisation de cette idée sera ensuite liée **à votre motivation, à votre engagement, à votre envie d'investir et de surpasser les difficultés** qui se présenteront tout au long de votre parcours entrepreneurial. Mais pour commencer, voici quelques pistes inspirantes qui vous aideront à trouver **la bonne idée de création d'entreprise**.

1. Cherchez ce que vous savez faire, ce que vous aimez faire et surtout, faites un bilan de vos compétences

Il est plus judicieux d'investir **dans un secteur ou un métier que l'on maîtrise et avec lequel on est familier** : on connaît ses différentes composantes, ses opportunités, ses contraintes, ses axes de développement, etc. Cela aidera à assurer **un bon pilotage du projet** et une maîtrise des risques et des aléas qui peuvent apparaître.

Ainsi, si l'idée s'articule autour des axes de ce secteur ou métier, vous serez capable d'**identifier sa faisabilité**, de **maîtriser le savoir-faire technique** (ce qui vous fera gagner du temps), d'**exploiter votre carnet d'adresses existant** et de vous lancer rapidement sur la bonne voie.

Si vous voulez garantir votre indépendance et vous lancer dans un nouveau secteur pour vous «challenger», n'hésitez pas à **faire un bilan de vos compétences**! Vous avez sûrement **une compétence particulière** qui peut être exploitée et qui peut garantir votre singularité. Il ne faut pas nécessairement que ce soit une compétence rare, mais quelque chose qui vous définit réellement, qui exprime au mieux votre profil d'entrepreneur. Ceci vous aidera à **développer votre projet de création d'entreprise** et à affranchir votre leadership en acquérant de l'expertise.

2. Faites que votre idée de création d'entreprise soit cohérente avec vous-même

Bien souvent, le plus efficace est de rechercher une **idée de création d'entreprise qui soit en cohérence avec soi-même**, c'est-à-dire, avec ses aspirations, ses valeurs, ses objectifs, sa personnalité et son savoir-faire. Vous serez **plus motivé et plus créatif** en investissant votre énergie et vos compétences dans **un projet qui vous parle particulièrement et qui reflète votre passion**.

Veillez à **concilier votre idée à votre objectif de vie**. Cela est plus motivant que de se trouver contraint dans un modèle ou l'on peine à s'épanouir et qui n'inspire pas à s'y engager davantage. Ce raisonnement vous aidera à **délimiter votre champ de réflexion** et à **recentrer vos voies de recherche d'idée** en éliminant tout terrain non inspirant.

3. Ayez un esprit critique et soyez éveillé et réactif face à votre environnement

À chaque fois que vous achetez un produit ou que vous profitez d'un service, n'hésitez pas à **avoir un esprit critique** et **à stimuler votre sens**

de l'observation ! Analysez vos besoins quotidiens et repérez leurs spécificités. Demandez-vous :

- Ce produit/service satisfait-il parfaitement le besoin concerné ?
- Est-il réellement efficace ?
- A-t-il des défauts (difficulté d'usage, complexité d'utilisation, packaging non pratique, durée de vie limitée, etc.) ?
- Serait-il meilleur avec quelques améliorations ?
- Y a-t-il une cohérence entre sa performance et son prix d'achat ?
- Est-il facilement reconnaissable (vous arrivez à le démarquer par sa qualité, son packaging, son rapport qualité/prix, ses offres promotionnelles récurrentes, etc.) ?
- Est-il toujours disponible ou toujours en rupture, etc. ?

Ces **questions problématiques vous aideront à trouver des idées originales** et **stimuleront votre créativité** sur le long terme. En effet, la créativité ressemble à un muscle : elle a besoin d'être stimulée et entretenue régulièrement pour atteindre la performance souhaitée. C'est un très bon exercice à suivre !

4. Soyez curieux et tâchez d'être toujours *up-to-date*

N'ayez pas peur de **faire du hors-piste**, sortez des sentiers battus et des chemins que vous connaissez par cœur, allez là où vous n'avez pas pied : cherchez l'innovation et familiarisez-vous avec les nouveaux domaines entrepreneuriaux. Saisissez toute chance **de visiter les salons professionnels spécialisés** ou les **événements de rencontres entre jeunes entrepreneurs**, ces endroits d'échanges **débordent de nouvelles idées** et vous présenteront d'une manière réelle et non figée les tendances du marché.

Autre chose, lisez régulièrement **les magazines, les revues professionnelles** et surtout **les supports numériques sur le Net** pour nourrir votre réflexion et être informé de toutes les nouveautés dans le monde entier. Vous enrichirez ainsi **vos connaissances entrepreneuriales** et vous aurez de meilleures sources d'informations. Ceci boostera certainement votre *mindset* !

5. Observez les concepts qui marchent à l'étranger et ajustez

Observez autour de vous, **mais à plus large échelle**. Pour trouver une idée de création d'entreprise, n'hésitez pas à **vous inspirer des concepts qui marchent à l'étranger** : vous avez identifié une idée innovante qui fait fureur dans un autre pays ? Eh bien, **importez-la et faites l'effort de l'adapter** à la clientèle française !

Les États-Unis, par exemple, sont **des *trend-setters* et des innovateurs certifiés**, vous pouvez donc **importer un concept** qui connaît un vrai succès et **le révolutionner en France** en apportant **votre propre valeur ajoutée** et votre **touche personnelle.** Partir d'une idée ou d'un concept existant (exemple : un produit innovant déjà implanté, mais qui semble ne pas être totalement abouti) et **prévoir une politique d'amélioration** peut vous faire gagner beaucoup de temps ! Vous serez donc capable de vous concentrer sur les autres étapes importantes de votre projet, telles que **l'étude de marché et le *business model***.

6. Repérez vos petits problèmes au quotidien et partez des besoins de vos proches

L'environnement qui vous entoure, avec toute sa complexité, ses composantes et ses contraintes, peut vous inspirer à choisir la meilleure idée d'entreprise. Soyez **attentif à vos besoins et attentes au quotidien :** rappelez-vous des produits/services dont vous vous servez régulièrement, mais qui présentent certaines failles ou aspects contraignants. Ouvrez bien l'œil chez vous, au travail, à l'université, à la salle de sport, au centre commercial et notez ce qui vous dérange et ce qui **limite votre satisfaction en tant que consommateur**.

Intéressez-vous aux besoins et aux problèmes des personnes qui vous entourent également (votre famille, vos proches, vos amis) : quels sont les biens et les services qui leur seraient utiles, mais qu'ils ne trouvent pas en magasin ? De quoi rêvent-ils, qui n'existe pas encore ? **Observez, questionnez et identifiez** les problématiques actuelles puis tentez d'y apporter des solutions.

7. Détectez les entreprises qui lancent de nouveaux concepts ou des produits innovants

Essayer de détecter **les entreprises nouvellement lancées** qui semblent déjà avoir **une notoriété et une appréciation indéniable** des consommateurs modernes. Vous serez peut-être inspiré par l'une d'entre elles et vous pourrez transposer l'idée dans votre secteur ou votre domaine d'activité !

Abonnez-vous à leurs **newsletters hebdomadaires**, assistez à **leurs séminaires** et à **leurs conférences** pour mieux connaître l'idée innovante qui a su trouver sa place au sein de cet environnement ultra-concurrentiel.

Qu'il s'agisse d'une nouvelle technologie, d'un nouveau matériau, d'un nouveau procédé ou modèle économique innovant, **gardez ces inspirations en tête** et **faites travailler votre imagination** pour trouver *votre* concept original qui émanera de ces tendances émergentes.

8. Découvrez le monde du *crowd* et saisissez les meilleures opportunités qui vous inspirent

Les plateformes de *crowdfunding, crowdending, crowdequity, crowdrating*, etc., qui reposent sur le principe du «**financement participatif**», sont **une vraie source d'inspiration**. Ces lieux d'échanges fictifs regroupent de nombreux entrepreneurs créatifs qui n'attendent qu'un coup de pouce efficace pour développer leurs activités. Jetez-y un coup d'œil : vous pouvez trouver **votre idée** parmi tous ces projets de création d'entreprises ! De plus, cela peut vous amener **à faire de nouvelles connaissances et à élargir votre cercle professionnel**. Vous pourrez ainsi profiter de l'expérience de chacun et demander les meilleurs conseils pour réussir.

9. Optez pour la franchise

C'est une bonne idée pour se lancer en affaires, surtout pour un jeune entrepreneur qui entame sa **première aventure entrepreneuriale.** Être rattaché à **une entreprise qui a déjà fait ses preuves** et **devenir franchisé** semble être une solution très intéressante. En effet, **acheter une franchise** permet de profiter de **l'expérience opérationnelle** du franchiseur et **de suivre un modèle d'affaires bien rodé**, tout en bénéficiant de la notoriété de la marque et de l'achalandage qu'elle peut vous apporter.

Choisir la franchise peut calmer **les inquiétudes d'un futur entrepreneur**, puisque le franchiseur lui apportera **son soutien**, lui fournira **des outils opérationnels** et même **des guides d'instruction**. Le seuil de rentabilité sera donc atteint d'une manière plus rapide ! Vous avez la possibilité de choisir parmi **des réseaux de franchise dans tous les secteurs d'activité** : vous n'avez qu'à faire une bonne recherche et choisir l'opportunité qui vous conviendra le mieux.

10. Reprendre une entreprise, pourquoi pas ?

Si vous voulez vous lancer et entreprendre **dans un environnement déjà structuré** qui vous épargnera le stress et les défis de la phase de création : envisagez **la reprise d'une entreprise déjà existante** ! La reprise est une excellente idée pour ceux qui n'ont « pas l'idée pour créer le vélo, mais qui ont les jambes pour pédaler ».

Vous aurez la chance d'exploiter immédiatement **un outil de travail opérationnel**, une **main-d'œuvre déjà formée et prête à s'engager**, **un carnet d'adresses existant**. Cela vous garantira un démarrage plus rapide dans de meilleures conditions. Vous pourrez ainsi vous concentrer sur **les axes de développement de votre activité** et étudier méticuleusement **votre démarche stratégique**.

-LA REPRISE D'UNE ENTREPRISE EST-ELLE UNE OPPORTUNITÉ INTÉRESSANTE ? —

Vous avez envie de concrétiser votre idée de business et lancer votre propre projet, mais vous craignez un démarrage d'activité lent et risqué ? Vous cherchez une alternative moins risquée, qui vous permettra de franchir le pas en ayant des débuts plus prometteurs ?

Devant les enjeux que représente cette démarche, la question du **choix entre création et reprise d'entreprise** prend tout son sens. La **reprise d'une entreprise existante** est **un projet délicat** qui nécessite **une approche professionnelle et prudente** pour optimiser ses chances de réussite.

Les avantages de la reprise d'entreprise par rapport à la création

- À la différence de la création, **la reprise d'une entreprise** est un processus plus rapide, qui vous permet de profiter **de fondations solides** mises en place par le cédant et un **terrain de travail déjà opérationnel**.
- Vous bénéficierez **d'un personnel formé**, **d'une clientèle acquise**, **d'une reconnaissance sur votre secteur géographique** et même **d'un réseau de fournisseurs et de prestataires** déjà établi. Vous n'avez donc pas à subir **les défis des phases de lancement** tels que la formation et le recrutement de salariés performants, la recherche de clients solvables, de fournisseurs et d'investisseurs, qui doivent être d'abord convaincus par la valeur ajoutée de votre nouveau projet.
- Pour les entreprises nouvellement créées, les premières années d'activité sont souvent difficiles, en revanche, **la reprise** vous permet de bénéficier d'un **historique d'activité** qui apparaît comme **un gage de sécurité** limitant les risques et renforçant vos prévisions financières.
- **Le financement d'une reprise est souvent plus simple** (à condition qu'elle soit rentable) qu'une création. En effet, les banques et les partenaires financiers ont **des éléments concrets** sur lesquels ils peuvent

s'appuyer pour **évaluer la solidité du projet** (historique, portefeuille de clients, etc.) ainsi que pour **garantir leurs engagements** (immobilisations, actifs de l'entreprise, etc.).

- **La reprise d'une entreprise générant du chiffre d'affaires** permet à l'entrepreneur (ou micro-entrepreneur) de **se rémunérer rapidement et de bénéficier immédiatement d'un chiffre d'affaires**. Au contraire, la création d'entreprise est rarement rémunératrice au début : il peut s'écouler un certain temps avant de pouvoir se rémunérer.
- Reprendre une entreprise qui a une activité déjà existante, qui bénéficie **d'une certaine notoriété** et qui est **soutenue par des salariés performants** permet au repreneur de se focaliser sur son métier (stratégie, financement, partenariats, innovation, management, développement de l'activité, etc.), ce qui l'aidera à garantir le succès de son projet.

Les inconvénients de la reprise d'entreprise par rapport à la création

- Dénicher **une entreprise prometteuse avec un projet inspirant,** qui a du potentiel et qui pourrait être développé pour apporter de la valeur ajoutée et se démarquer au sein de la concurrence, n'est pas toujours évident. Il n'est pas si facile de **dénicher les bonnes affaires** et de trouver une entreprise qui **correspond à ses aspirations et à ses valeurs. Les experts-comptables peuvent être des interlocuteurs intéressants dans votre recherche.**
- La reprise requiert une attention particulière du fait de **son historique**. Il faut bien vérifier **la valeur de l'entreprise**, **ses interactions et ses relations avec ses prestataires**, **sa réputation** et **la viabilité de son activité**.
- **Le coût d'une entreprise à céder**, si elle est d'excellente qualité, peut être assez élevé. Il est nécessaire d'en tenir compte dans le plan de financement de votre reprise. Votre apport personnel doit donc être **plus important** et, s'il n'est pas suffisant, vous devrez solliciter un emprunt plus élevé, ce qui se répercutera sur vos charges futures.
- Il est nécessaire de s'attacher à **l'aspect humain** de cette transmission. En effet, les clients et les fournisseurs de l'entreprise sont habitués au cédant, tout comme les éventuels salariés qui peuvent parfois **avoir du mal à s'adapter** au nouveau management. Il faut avoir **les aptitudes nécessaires** et **les bonnes approches managériales** pour assurer la cohésion.

- Dans la **reprise d'une entreprise**, vous serez toujours comparé à votre prédécesseur (ses qualités, sa vision entrepreneuriale, l'efficacité de son offre), avec qui vous devez **avoir une bonne relation** pour assurer le succès de la passation. Il faut donc faire preuve de bienveillance et de vigilance.
- Vous devez être **efficace et opérationnel immédiatement** : c'est ce qui confère un aspect complexe à la reprise par rapport à la création qui vous donne le temps de **découvrir votre style de management**, **d'affiner votre idée** et de **bien étudier vos axes de développement.**

Dans quels cas est-il judicieux de penser à la reprise ?

- Si vous n'êtes pas sûr de détenir **le financement nécessaire**, même après avoir eu recours à un financement externe (emprunt bancaire), il est mieux de penser à la reprise qu'à la création d'entreprise. La reprise est généralement considérée comme **une opération « très coûteuse »,** mais entre la recherche d'un nouveau local commercial bien situé, la réalisation de travaux d'aménagement, la formation des nouveaux employés et l'achat du stock de départ et des équipements nécessaires, l'investissement alloué à la création sera nettement plus dur à rembourser et les charges d'exploitation devront être toutes couvertes avant de pouvoir générer du profit net. Cela demandera un bout de temps !
- Généralement, si votre activité appartient à un **secteur très concurrentiel** (commerce, construction, restauration, hébergement, service aux entreprises, etc.), il est préférable de reprendre une entreprise, pour profiter **de sa notoriété** et s'appuyer sur **son capital humain et financier** et sur **ses relations avec les divers prestataires**. Ainsi, en ayant ces éléments clés, vous pourrez vous concentrer sur les axes de développement de votre activité et perfectionner votre stratégie de communication afin d'augmenter vos parts de marché.
- Si vous avez **un fort potentiel créatif** et si vous arrivez à **détecter les futures voies d'amélioration** de concepts déjà installés, vous ferez un très bon repreneur. Certains entrepreneurs ont **l'âme d'un développeur** et la reprise leur fera gagner beaucoup de temps, en offrant immédiatement un outil de travail opérationnel, une équipe performante et une clientèle déjà acquise.
- Si vous faites le choix d'un **changement radical de vie,** qui vous conduit à **changer de région ou de pays**, le démarrage d'une nouvelle activité dans un environnement qu'on ne maîtrise pas ou qu'on connaît mal ne serait qu'une tentative vouée à l'échec. Il serait donc intéressant de

reprendre une entreprise et de redémarrer petit à petit en se donnant le temps de découvrir le nouveau marché, les habitudes et les besoins des nouveaux clients.

Si votre activité s'appuie sur **la qualification et l'expertise du personnel**, la reprise est un choix pertinent. Le recrutement de nouveaux salariés dans ce genre de secteurs (notamment dans le bâtiment, dans l'artisanat d'art, etc.) constituerait un vrai défi ! Mieux vaut envisager **la reprise d'une entreprise** qui est accompagnée par la disponibilité de salariés formés qui maîtrisent parfaitement leurs missions. Toutefois, dans ce cas, en tant que repreneur, il vous faudra reprendre très vite les commandes et montrer vos compétences managériales pour **gagner la confiance des salariés** et de **leur précieux carnet d'adresses.**

Reprendre une entreprise en difficulté : est-ce un bon plan ?

Pour certains entrepreneurs qui souhaitent se lancer et mettre leurs compétences de leader en jeu, reprendre une entreprise en difficulté peut paraître une bonne affaire en raison du prix de cession des structures, généralement très attractif. Des annonces sont disponibles auprès des organismes suivants :

- le Conseil national des administrateurs judiciaires et des mandataires judiciaires ;
- l'Association syndicale professionnelle d'administrateurs judiciaires ;
- les enchères publiques ;
- l'Institut français des praticiens des procédures collectives (IFPPC) ;
- Infogreffe.

Il est néanmoins indispensable de savoir que la reprise d'entreprise en difficulté demande rapidité, précision et investissements plus importants qu'on ne le croit (frais liés à la restructuration, besoin en fonds de roulement, frais juridiques nécessaires pour maîtriser le cadre procédural d'une telle démarche, etc.). Vous avez généralement moins d'un mois pour prendre une décision.

Prenez en considération qu'en **reprenant une entreprise en difficulté,** vous ne bénéficierez pas des **garanties prévues dans le cadre d'une reprise classique**. Il y a peu d'aides directes pour financer ce type de projet et les banques deviennent très frileuses. Qui plus est, vous ne pourrez pas

effectuer un recours contre le cédant. Une fois votre décision prise, vous devez exploiter vos ressources pour **restructurer le projet et trouver les meilleures solutions** capables de vous faire atteindre les objectifs souhaités.

Vous devez chercher à connaître **les causes d'échec de cette entreprise,** les origines des difficultés (si elles sont liées **au style de management du dirigeant** ou à des pratiques très concurrentielles), **la réputation de l'entreprise** et sa **relation avec ses prestataires actuels.** Ne ratez aucune source d'informations ! Déplacez-vous, **allez sur le terrain**, côtoyez les employés, **demandez leur avis** : croient-ils en l'avenir de l'entreprise ou proposent-ils certaines mesures correctives ?

Pour ces raisons, il est préférable que vous soyez bien accompagné et soutenu par des professionnels (expert-comptable, avocat, notaire, conseil spécialisé...) qui vous aideront à approfondir l'audit de l'entreprise et le *business plan* de reprise. Ils vous offriront leurs meilleurs conseils et leur aide vous permettra :

- de vous concentrer **sur les aspects opérationnels et stratégiques de votre projet** pour bien prévoir votre démarche future, éviter un engagement regrettable et avoir **un aperçu plus détaillé** sur l'opération de reprise ;
- d'analyser précisément **les raisons de la défaillance,** et d'anticiper **les meilleures solutions** pour redresser l'entreprise ;
- de mieux **identifier et maîtriser les risques** ou les vices cachés (**dettes antérieures, problèmes d'image de marque, problèmes internes d'organisation, problèmes avec le personnel, investissements médiocres, etc**.), dont certains peuvent avoir un impact déterminant sur la réussite du plan de reprise ;
- d'anticiper la pratique du tribunal.

Ne **surestimez pas votre capacité à redresser l'entreprise**. La démarche est laborieuse et demande beaucoup d'énergie et de temps. En effet, **l'offre est parfois prise en compte** plus d'un an après l'ouverture de la procédure. Le prolongement de cette période peut **engendrer des conséquences périlleuses** qui se manifestent par l'aggravation **des difficultés encore non traitées** : démotivation des salariés, perte de confiance durable des clients et/ou des fournisseurs, éviction de marchés indispensables, etc. Soyez prudent !

– FAUT-IL FAIRE UNE ÉTUDE DE MARCHÉ AVANT DE SE LANCER ? –

Vous avez trouvé une bonne idée de création d'entreprise ? Vous comptez lancer votre propre business et vous engager sérieusement pour garantir sa réussite ? Sachez que, peu importe l'ambition de votre projet d'entreprise, il ne faut pas négliger la première phase : une étude de votre marché et de votre future clientèle !

Il est indispensable de commencer par réaliser **une étude de marché complète**. Celle-ci vous permettra de **tester réellement votre idée** et de **réduire les incertitudes et les risques** : c'est le meilleur moyen **de connaître vos chances de succès avant de vous lancer**.

Pourquoi faire une étude de marché ? Quelle est sa vraie utilité ?

- Elle permet de cerner et d'analyser tous **les éléments et acteurs qui font partie de votre environnement**, **vérifier l'opportunité de vous lancer** et **prévenir les risques éventuels** qui accompagneront votre activité. Cela vous permettra de prendre les décisions adéquates en amont de la création de votre entreprise.
- Pour certains, l'étude de marché constitue une étape fastidieuse et difficile à réaliser puisqu'ils ne se sentent **pas assez compétents** et ne maîtrisent pas parfaitement les axes de développement de leur activité. Or **l'étude de marché n'est autre qu'une approche méthodique et sensée,** qui aide à prévoir le potentiel de son projet et à se poser les bonnes questions :
  - Quelles sont les grandes tendances du marché ?
  - Qui sont mes concurrents et par quoi se caractérise leur offre ?
  - Quelles sont les caractéristiques de mon environnement ?
  - Quelle est ma cible et quels sont ses vrais besoins et attentes ?
  - Quel réseau commercial convient le mieux à ma cible ?

- Qui sont les fournisseurs et les prestataires solvables qui m'aideront à développer mon business ?
- Mon projet a-t-il le potentiel nécessaire pour réussir ?
- Existe-t-il une opportunité qui m'aidera à lancer mon activité ?

- Cela constituera votre meilleure source de renseignements sur le marché que vous visez, sur les besoins et les attentes de vos futurs clients, sur l'adéquation du produit/service que vous proposez. Ces données vous permettront ensuite **de fixer des objectifs commerciaux plus réalistes** et de recadrer vos axes d'amélioration !
- Elle vous permet de collecter des informations importantes, qui vous aideront à **fixer les hypothèses de votre chiffre d'affaires.** Sachez que vous avez le choix entre plusieurs méthodes de calcul pour établir votre **chiffre d'affaires prévisionnel**. Vous pouvez :
  - analyser et étudier **des projets similaires qui ont le même type d'activité**, le même secteur ou les mêmes caractéristiques de la cible, sur votre zone ou sur d'autres zones géographiques ;
  - **identifier et évaluer, dans le cadre d'une enquête de terrain**, les intentions et les habitudes d'achat des consommateurs potentiels : quantités achetées habituellement, fréquence d'achat, prix psychologique, panier moyen, etc. (ces éléments de réponse recueillis seront utilisés pour calculer un chiffre d'affaires potentiel) ;
  - tester votre projet en **grandeur nature** (méthode opérationnelle), le plus important étant d'avoir recours à plusieurs méthodes afin d'avoir une meilleure visibilité et de faire ressortir une hypothèse basse et une hypothèse haute.
- Enfin, elle vous aidera à prendre **les meilleurs choix stratégiques,** ceux qui vous aideront à atteindre vos objectifs rapidement. Vous pourrez définir votre stratégie, les axes d'amélioration de votre offre, les meilleurs moyens de distribution, etc.

Votre étude de marché doit être rassurante et doit constituer un moyen de motivation

En réalisant **votre étude de marché,** vous devez vous sentir confiant par rapport à votre projet et à ses chances de réussite. Cette étude doit tout d'abord **vous rassurer vous-même et vous motiver à aller de l'avant**, en révélant un marché en forte croissance, une clientèle prête à acheter votre produit/service au prix que vous avez indiqué, une valeur ajoutée garantie par rapport aux concurrents, des fournisseurs prêts à offrir leurs services, etc.

Ensuite, vous devez prouver à votre entourage et aux tiers que votre projet tient la route sur le long terme et qu'il va être un succès. Votre étude de marché doit donc mettre en avant **votre implication** et **vous crédibiliser auprès des organismes financiers** (banques, prêt d'honneur, microcrédit, *business angels*, etc.) qui croiront en votre sérieux et adhéreront à votre demande de financement. Elle permettra de rassurer vos autres interlocuteurs également : vos associés, vos fournisseurs, votre future équipe, tous vos salariés, votre expert-comptable, votre avocat d'affaires, votre mentor, etc.

L'importance de l'étude de marché dans le *business plan*

L'étude de marché est l'étape qui valide l'ensemble de la stratégie de développement de votre projet. Une fois celle-ci achevée, il faudra passer à la seconde étape et concrétiser les aspects économiques, organisationnels et financiers de votre projet par le ***business plan***. Ces deux étapes sont donc parfaitement complémentaires.

Retenez-le bien, tout bon *business plan* nécessite **une étude de marché** ! En effet, celle-ci constitue son socle et l'une de ses pierres angulaires. Une bonne étude de marché vous offrira un double avantage :

- elle crédibilisera votre *business plan* ;
- elle vous permettra de connaître et d'évaluer la situation économique de votre secteur : est-ce un secteur attractif et prometteur, investir est-il de l'ordre du possible ? ;
- elle vous permettra également d'établir votre prévisionnel financier et de fixer des objectifs de chiffre d'affaires.

N'hésitez donc pas à faire **votre étude de marché et ne négligez pas son importance**, car elle vous permettra d'avoir une bonne visibilité d'ensemble sur votre projet, de tester votre idée et de réduire les incertitudes et les risques de votre aventure entrepreneuriale.

Faire faire son étude de marché ou la réaliser soi-même ?

Si vous sentez la nécessité de vous adresser à des professionnels ou d'avoir une aide extérieure pour compléter votre **étude de marché,** ceci est bien évidemment possible. Vous avez le choix entre différents types d'organismes auxquels vous pourriez faire appel :

- **Les sociétés d'études de marché ou cabinets spécialisés :** ils proposent des études de marché clés en main, des études sur mesure, des études quantitatives sur panel prédéfini, etc. Les plus gros en France sont Ipsos, Médiamétrie et BVA.
- **Les sociétés d'études de marché en ligne :** leurs tarifs sont plus attractifs, mais ces sociétés ne permettent pas toujours de réaliser des études très personnalisées.
- **Les Junior-Entreprises :** ces associations d'étudiants entrepreneurs sont basées dans les universités et les écoles supérieures. Certaines d'entre elles proposent des études de marché pour des prix trois à quatre fois inférieurs aux prix du marché.
- **Les conseillers indépendants (freelances) :** spécialisés en création d'entreprise ou en marketing, ils peuvent vous aider à mener votre étude de marché. L'avantage est de bénéficier de leur expertise pointue et d'avoir un résultat bien ciblé, mais le coût n'est pas négligeable.
- **Les organismes consulaires (chambres de commerce et d'industrie, chambres des métiers) :** ils proposent des études de marché clés en main, et peuvent dans certains cas mettre à votre disposition un conseiller pour vous aider dans vos démarches.
- **Les réseaux d'aide à la création d'entreprises :** Réseau Entreprendre, BGE, etc.

Il faut savoir une chose, étant donné **l'importance de cette étude de marché pour votre proje**t, nous vous recommandons de vous y impliquer réellement et de **ne pas la sous-traiter entièrement**. Oui, vous pouvez avoir recours à une aide extérieure, mais vous devez tout de même piloter avec attention la réalisation de l'étude. C'est ce qui vous permettra d'**être un manager efficace** qui n'a pas peur de se tester et de se défier ! Vous gagnerez en confiance et vous serez capable d'identifier d'ores et déjà vos clients.

— LES ÉTAPES POUR BIEN RÉALISER VOTRE ÉTUDE DE MARCHÉ —

Pour qu'une **étude de marché soit efficace**, il faut respecter une **démarche méthodique et bien structurée** en répondant à quatre sujets majeurs : le marché, l'offre, la demande et l'environnement de votre projet.

Première étape : définissez votre marché

Définir votre marché cible vous aidera à choisir les clients que vous voulez servir, à mieux connaître leurs besoins et leurs attentes et à organiser vos efforts pour en attirer davantage. Votre objectif ici est de **réaliser une photographie générale du marché** pour orienter vos actions stratégiques. Aujourd'hui, Internet nous permet d'avoir accès à l'ensemble des informations pour réaliser une étude de marché.

Vous devez donc identifier :

Votre marché et ses évolutions

Pour avoir des éléments de réponse, essayez de répondre à ces questions :

- Sur quel(s) marché(s) votre entreprise va-t-elle évoluer ?
- Qui seront vos clients ou vos utilisateurs (le client, celui qui paie, n'est pas nécessairement l'utilisateur) et quels seront leurs différents profils ?
- Y a-t-il un certain type de clients que vous voudriez accueillir en plus grand nombre ? Ou en moins grand nombre ?
- Quels sont les besoins de la population et sa motivation pour acheter ?
- Quelles sont les tendances du marché ? S'agit-il d'un marché émergent, en forte croissance ou en déclin ?
- Quelle est la dimension géographique du marché que vous souhaitez cibler ?
- Quelles étaient les évolutions et les avancées technologiques majeures de votre marché au cours des dernières années ? Existe-t-il des barrières à l'entrée ?

La bonne connaissance du marché est indispensable, car elle vous permettra de **réagir et d'allouer les efforts et de procéder aux ajustements nécessaires** pour s'adapter à ses éventuelles évolutions.

Les produits ou services directement ou indirectement concurrents

Dans un second temps, pensez à chercher quels sont **les produits qui constitueront vos concurrents directs, mais également indirects,** c'est-à-dire qui peuvent se substituer à votre produit. Ne cherchez pas à atteindre le même marché, mais plutôt à trouver un marché de niche qu'ils négligent : vous maximiserez ainsi vos chances de réussite. La meilleure connaissance des offres de vos concurrents vous permettra **d'adapter votre offre à la réalité économique du marché visé**.

Les acteurs

Concurrents, clients, utilisateurs, prescripteurs, etc., la détection des principaux acteurs est importante pour **une connaissance pointue de votre marché**. Une fois les acteurs cibles clairement définis, il est beaucoup plus facile de déterminer où et comment commercialiser votre entreprise et d'orienter vos axes de développement.

Deuxième étape : analysez la demande et essayer de définir votre client type

La première étape vous a aidé à **cerner les principales caractéristiques de la demande**, mais il faut maintenant obtenir davantage d'informations pour pouvoir, par la suite, prendre des décisions. Autrement dit, vous allez **procéder à une analyse plus détaillée** qui vous permettra d'avoir une meilleure visibilité. L'objectif est de **recueillir un maximum de données** pour adapter votre offre ou votre stratégie de *mix marketing* à la cible. Prévoyez donc :

L'évolution globale de la demande

Interrogez-vous sur les tendances d'évolution de la demande et les changements de leurs intentions d'achat :

- Quelle est la taille du marché et quelles sont les quantités vendues ?
- Quel est le nombre de clients sur le marché ? Comment ce chiffre évolue-t-il ?

- Les clients identifiés sont-ils plutôt à la recherche de nouveautés ou cherchent-ils à satisfaire un vrai besoin ?

Comportement du client et de l'utilisateur

Essayez de faire **un portrait précis de vos clients et/ou de vos utilisateurs** en identifiant leurs caractéristiques, leurs préférences et surtout leurs attentes. Vous allez tenter de prévoir leur comportement pour mieux l'apprivoiser :

- À quelle occasion achète-t-il (le client) ou utilise-t-il (l'utilisateur) le produit et/ou le service que vous proposez ? Comment ? Où ? Pour quelle motivation ?
- Sont-ils satisfaits ? Quels sont leurs freins ?
- Quelle est leur perception du produit et/ou du service ?
- Que pensent-ils de l'offre des concurrents ? Qu'est-ce qui pourrait être amélioré ?
- Quelles sont les caractéristiques du produit et/ou du service qui pourraient favoriser l'acte d'achat ou d'utilisation ?

Les réponses à ces questions vous seront d'une grande utilité, car elles vous permettront de **vous démarquer de vos futurs concurrents en ayant une meilleure connaissance des caractéristiques de la demande** et vous pourrez ainsi créer un avantage concurrentiel.

Segmentation de la demande

Ici, votre objectif est de sélectionner, parmi l'ensemble de vos clients (et/ou utilisateurs) identifiés, **lesquels cibler en premier lieu** pour commercialiser votre produit/service. Autrement dit, vous allez procéder à un **découpage en groupes homogènes** afin de mettre en évidence **les spécificités de chaque groupe**. Cela vous permettra de proposer une **offre adaptée** à chaque groupe.

Cette étape est très importante, car il n'est pas efficient de proposer la même offre à l'ensemble de la clientèle, puisque **les attentes varient d'un groupe de consommateurs à un autre**. Ne pas segmenter la demande entraînera donc un **gaspillage de vos ressources**. Ainsi, suivant la nature de votre marché, vous pourrez utiliser **des critères distinctifs** tels que : le sexe, les critères sociodémographiques, les modes de consommation (pour les particuliers) ou encore : les effectifs, l'activité, le chiffre d'affaires, l'implantation (pour les entreprises).

Troisième étape : analysez l'offre pour affiner votre plan d'attaque

De même que pour l'analyse de la demande, **une analyse pertinente de l'offre** vous permettra **d'affiner votre démarche stratégique** et **d'optimiser les résultats des actions entreprises**.

Évolution globale de l'offre

Étudiez les différents produits (et/ou services) et entreprises actives et présentes sur le marché ainsi que les leaders qui ont une notoriété indéniable.

Caractéristiques de l'offre et des entreprises concurrentes

Une fois que vous les avez identifiées, analysez de manière détaillée vos concurrents directs et indirects. Posez-vous les questions suivantes :

- Qui sont-ils ? Où sont-ils ? Quelles sont les spécificités de leurs offres ?
- Que proposent-ils ? À quels prix ?
- Comment vendent-ils ? Quels sont leurs résultats financiers ? À qui vendent-ils ?
- Comment communiquent-ils ? Quels sont leurs avantages concurrentiels ?
- Quelle est leur part de marché ?
- Les clients/utilisateurs sont-ils satisfaits ? Y a-t-il des lacunes à améliorer ?

Quatrième étape : analysez l'environnement du projet

Étudier l'environnement de votre projet consiste **à collecter et à analyser des informations détaillées** pour mieux identifier ses caractéristiques. Vous allez faire **un travail d'exploration** en vue de comprendre son fonctionnement et d'identifier les facteurs qui peuvent avoir une influence favorable ou non sur votre activité.

Cette étape vous permettra de **confronter votre idée de projet à la réalité,** et l'enjeu sera de déterminer si la taille de votre marché pourrait être réduite ou augmentée. En d'autres termes, vous tenterez d'avoir **une lecture plus approfondie de votre marché** et vous anticiperez ses changements éventuels. Ce travail passe par l'analyse des six dimensions suivantes :

- **Politique** : Quelle est la stabilité politique ? Existe-t-il des tensions particulières ? Quelle est la réglementation qui existe autour de votre projet ?

Quel est le régime adopté? Quelle est la politique en matière de fiscalité, de commerce?

- **Économique** : Quelle est la conjoncture économique actuelle? Quel est le taux de chômage? Quel est le revenu disponible? Quelle est son évolution? Quel est le pouvoir d'achat moyen des consommateurs?
- **Sociale** : Quelle est la culture? Quelles sont les valeurs et les normes? Quel est le niveau d'éducation? Comment évolue la démographie? Quelles sont les habitudes de consommation?
- **Technologique** : Quelles sont les évolutions technologiques à venir? Quelles innovations suscitent le plus l'intérêt des consommateurs? Sont-elles fréquentes? Quels sont les secteurs concernés?
- **Écologique** : Quelle est la sensibilité aux enjeux du développement durable? Quelles sont les mesures prises en faveur de l'environnement? Quel traitement est réservé aux déchets?
- **Légale** : Quelle est la législation qui encadre votre activité? Comment peut-elle évoluer? Quel est le rôle des pouvoirs publics? Quel est le rôle des groupes d'influence et des organisations professionnelles? Etc.

Pour vous aider à trouver **des sources d'informations fiables,** qui vous permettront d'améliorer la qualité de votre démarche, vous pouvez consulter :

- **les chambres de commerce et d'industrie (CCI)** qui mettent à la disposition des porteurs de projet des études locales sur les flux commerciaux. Pensez à vous rapprocher de leur service études et/ou documentation;
- **les chambres de métiers et de l'artisanat** qui donnent accès à un outil d'implantation locale intitulé **Olia** qui soutient l'implantation des chefs d'entreprise artisanale et les accompagne dans leur aventure entrepreneuriale;
- **l'Insee** qui a également développé un outil d'aide au diagnostic d'implantation locale consultable en ligne : **Odile**.

STRUCTUREZ ET CHIFFREZ VOTRE PROJET

AVOIR UN *BUSINESS MODEL* DÈS LE DÉPART, EST-CE VRAIMENT UTILE ?

Vous voulez découvrir les nouvelles tendances de votre marché, et cerner les axes d'évolution de votre future activité entrepreneuriale ? Il est donc temps de vous intéresser au *business model*. Ce modèle économique est l'élément clé de tout *business plan* et constitue un prérequis indispensable au lancement de tout business. Ce support déterminera comment votre entreprise pourra engendrer des gains, quels sont ses différents flux de revenus et en quoi votre manière de gagner de l'argent est cohérente avec vos buts et vos aspirations d'entrepreneur.

Pour mettre votre projet à flot, il faut donc se poser les bonnes questions afin de bien comprendre cette notion et choisir ensuite **le *business model* le plus adapté à l'activité de votre entreprise**.

Qu'est-ce qu'on entend par *business model*, de quoi s'agit-il ?

Un *business model*, ou modèle d'affaires, est un élément clé dans tout projet entrepreneurial. C'est un support qui décrit la manière dont **une entreprise crée de la valeur** et **se démarque** dans un environnement concurrentiel. Il s'agit de spécifier concrètement comment l'entrepreneur souhaite exploiter **sa « bonne idée » de départ** sur le marché. En bref, il s'agit de **la manière dont l'entreprise fait des affaires. Le *business model*** doit comporter les réponses à ces principales questions :

- Que vendez-vous et pourquoi ? (votre proposition de valeur) ;
- À qui le vendez-vous ? (vos clients) ;
- Avec quelles ressources le vendez-vous ? (partenaires, ressources clés) ;
- Comment le vendez-vous ? (canaux, relation client) ;

- Combien le vendez-vous ? (flux de revenus, structure de coûts, budgétisation).

Il s'agit, entre autres, **d'une description détaillée** du déroulement de votre activité. Même si vous êtes une **« start-up »** (entreprise dont le *business model* n'est pas encore complètement arrêté, mais dont l'offre a une forte « scalabilité »), vous devez poser une **hypothèse de *business model*** même si celui-ci va évoluer !

Pour vous : un très bon outil d'analyse et de remise en question

Il est important de prendre du recul et de **voir l'évolution de votre projet** une fois matérialisé, pour comprendre **son fonctionnement global** et détecter ses points forts et les améliorations qui doivent être apportées. **Le *business model* est un outil idéal** pour ce type d'exercice, car il vous aide à **concrétiser votre vision** et à voir le déroulement des faits sur une échelle réelle et fonctionnelle.

Vous n'êtes donc plus dans le prévisionnel, et vous n'avez plus à faire **des estimations généralisables et figées** qui ne tiennent pas compte des contraintes de votre environnement. **Le modèle économique** vous permet en effet de détecter **l'évolution réelle de votre activité** en tenant compte de tous ses aspects interchangeables : mise en œuvre, temps nécessaire, échéances, estimations et retours des clients, remboursements...

Sans ***business model***, il vous sera difficile de réaliser **un *business plan* pertinent** qui garantira vos chances de réussite et dépistera la meilleure opportunité pour se lancer. Accordez donc **l'importance nécessaire** à ce support qui vous permettra entre autres de répondre à ces deux questions :

- Votre offre répond-elle à un véritable besoin client ?
- Avez-vous anticipé toutes les possibilités pour vous démarquer des autres, en innovant soit par l'offre proposée, par l'usage qui en est fait, par les moyens mis en œuvre ou par la stratégie commerciale ?

Pour votre entreprise : un outil qui traduit votre stratégie

S'il ne garantit pas la réussite de votre projet entrepreneurial, un ***business model*** bien établi met toutes les chances du côté de l'entrepreneur.

En effet, son élaboration offre une meilleure visibilité du marché et permet de **clarifier tous les aspects de l'offre** pour l'entrepreneur et ses partenaires (fournisseurs, investisseurs, prescripteurs, etc.).

Une fois que **le segment de marché et la cible de la clientèle sont bien définis**, il y a moins de risques de dispersion ou de gaspillage de ressources. L'entreprise pourra ainsi **se concentrer sur sa valeur ajoutée** et **développer le facteur innovant** de son business qui lui permettra de **se positionner par rapport à la concurrence**. C'est là l'utilité majeure du ***business model***, qui aide à mieux **détecter les axes d'amélioration** ou **le facteur clé** qui aide l'entreprise à se démarquer suffisamment du concept de ses concurrents.

Cette valeur ajoutée assurera le développement de l'activité commerciale de l'entreprise. Toutefois, gardez en tête que **le *business model*** n'est pas figé : votre stratégie entrepreneuriale peut évoluer, voire totalement changer, en fonction des attentes du marché. N'hésitez pas à réadapter votre idée initiale.

Pour vos interlocuteurs : un moyen de communication pertinent

Votre ***business model*** doit être un très bon moyen de communication avec vos divers interlocuteurs : il doit **refléter votre vision d'une manière très claire et synthétique** de façon à être compris par tout le monde à la première lecture.

Autrement dit, il doit faciliter la **traduction opérationnelle et chiffrée** de l'adaptation de votre offre à son marché. Ce modèle économique doit permettre également à l'entrepreneur de **présenter sa stratégie** auprès des banques et autres partenaires, qui auront une vision globale et une lecture rapide et concise de **la valeur ajoutée que propose l'entrepreneur.** Veillez à bien travailler ce point pour garantir l'efficacité de votre support stratégique.

Quels sont les outils qui permettent de formaliser un *business model*?

Pour visualiser votre modèle économique de manière plus claire, et bénéficier de l'utilité de toutes les informations stratégiques qu'il offre, de nombreux tableaux et matrices ont été créés. Parmi ceux-ci, il y a **le *business model* Canvas** qui est parfaitement adapté à la phase de création, et peut aussi être utilisé pour le lancement d'un nouveau produit ou d'un nouveau service. **Composé de neuf briques**, le *business model* Canvas s'organise autour de **blocs complémentaires** qui permettent de visualiser, **en un seul tableau,** tous les éléments qui interagissent au sein de votre projet et qui soulignent **les points forts à exploiter, les défis à relever et les incohérences à corriger.**

Pour mieux comprendre les composantes de ce tableau, voici les éclaircissements liés à chaque case :

1. **Les segments de clientèle (pour qui) :** les clients sont au cœur de votre projet. Vous devez indiquer ici votre cible ou vos segments de cible si vous en avez plusieurs, c'est-à-dire un groupe homogène de personnes/d'entreprises qui ont les mêmes besoins, que vous pouvez servir via le même canal de distribution, qui seront sensibles à la même communication, qui accepteront de payer le même prix, et avec lesquels vous aurez le même type de relation.
2. **La proposition de valeur (quoi et pourquoi) :** il s'agit de votre offre, ainsi que ce qui fait que vos clients vont acheter votre produit/service plutôt que celui des concurrents. C'est aussi la combinaison de produits/services qui répondent aux besoins et aux exigences de votre cible (nouveauté, performance, prix, personnalisation, réduction de coûts, accessibilité, marque, design).
3. **Les canaux de distribution et de communication (comment)** : par quels canaux allez-vous faire connaître votre offre ? Comment allez-vous aider vos clients à choisir votre offre plutôt que celle d'un concurrent ? Comment allez-vous vendre vos produits/services (vente en ligne, magasins, grossiste, etc.) ?
4. **La relation client (comment) :** il s'agit de définir quel type de relation vous allez établir avec votre cible/chacun des segments de votre cible (self-service, communautaire, assistance personnelle, SAV, cocréation, etc.).
5. **Les ressources clés (avec quoi) :** ce sont les ressources indispensables au fonctionnement de votre activité : locaux, machines, fonds financiers, ressources humaines, achats de compétences, logiciels, marque, etc.
6. **Les activités clés (quoi) :** ce sont les activités principales de votre entreprise, qui sont indispensables à son fonctionnement : la production, la gestion logistique, l'ingénierie, la gestion des sites web, etc. Pour distinguer votre activité principale, posez-vous la question suivante : **si je n'exerce pas cette activité, puis-je faire tourner mon entreprise ?** Si la réponse est « non », alors c'est une activité clé.

7. **Les partenariats clés (avec qui) :** ce sont les intervenants stratégiques du projet : fournisseurs clés et partenaires clés. Des acteurs qui vous aideront à faire évoluer votre activité et à assurer la satisfaction de vos clients. Pour être sûr de vos choix, demandez-vous quelles sont vos motivations pour s'engager dans ces partenariats : l'optimisation (financière ou autre), les économies, la réduction des risques, l'acquisition de ressources ou d'activités particulière, etc. Posez-vous la question suivante : **si je n'ai pas ce partenaire, puis-je faire tourner mon entreprise ?** Si la réponse est « non », c'est un partenaire clé.
8. **Les flux de revenus (combien) :** cette composante définira comment chacun de vos segments paiera : ponctuellement, à chaque achat/location, ou en forfait annuel ? Les prix seront-ils fixes ou des négociations seront-elles possibles ? Proposerez-vous un prix différent par cible ou dépendra-t-il des volumes vendus ? Si vous proposez un service gratuit à un segment de clients, lequel vous apportera des revenus ?
9. **Structure des coûts (combien) :** il s'agit d'identifier les coûts les plus importants, les activités ou les ressources les plus coûteuses. Votre modèle est-il plutôt axé sur les coûts (faible structure de coûts, tarifs bas, sous-traitance intensive, etc.) ou axé sur la valeur (focalisé sur la création de valeur, proposition de valeur haut de gamme, etc.) ?

COMMENT FIXER VOS PRIX ?

La définition des tarifs ou la manière de fixer le prix des produits et des services **pose régulièrement un problème à un grand nombre de créateurs d'entreprise et de dirigeants. Les paramètres à prendre en compte sont en effet nombreux et chaque décision pèse sur le bénéfice, à la hausse ou à la baisse. Autrement dit,** le prix est une variable fondamentale d'une stratégie marketing **et l'entrepreneur doit réfléchir efficacement avant de le définir, car les prix proposés doivent être justes pour que les clients soient suffisamment intéressés. Il est donc très important de tenir compte** de son marché, de la qualité de son produit ou service et de l'offre proposée par la concurrence **avant de prendre la bonne décision.**

Comment procéder alors **pour fixer un tarif compétitif qui maximisera votre marge en fonction de vos objectifs** ? Quelles approches doivent être entreprises pour assurer « la justesse de vos prix » ?

Un prix de vente peut être fixé en combinant plusieurs méthodes

Pour fixer le « prix juste », vous devez bien connaître votre clientèle, vos concurrents et vos différents coûts. Pour ce faire, il existe trois méthodes complémentaires que vous pouvez déployer :

- **l'analyse de la demande ;**
- **l'analyse de la concurrence ;**
- **le calcul du prix de revient.**

1. Détermination du prix par l'analyse de la demande (clientèle)

De nos jours, les consommateurs postmodernes sont devenus **de plus en plus éveillés et réactifs** face à leur environnement et aux variables qui le constituent. Le prix est **un critère de sélection très important** pour le consommateur actuel, qui n'hésite pas à utiliser son engin magique, le « mobile », pour comparer en peu de temps tous les prix pratiqués pour un même produit. En effet, près de 9 consommateurs sur 10 consultent les avis clients sur Internet avant de réaliser un achat[1]. **Le client joue donc un rôle très important dans la politique de prix d'une marque**. Il faut tenir compte de son appréhension avant de fixer le prix à adopter.

Vous pouvez profiter de votre étude de marché pour **sonder vos clients potentiels**. Ceci vous aidera à comprendre quelle connaissance ils ont des prix du marché pour le produit ou le service que vous proposez. Et quel tarif sont-ils prêts à payer pour l'acheter ? Cela vous orientera davantage dans votre démarche.

Il faut savoir que l'acheteur **attribue une valeur spécifique à un produit ou à un service** au regard de **sa capacité à combler son besoin, de sa singularité ou de sa valeur ajoutée par rapport aux offres concurrentes**. Autrement dit, votre client sera prêt à payer votre produit ou service plus cher que celui de votre concurrent **si et seulement s'il y associe une valeur supplémentaire**. Par exemple, parmi les avantages qui peuvent s'associer à votre offre et augmenter sa valeur, il y a les garanties, la facilité d'échange, la qualité du service après-vente, l'argument « satisfait ou remboursé », le programme de fidélité, etc.

Sur un marché en perpétuelle évolution, vous êtes tenu de faire de la veille et de bien connaître la « psychologie d'achat » de votre client, afin de lui proposer le produit recherché au prix qu'il est disposé à payer. En effet, **le prix de vente représente un sacrifice économique**, vous devez donc essayer de vous mettre dans ses baskets et répondre à cette question : **« Si j'achète ce produit ou service, vais-je en tirer des bénéfices ? »** Votre client achètera votre produit uniquement si la réponse est « oui ».

Veillez à avoir une **identité de marque cohérente avec vos prix et valorisez votre offre pour la démarquer des concurrents.**

Qu'en est-il du rapport qualité/prix ? Existe-il toujours ?

De nos jours, la fameuse notion des analystes des années 1980-1990 n'est plus toujours vérifiable ! En effet, **le produit ou le service de qualité n'est pas forcément cher**, le prix élevé n'est donc plus **un critère distinctif**

1. 88 % des internautes consultent des avis de consommateurs en ligne sur des blogs, des forums ou des sites de consommateurs (sondage IFOP pour Reputation VIP, 2014).

des produits de qualité. Ceci est dû à de nombreuses raisons telles que **le développement des structures économiques, la diversification des offres** présentes sur le marché qui ont un **caractère substituable,** ainsi que **le développement de nouveaux moyens de distribution** : e-commerce, concurrence très agressive des grandes surfaces, etc.

Ainsi, pour mieux structurer votre tarification, interrogez vos clients potentiels et faites des petits sondages efficaces pour mesurer :

- **Leur connaissance des prix pratiqués sur le marché, et des diverses offres des concurrents.** Étant mieux informés que jamais, les clients vous en donneront de bonnes estimations. Pour mieux affiner l'analyse, demandez à connaître la fréquence et le lieu du dernier achat.
- **Leurs attentes de prix.** Le prix psychologique est le prix commercialement acceptable par le plus grand nombre des clients potentiels.

Pour avoir plus d'éléments de réponses et de meilleures informations, commencez par poser ces deux questions importantes aux clients :

- **Au-dessous de quel prix le produit ou le service ne serait-il pas bon?**
- **Au-dessus de quel prix serait-il cher?**

Vous pouvez utiliser la technique du questionnaire ou de l'entretien pour mesurer les connaissances et les attentes de votre cible potentielle.

2. Détermination du prix par l'analyse de la concurrence

L'analyse de la clientèle est très utile, voire indispensable, mais elle ne suffit pas. Comme vous l'avez forcément remarqué, vous n'êtes pas le seul poisson dans l'océan et vous devez **passer impérativement par une analyse de la concurrence**. En effet, il faut savoir où se positionnent vos prix par rapport à ceux de vos concurrents et, pour être compétitif, à tarif et positionnement égal, **votre offre doit posséder plus de valeur que celle de vos rivaux** aux yeux de vos prospects. Ceci est primordial, car, à titre d'exemple, pour les produits ou services très basiques, si vous ne vous alignez pas sur la concurrence, vous ne réaliserez aucune vente! Si vous comptez **vous lancer à l'international**, cette étape est primordiale, car elle vous permettra d'analyser votre capacité à intégrer le marché étranger et à vous y installer.

L'étude de la concurrence peut se faire via Internet et les nombreux comparateurs de prix. L'idéal serait toutefois de **se rendre sur le terrain** pour prendre en compte le contexte : promotions éventuelles, réactions des clients... Cette étude peut prendre la forme d'un relevé de prix sur le terrain contenant, pour chaque concurrent, les informations suivantes :

- date du relevé;
- nom du produit;
- prix public;
- opérations promotionnelles en cours;
- présence d'un vendeur;
- mise en valeur du produit (vitrine, éclairage...);
- réaction des clients présents.

Retenez-le : **le prix du marché s'établit au regard des pratiques de l'ensemble des compétiteurs présents.** Ainsi si :

- vous comptez fixer le prix de vente plus haut que les prix proposés par vos concurrents, cela doit être justifié par des avantages compétitifs : une qualité supérieure, une bonne notoriété, etc.;
- vos produits/services présentent des caractéristiques similaires à ceux de vos concurrents, les prix de vente proposés doivent être proches des leurs;
- vous décidez de fixer un prix de vente plus bas que ceux de vos concurrents, vous devez vous assurer d'être tout de même en mesure d'atteindre votre seuil de rentabilité.

3. Détermination du prix par l'analyse des coûts (prix de revient)

Le calcul du coût de revient est une étape indispensable **pour connaître votre marge de manœuvre** et **éviter le risque de vendre « à perte »**. Cette opération technique requiert la prise en compte **de tous les types de charges** supportés par l'entreprise, **pour mettre sur le marché une unité de bien ou de service**. Ce calcul opère à tous les niveaux, partant de la fabrication du produit jusqu'à sa distribution et enfin à sa promotion. Cette méthode convient notamment aux prestataires de services pour fixer le coût de leur intervention ou leur taux horaire. Les coûts en question comprennent :

- **Des coûts directs (fixes ou variables) :**
  - achat de marchandises et/ou de matières premières;
  - rémunérations (salariés, entrepreneur), recours à des sous-traitants, entretien du matériel et outillage, amortissement des machines, etc.
- **Des coûts indirects (fixes ou variables) :**
  - étude de marché, publicité, commissions, etc.;
  - frais généraux et financiers (loyer, électricité, assurances, etc.), frais de recherche et de développement, matériel informatique, publicité et marketing, etc.

— QUELLE MÉTHODE ADOPTER POUR FIXER VOTRE CHIFFRE D'AFFAIRES ? —

Estimer un chiffre d'affaires prévisionnel ou construire un prévisionnel de vente est un double exercice fastidieux qui contraint souvent le créateur d'entreprise désireux de voir clairement l'avenir de son business. En effet, il doit tout d'abord estimer le volume futur des ventes, chose qui est très difficile et comprend forcément une part de hasard, vu la multiplicité des facteurs qui entrent en jeu. Heureusement, il existe un certain nombre de techniques que vous pouvez utiliser afin de réduire les aléas.

Il faut savoir que l'estimation du chiffre d'affaires prévisionnel est une clé pour comprendre la vision de votre entreprise dans la durée. Cette variable fait partie des éléments essentiels d'un *business plan* et sera prise en considération par vos interlocuteurs. Autrement dit, cette estimation pourra témoigner de la cohérence de votre projet de création. Pour réussir à établir une estimation de ventes efficace, il n'existe pas une méthode, mais plusieurs méthodes et l'idéal serait de les combiner !

Pourquoi est-il important de calculer son chiffre d'affaires prévisionnel ?

De nombreux créateurs d'entreprises **surestiment le potentiel de leurs projets** et gèrent la phase de lancement de manière optimiste, sans vraiment prévoir l'avenir de l'entreprise **de manière rigoureuse**. Toutefois, comme le disait Sénèque : « Il n'est pas de vent favorable pour celui qui ne sait pas où il va. » Il faut donc **se fixer des objectifs et entreprendre une démarche déterminée** pour garantir la survie de son projet.

Gardez ceci en tête : l'ennemi redoutable de l'entrepreneur, c'est le flou, qui ne peut le conduire qu'à une impasse ! Vous devez **établir une démarche prévisionnelle qui traitera les variables importantes,** capables d'affecter votre projet de création. Autrement dit, il est nécessaire **de prévoir ou de**

fixer les contours souhaités pour l'avenir et ceci en vous basant sur un raisonnement crédible, qui tient compte des objectifs de votre entreprise.

Par la suite, de la justesse de cette analyse pourront dépendre l'accord de partenaires, la confiance des fournisseurs ou financiers, les moyens à mettre en œuvre et une série de choix décisifs pour votre entreprise. Pour adopter une bonne pratique lorsque vous construisez votre prévision financière, **appliquez-vous à décomposer chaque chiffre en un sous-ensemble d'hypothèses mesurables**. Cela vous aidera après dans l'analyse des écarts entre les chiffres prévisionnels et les résultats réels et dans l'affinement de votre stratégie prévisionnelle en ajustant les hypothèses.

1. La méthode des « référentiels »

Cette première méthode peut se décomposer en trois phases. Premièrement, il s'agit de **se positionner par rapport à ses concurrents en consultant les informations chiffrées**, telles que leurs bilans respectifs trouvables sur Internet. Ensuite, il faut **vérifier les statistiques sectorielles comptables** visant l'activité recherchée (et notamment la moyenne de chiffre d'affaires réalisée par personne travaillant dans l'entreprise). Vous aboutirez alors à **une première estimation du chiffre d'affaires prévisionnel,** qui rapproche ces éléments cruciaux : l'environnement économique qui accueillera l'entreprise, la gamme de produits vendus et la clientèle visée.

Toutefois, faites très attention à une chose : vos concurrents ont probablement **d'autres caractéristiques qui rendent différente leur offre de la vôtre**, en termes de produits, mais aussi d'implantation, d'ancienneté, de notoriété, d'organisation, etc. Tenez compte de toutes **les spécificités propres à chaque projet et à chaque zone de chalandise,** surtout lorsque vous faites des prévisions approximatives **en rapprochant une expérience similaire dans une autre région à votre contexte actuel** ! En effet, cela peut vous induire en erreur et fausser la justesse de vos prévisions, puisqu'une bonne expérience dans une région peut s'avérer être une erreur commerciale et financière sur un autre emplacement.

2. La méthode des « intentions d'achat »

Elle consiste à **questionner vos clients sur leurs intentions et habitudes d'achat** : quantités achetées habituellement, fréquences d'achat, prix psychologique, panier moyen, etc. Ces éléments de réponse vous permettront ensuite de **calculer un chiffre d'affaires potentiel exprimé en TTC**, puisque contrairement à la méthode précédente, les intentions d'achats sont elles aussi exprimées toutes taxes comprises. Au-delà de cette variable client, pensez à tenir compte de vos objectifs de développement et des stratégies que vous comptez déployer pour conquérir de nouveaux clients. Vous pouvez même **confier cette mission à des professionnels** pour mieux structurer votre approche et garantir son caractère neutre, puisque l'expert qui l'évaluera ne sera qu'un œil extérieur aussi objectif qu'efficace.

N'oubliez pas de prendre garde **au caractère approximatif et incertain de la notion d'intention traitée** : une intention d'achat n'est évidemment pas un engagement d'achat certain! Une personne interrogée pourra sous-estimer ou surestimer sa consommation ou bien encore mentir délibérément sur sa consommation. Il est donc important **de rester vigilant, d'interpréter et de relativiser ces informations.**

3. La méthode des « objectifs »

Cette méthode est assez délicate, elle se fonde sur **l'évaluation du marché** (selon l'étude du terrain), **des clients actuels et potentiels**, ainsi que de **la concurrence**. Et pour ce faire vous devez tout d'abord **définir le positionnement exact de vos clients potentiels et tracer les contours de la zone de chalandise en question,** pour chiffrer le potentiel du marché et repérer la concurrence distinctement.

L'étude documentaire que vous réaliserez en amont de l'étude du terrain vous fournira des informations très utiles qui vous permettront **de déterminer la part de marché que vous souhaitez prendre** à vos concurrents directs et indirects. Tenez compte des *clients potentiels non conquis* (non-consommateurs « relatifs »), mais également **des clients que vous pourriez perdre** (ceux qui n'ont pas forcément le choix et qui achètent sur d'autres lieux, ceux qui entrent en phase de déménagement, ceux qui ont un état de santé critique, ceux qui font face à la non-disponibilité des produits sur leur lieu d'habitation, etc.).

4. La méthode du test

Si vous faites partie **des jeunes entrepreneurs qui viennent de lancer leur entreprise**, vous avez la possibilité de **tester votre activité et de vérifier le potentiel de votre projet** avant de vous lancer réellement, en ayant recours **au portage salarial, à une couveuse d'entreprise** ou **aux coopératives d'activités**. Ces trois formules d'accompagnement permettent **de porter juridiquement tout nouveau projet** par une autre structure et ainsi de tester le marché, avant de décider du lancement « dans le grand bain ».

Dans ce cas, le chiffre d'affaires annuel peut être estimé **en se basant sur les informations réelles déjà disponibles** : bons de commandes/contrats signés sur la période de test, clients périodiques, projets de partenariat et sous-traitance. Si **les formules d'accompagnement précédentes** ne sont pas forcément adaptées à votre projet et à vos objectifs d'affaires, sachez qu'il existe une alternative. Il s'agit de **vous inscrire en tant que micro-entrepreneur**, cette formule vous permet de tester votre activité en grandeur réelle **en prenant un minimum de risque et en étant sûr d'être accompagné et soutenu.**

5. La méthode des préventes

Cette méthode vous offre **la chance de tester le potentiel de votre offre**, de voir si elle plaît au grand public et si l'idée va être appréciée ou déclinée, même si votre produit n'est pas totalement achevé. Vous devez cependant **bien soigner la présentation de votre produit ou service** en intégrant une courte vidéo, des images captivantes ou même des notes explicatives.

Pour ce faire, vous pouvez tester le marché par :

- **Une campagne de *crowdfunding* :** pour tester sur une période déterminée si votre produit va se vendre ou non. N'hésitez pas à vous inspirer des campagnes réussies afin de séduire l'internaute par votre projet.
- **La création d'une *landing page*, ou page d'atterrissage** : celle-ci capte tous les jours des informations de contact quelle que soit votre offre.

Nos conseils

Les différentes méthodes présentées ci-avant aident à estimer un chiffre d'affaires prévisionnel, mais impliquent de rester prudent : une bonne analyse modérée sera plus appréciée que des chiffres ronflants insuffisamment étayés.

Toutefois, pour valoriser cette estimation et approuver sa justesse, il est fortement conseillé **d'avoir la validation de professionnels du conseil et/ou du métier visé par votre projet** : experts-comptables, conseillers d'organismes d'accompagnement à la création d'entreprise, organisations professionnelles... Ces experts pourront pondérer vos prévisions et vous aideront à voir les axes de développement de votre offre si nécessaire.

Pour mettre toutes les chances de votre côté et **assurer le succès de votre démarche d'estimation de chiffre d'affaires prévisionnel**, reprenez au minimum deux ou trois des méthodes présentées et faites ressortir une estimation basse et une estimation haute du CA à réaliser.

– COMMENT DÉFINIR VOTRE STRATÉGIE ? –

Pour tout entrepreneur qui souhaite assurer le succès de son entreprise et garantir un développement pérenne de son activité, il est impératif de bien déterminer sa stratégie commerciale. En effet, après avoir réalisé l'étude de marché et fixé les hypothèses de chiffre d'affaires, il faut choisir une stratégie d'attaque pour pénétrer le marché.

Cependant, lorsque l'on se lance dans une stratégie commerciale, ce n'est pas pour quelques jours. Les effets sont souvent perceptibles à l'horizon de mois, voire d'années. En conséquence, il faut prêter beaucoup d'attention à cette étape et mettre toutes les chances de son côté pour ne pas se tromper dans l'élaboration de sa stratégie.

Que veut-on dire par « stratégie commerciale » ?

La stratégie commerciale de votre entreprise regroupe l'ensemble des actions à mener pour **assurer sa croissance et atteindre les buts que vous vous êtes fixés**. Il s'agit de « l'art d'élaborer un plan d'actions coordonnées ». Autrement dit, ce **plan d'action** sera l'interface **entre les phases d'analyse et de mise en œuvre des décisions**, et il vous aidera à **transformer les idées et les réflexions en éléments concrets et opérationnels.**

Il est important de **trouver une bonne idée d'entreprise pour se lancer**, mais la détermination de votre stratégie commerciale est une étape plus importante. Alors, accordez l'attention nécessaire lors de sa réalisation. Et, une fois que vous aurez déterminé cette stratégie, il vous faudra la rédiger pour clarifier et synthétiser tous les points importants, et être ainsi en mesure de l'appliquer.

■ Choisissez le meilleur chemin pour y parvenir et respectez l'environnement au sein duquel vous évoluerez

Votre entreprise ne vit pas en autarcie, elle évolue au sein d'un environnement complexe qui comprend **différents acteurs et variables endogènes**

et exogènes (les objectifs fixés, les moyens mobilisables, les concurrents, les ressources existantes, etc.). **Votre stratégie commerciale** ne doit donc pas être définie dans l'absolu et doit **prendre en considération tous ces paramètres importants** !

L'adaptation de **la stratégie commerciale aux variables environnementales** est nécessaire puisqu'elle garantira **sa viabilité économique**. Il est impératif de bien élaborer cette stratégie puisqu'elle **constitue le socle du projet** et c'est la base sur laquelle vous vous appuierez pour **choisir vos actions et orienter vos prochains investissements**.

Cependant, rassurez-vous, il est éventuellement possible de **faire des ajustements et des actions correctives** au fur et à mesure de l'évolution de votre activité. **La stratégie commerciale n'est pas figée** et comportera souvent un décalage, entre les hypothèses théoriques et la réalité du terrain, qui sera ensuite analysé pour recadrer les paramètres préalablement définis.

■ Évitez d'agresser vos concurrents et agissez intelligemment pour garantir votre part de marché

Votre objectif en tant qu'entrepreneur ou chef d'entreprise est de **rentabiliser votre projet** en réalisant un bon chiffre d'affaires et en vous accaparant des parts de marché de vos concurrents. Cependant, rappelez-vous que vous êtes nouveau sur le marché et que **vos concurrents ont plus d'expertise et de connaissance de leur environnement** et **des moyens d'action,** ce qui leur donne un avantage concurrentiel majeur. Il n'est donc pas du tout conseillé de les attaquer de front dès le début : il faut plutôt **être prudent et avancer avec des pas sûrs** !

L'agressivité commerciale est une arme redoutable pour les entreprises réellement installées : celles qui ont déjà **une forte notoriété, une image et une assise commerciale** capables de renforcer leur position et de soutenir leur démarche. Cependant, les nouvelles entreprises fraîchement lancées doivent procéder étape par étape jusqu'à ce qu'elles **réalisent leurs buts et confirment leur présence**.

■ Ayez un regard approfondi et prévoyez votre évolution sur le long terme

Pour **assurer un développement pérenne de votre entreprise,** vous devez être clairvoyant ! Ne vous concentrez pas uniquement sur le moment présent et sur les conditions actuelles de cette opportunité d'affaires! Prévoyez **votre démarche stratégique sur le long terme**, **anticipez les bonnes actions à appréhender dans l'avenir** et **estimez les menaces et les risques éventuels**. Vous devez **être préparé sur le long terme** et c'est ce qui fait l'importance de la stratégie commerciale!

Quand et comment définir sa stratégie?

Quand?

Avant de **définir votre stratégie commerciale,** vous devez réaliser ces étapes :

- identifier clairement l'intérêt du projet et l'opportunité du marché;
- recenser des objectifs précis et réalistes que vous voulez atteindre;
- élaborer vos hypothèses de chiffre d'affaires.

L'élaboration de la stratégie sera **la phase active** qui confirmera ou non l'adaptation de vos anticipations stratégiques à la réalité du marché.

Comment?

Vous devez agir en fonction de deux axes principaux :

- le choix des cibles : à qui allez-vous vous adresser?
- le choix d'un positionnement : comment souhaitez-vous être perçu par votre cible et par vos concurrents?

Une fois que vous connaissez vos cibles, leurs écosystèmes et vos concurrents, il ne vous restera plus qu'à identifier **vos angles d'attaque** pour atteindre vos ambitions commerciales en assurant l'optimisation de vos ressources humaines et financières.

Nos conseils et recommandations

- **Ne surestimez pas la complexité de cette étape :** certains entrepreneurs qui viennent tout juste de lancer leur projet d'affaires sous-estiment leur capacité à établir une stratégie commerciale en croyant qu'ils n'ont **pas les capacités et l'expertise souhaitées**. Cependant, cette étape n'est pas aussi complexe, car elle définit simplement l'axe général que choisira l'entreprise pour atteindre ses objectifs. C'est une simple affaire d'adaptation et de cohérence avec l'étude de marché qui doit être assez claire et précise.

- **Utilisez votre bon sens et valorisez vos qualités entrepreneuriales :** la connaissance du marché et de ses axes opérationnels est essentielle au succès du projet, mais **le rôle du porteur d'idée l'est encore plus**. Ce sont vos qualités de leader, vos capacités personnelles et managériales ainsi que votre détermination et persévérance, qui maintiendront votre motivation et votre envie d'aller de l'avant, peu importe les difficultés !
- **Privilégiez la clarté et la concision et simplifiez la prise de décision :** n'oubliez pas que vous êtes passé à l'étape opérationnelle et à la prise d'action, **évitez donc au maximum d'intellectualiser la stratégie**. Soyez clair et réaliste pour convenir au mieux au terrain et à ses futurs enjeux.
- **Impliquez les collaborateurs concernés** dans la construction de votre plan stratégique pour que tout le monde s'approprie la démarche et s'y engage réellement pour faire réussir le projet. En tant que responsable en charge du projet, n'établissez pas tout seul votre document, **responsabilisez les autres.**
- **N'hésitez pas à vous faire assister dans cette étape :** demandez les avis et les conseils supplémentaires des professionnels qui font partie de l'entreprise. Les retours de ces personnes avisées peuvent vous aider à débloquer certaines problématiques et vous inspirer à apporter de futures améliorations.

COMMENT RÉALISER VOTRE *BUSINESS PLAN*?

Le ***business plan*** est le document dans lequel vous allez détailler votre projet de création d'entreprise en précisant vos objectifs stratégiques, commerciaux et financiers pour les trois ans à venir. Il s'agit de la première concrétisation de votre projet. Construire **un *business plan*** est un exercice de réflexion qui vous permet de répondre à beaucoup de questions auxquelles on ne pense pas forcément : quel est le prix de revient de vos futurs produits ou services, quels sont les délais de livraison des fournisseurs, quel est le budget à prévoir pour vos charges externes (assurance, loyer, expert-comptable…).

En bref, **votre *business plan* sera le point de repère pour vous et votre équipe**. Il vous permettra en effet d'identifier la faisabilité, la fiabilité et le niveau d'aboutissement de votre projet et servira à convaincre vos interlocuteurs : vos proches dans un premier temps puis vos financeurs, vos fournisseurs, vos prospects, etc. Il est important de bien soigner cet outil de gestion, car il vous aidera énormément dans la démarche de développement de votre future entreprise.

Principales caractéristiques du *business plan*

Le *business plan* ou le plan d'affaires est un document très important qui a pour objectif de convaincre un décideur d'investir dans un projet entrepreneurial. Vous êtes tenu d'accorder beaucoup d'attention à la constitution de ce dossier, car il vous permettra de solliciter **vos partenaires économiques** et en particulier **les financeurs potentiels** qui pourront soutenir votre projet. Ce dossier doit permettre au lecteur de :

- comprendre rapidement de quoi il s'agit ;
- saisir le contenu de votre offre ou le produit/service que vous comptez offrir ;

- identifier vos besoins financiers et évaluer la valeur de la préparation du projet;
- avoir une idée sur le retour sur investissement (prévision de trésorerie) et le potentiel de croissance du projet;
- savoir qui est à l'origine du projet et quelles sont ses étapes clés ;
- prendre position sur le projet.

Qualités du dossier

Le dossier doit être :

Soigné : c'est le premier aperçu de votre projet, la première impression qui devra susciter un intérêt favorable chez les investisseurs potentiels. Votre *business plan* doit avoir une présentation impeccable, digne d'un projet à fort potentiel de croissance.

Concis : c'est vrai qu'il n'y a pas forcément de règles en la matière. Toutefois, il convient de retenir que le dossier doit contenir les informations qui présenteront au mieux votre projet, sans ajouter des éléments inutiles qui le rendront plus long qu'il ne le faut. Pour ne pas alourdir inutilement votre dossier, pensez à réunir toutes les pièces justificatives dans un autre dossier bis. Pour vous aider à choisir la bonne démarche, **mettez-vous à la place du lecteur en rédigeant votre *business plan* !** Les lecteurs sont souvent très occupés, très sollicités et n'ont pas beaucoup de temps à vous accorder étant donné le nombre important de dossiers qu'ils reçoivent. Le meilleur service que vous pouvez leur rendre – et donc vous rendre – c'est de leur faciliter le travail en leur confiant un document clair, précis, et surtout suffisamment synthétique. Allez droit à l'essentiel.

Complet : le rapport doit être concis, oui, mais il ne faut rien oublier ! Veillez à mettre tous les éléments qui permettront de juger de la faisabilité et de la viabilité du projet. Tous les aspects du projet, depuis sa constitution jusqu'à l'éventuel fonctionnement de votre activité, doivent donc être traités dans votre *business plan*. Ne laissez pas place au doute ou à un questionnement sans réponse étayée.

Clair : il doit être rédigé dans un style simple et facilement compréhensible, en évitant tout jargon : mettez-vous à la place d'un lecteur non initié, qui ne connaît rien à l'univers de l'entrepreneuriat. Assurez-vous d'accorder une bonne lisibilité au texte (choix judicieux des caractères d'impression et des symboles, de la mise en page...). Soignez la pagination également et n'oubliez jamais de mettre un sommaire qui structurera votre *business plan.*

Structuré : Il doit y avoir un raisonnement logique et une décomposition bien étudiée des différentes parties et sous-parties du dossier. Ordonnancez votre document de manière efficace. Même les titres donnés aux chapitres doivent aider le lecteur dans l'appréhension de l'ensemble du sujet.

Précis : pour garantir votre crédibilité, n'affirmez que les choses vérifiables, ne mettez aucune donnée parachutée rien que pour valoriser votre dossier! Ne commettez pas cette erreur, votre dossier sera analysé par des spécialistes, donc n'y intégrez que des données réalistes et justifiées.

- Soyez attentif à citer vos sources d'informations : références d'ouvrages ou d'études, coupures de presse, identité de l'expert dont vous rapportez les propos...
- N'oubliez pas d'intégrer un maximum de justificatifs dans le dossier d'annexes : copies d'articles, comptes rendus de conversations ou d'entretiens téléphoniques, ou, mieux encore, une lettre que vous aurez demandée et su obtenir de l'expert pour qu'il confirme ses dires, etc.

Vendeur : votre dossier doit mettre en valeur les points forts de votre projet, et valoriser votre démarche stratégique pour maximiser les chances de son acceptation. Par exemple, mettez en caractères gras ou soulignés les arguments développés, pour qu'ils constituent ensuite une bonne synthèse de chaque chapitre ou partie du dossier les concernant. Ainsi, le lecteur saura comprendre votre démarche et structurera favorablement sa perception du projet. N'hésitez pas à intégrer des photos, des vidéos, ou des schémas récapitulatifs de vos produits ou services, de votre équipe, du lieu de travail, etc.

Composition du *business plan*

Il n'y a pas de règle absolue, ni de contenu «type» dans l'élaboration du ***business plan***. Ce qui est important, c'est de respecter une certaine logique et de suivre une démarche claire et bien structurée, visible dans le sommaire (à intégrer avant ou après l'*executive summary*). Quel que soit l'ordre retenu, vous devrez y faire figurer les points ci-dessous. Naturellement, pour des projets très lourds, d'autres éléments pourraient être judicieusement ajoutés en fonction des buts traités.

1. L'*executive summary*

Initiez votre *business plan* par une présentation synthétique et surtout «vendeuse» de votre projet. Cette présentation ne doit pas dépasser une ou deux pages et doit donner envie à votre interlocuteur **de poursuivre sa lecture et de s'intéresser à votre contenu**. Pour cela, assurez-vous d'indiquer la problématique clé pour qu'elle soit immédiatement repérable : le sujet doit être facilement compris dès les premiers instants de découverte. Choisissez bien vos mots et votre démarche narrative, de façon à motiver le lecteur et à l'inciter à **poursuivre la lecture au-delà de l'*executive summary*!**

2. Vous et votre équipe

La présentation du porteur du projet ou de l'équipe fondatrice doit se faire avec le même soin que la rédaction d'un CV d'embauche, en faisant valoir tout ce qui, dans votre expérience passée, se rattache de façon valorisante au projet en question. Optez pour une présentation «punchy» qui souligne vos aptitudes et votre désir de réussir. La personnalité du créateur et la complémentarité de son équipe peuvent être des facteurs clés de succès du projet de création. Avoir une équipe engagée et performante qui soutient votre vision entrepreneuriale ne peut que vous aider à aller plus loin dans l'aventure!

3. La présentation générale du projet

Vous pouvez à ce stade parler de la genèse de votre projet : comment et pourquoi l'idée vous est venue? Qu'est-ce qui vous a poussé à vous lancer dans ce projet de création? Quelles sont les motivations qui vous ont permis d'enrichir votre fibre entrepreneuriale et quels sont les objectifs que vous poursuivez?

4. La partie économique du *business plan*

Elle comporte différentes sous-parties :

- Une présentation du ou **des produits et services** que vous comptez offrir, de leur(s) utilité(s) et des besoins qu'ils comptent satisfaire. Optez pour la clarté, soyez toujours compréhensible et évitez le jargon propre à votre profession!
- Une présentation **du modèle économique (ou *business model*)** que vous allez adopter : décrivez comment l'entreprise délivre et partage de la valeur à destination de l'ensemble des parties prenantes.

- Les principales conclusions de **votre étude de marché** : expliquez le choix du marché dans lequel vous vous situez, détaillez les caractéristiques de la clientèle que vous visez, identifiez vos concurrents directs ou indirects, exposez les éventuels risques liés à votre environnement économico-juridico-socioprofessionnel, repérez les opportunités potentielles qui pourront vous aider à évoluer et à développer votre activité...
- **La stratégie** que vous comptez adopter pour vous insérer dans votre marché et soutenir votre activité : la segmentation opérée du marché, le choix du couple produit/marché, le choix des prestataires, le positionnement retenu, ainsi que les décisions de *mix marketing* que vous avez prises : politique de produit, de prix, de distribution et de communication.
- Le chiffrage de votre **chiffre d'affaires prévisionnel**; essayez de vous appuyer sur des éléments tangibles. Faites une bonne estimation de votre CA.
- Les **moyens** choisis pour réaliser vos prévisions de vente et atteindre vos objectifs commerciaux : expliquez concrètement comment va fonctionner l'entreprise, avec quoi et avec qui. Ici, vous êtes tenu de visualiser le futur marché de l'entreprise et son potentiel de croissance, en décomposant le processus de fonctionnement et en mettant en parallèle les équipements, les effectifs et les autres moyens, notamment immatériels, nécessaires.

5. La partie financière du *business plan*

À ce stade, vous devez traduire en termes financiers tous les éléments qui constituent la partie économique : vous allez passer à une estimation monétaire. La composition de cette partie dépendra naturellement de la nature de l'activité et de l'ambition de votre projet. Pour orienter votre démarche et vous aider à établir cette partie, voici **les principaux éléments financiers** qui figurent généralement dans un *business plan* :

- Le **tableau des investissements** : il indique le prix d'achat des investissements, leur date prévue d'acquisition, la durée d'amortissement comptable et la dotation annuelle aux amortissements qu'ils entraînent pour chacun des trois premiers exercices.
- Le **plan de financement initial** : il indique les capitaux à réunir et les ressources indispensables pour lancer le projet dans de bonnes conditions. Pour être sûr de recenser correctement tous les besoins durables de financement, procédez à un calcul approfondi qui permettra de déterminer correctement le montant du **besoin en fonds de roulement**.

- Le **compte de résultat** pour les trois premières années : c'est un indicateur très important qui permet de juger la rentabilité future de la nouvelle entreprise.
- Le **plan de trésorerie sur deux mois :** il s'agit d'un tableau synthétique qui permet, sur une période relativement courte, de s'assurer de la viabilité de l'entreprise et de sa capacité à faire face à ses engagements financiers.
- Le calcul du **seuil de rentabilité** : il est important de déterminer le chiffre d'affaires que l'entreprise devra impérativement réaliser pour couvrir l'ensemble de ses charges, et de déterminer le moment où ce seuil (point mort) sera atteint. Au-delà, l'entreprise commence à faire des bénéfices.
- Le **plan de financement** à trois ans : ce tableau permet d'apprécier l'évolution prévisionnelle de la structure financière de l'entreprise à moyen terme. Si l'entreprise réussit à garantir une bonne structure financière, elle aura plus de chances de préserver son activité, puisque la bonne structure financière fait partie des conditions de pérennisation des nouvelles entreprises.
- Le tableau des **annuités de crédit** (s'il y a emprunt à moyen ou long terme); il est indispensable de connaître la décomposition des remboursements d'emprunt pour alimenter à temps le compte de résultat (charges financières) et le plan de financement à trois ans (remboursement du capital emprunté).

6. La partie juridique

Cette partie est le socle de votre *business plan*, car elle contient **la présentation du régime juridique que vous avez choisi pour votre nouvelle entreprise**. Ici, vous devez expliquer et justifier le choix retenu (présenter les raisons qui vous ont motivé à faire ce choix plutôt qu'un autre), sans oublier de présenter la répartition du capital et des pouvoirs qui en découlent. Cette phase est très importante, car elle réglementera et sécurisera les relations de votre entreprise avec ses éventuels prestataires.

COMMENT FINANCER VOTRE PROJET ?

COMMENT BIEN FINANCER VOTRE PROJET ?

En lançant votre projet de création d'entreprise, vous passez par des phases clés qui vous demanderont d'être préparé et surtout très bien informé, afin de pouvoir **faire des choix pour soutenir l'évolution de votre activité et vos ambitions entrepreneuriales**. Parmi ces phases importantes, il y a **le financement de votre projet de création** ! C'est en fonction des caractéristiques et ambitions de votre projet, ainsi que de votre situation personnelle, que vous serez amené à **choisir la meilleure source de financement,** celle qui vous offrira des avantages intéressants et vous aidera à développer votre activité d'une manière optimale.

Ne sous-évaluez pas vos besoins financiers

En tant que créateur d'entreprise, vous serez confronté à de nombreuses responsabilités et défis. Parmi ceux que vous aurez à relever, il y a **l'évaluation de vos charges et de vos besoins financiers**. Vous devez être sûr de bien estimer cette **variable déterminante de votre approche stratégique,** car elle affectera sérieusement vos décisions futures. Les créateurs ont souvent tendance à sous-estimer leurs besoins pour limiter l'endettement. Ne tombez pas dans ce piège ! En effet, la bonne évaluation de vos besoins vous permettra de :

- sécuriser le démarrage de votre activité, puisqu'en anticipant les écarts de trésorerie que vous rencontrerez inévitablement, vous aurez **une meilleure capacité de réajustement** au fil de l'évolution de votre activité ;
- présenter un dossier crédible et bien soutenu qui garantira ses chances d'acceptation auprès des financeurs potentiels ;
- choisir **les solutions de financements les mieux adaptées** à votre activité et à vos objectifs entrepreneuriaux.

Soyez clairvoyant et pensez à tout, le hasard est l'ennemi de l'entrepreneur à succès !

- Pensez aux investissements à réaliser pour produire, gérer, communiquer, vendre, améliorer, réajuster, assurer une croissance externe...
- Pensez aux stocks à constituer et aux ressources humaines, financières et technologiques à engager.
- Pensez aux dépôts de garantie à verser.
- Pensez à la trésorerie de départ et veillez à renforcer votre apport individuel pour pouvoir faire face aux premières dépenses (BFR de départ) : loyer, assurances, actions commerciales, achat de fournitures, frais de déplacement, salaires des employés, charges sociales, électricité...
- Pensez à l'évolution de votre besoin en fonds de roulement (BFR) en cas de prévision d'augmentation de votre chiffre d'affaires.
- Pensez aux éventuelles sources de financement, aux aides et aux experts qui vous accompagneront et qui pourront soutenir l'évolution de votre activité.

N'hésitez pas à lire nos explications **sur l'élaboration du *business plan***[1] pour avoir de meilleurs éclaircissements et assurer une meilleure préparation.

Prenez le temps de bien comprendre quelques notions essentielles pour bien les maîtriser !

1. Les fonds propres

D'une manière générale, les « fonds propres » sont **les capitaux dont dispose votre entreprise,** qui lui permettent de **financer son activité et ses prestations annexes**. Ils peuvent être apportés par :

- **vous et vos associés** (si vous créez une société) ;
- l'activité économique, c'est-à-dire **les profits résultant des opérations de la société**. En effet, une fois que votre entreprise dégagera des bénéfices, une partie sera **conservée en fonds propres** pour financer vos prochains investissements. Votre entreprise sera donc sécurisée et **limitera son endettement,** chose qui renforcera sa résistance face aux éventuelles difficultés économiques.

1. Voir page 111.

À la phase de création de votre entreprise, les fonds propres sont constitués par **les capitaux de départ** qui varient d'une situation à l'autre, en fonction du projet, des associés et du statut de l'entrepreneur. En effet, ces capitaux seront généralement constitués de **votre épargne personnelle**, **celle de vos associés**, **l'Arce** (aide à la reprise ou à la création d'entreprise) si vous êtes demandeur d'emploi indemnisé, **un prêt d'honneur,** des sommes collectées **du *crowdfunding***, etc. Ils vous permettront de :

- faire face aux premières dépenses nécessaires au lancement de votre activité ;
- financer ce qui n'a pas été soutenu par le système bancaire et notamment le BFR (besoin en fonds de roulement) ;
- solliciter un emprunt et crédibiliser votre demande, car, sans fonds propres, il est très difficile d'obtenir un emprunt bancaire.

Notez-le bien : en règle générale, vos fonds propres doivent **représenter environ 30 % des besoins financiers** pour pouvoir solliciter un emprunt bancaire, sauf cas particuliers.

2. Le recours à des investisseurs

Si vous vous lancez dans votre première aventure entrepreneuriale, il est généralement **difficile d'avoir suffisamment de capitaux propres dès le début !** Ainsi, pour pouvoir démarrer votre projet d'entreprise et développer votre activité, vous aurez besoin **de renforcer vos ressources en faisant appel à des investisseurs extérieurs,** qui prendront une participation au capital de votre société. Ce recours aux investisseurs vous permettra **d'alimenter les fonds propres, de gonfler le capital** et ainsi de **prétendre à des prêts plus importants** qui vous aideront à financer **vos investissements de développement.**

Dans le cas de start-up ayant un projet de croissance ambitieux nécessitant la réalisation d'investissements importants, on parle de « levée de fonds ».

3. L'endettement

En fonction de la nature de votre projet, de son potentiel et de vos aspirations, vous pourrez **solliciter un emprunt bancaire** ou **vous adresser à un organisme de microcrédit**. Dans la majorité des cas, les banques financent ce qui est « durable » (les investissements) et le stock de démarrage. Cependant, elles seront **plus réticentes à financer le BFR**. Dans ce cas, vous avez le choix de recourir à une autre solution de finance alternative, qui est **le *crowdfunding***. Le recours à ce «financement participatif» vous permettra de **collecter des fonds en sollicitant un prêt d'argent auprès de particuliers**, via une plateforme de *crowdlending*.

Avant de contacter des financeurs, mettez toutes les chances de votre côté

D'une manière générale, **pour être sûr d'obtenir le financement souhaité,** vous devez bien préparer votre projet et veiller à assurer **la cohérence et l'efficacité des informations présentées**. Préparez un dossier complet, précis, clair et bien soigné pour les financeurs que vous sollicitez. En un mot, **présentez un dossier «vendeur»!** Et surtout, «pitchez» votre projet et préparez l'entretien avec l'aide d'un conseiller, ce qui vous donnera l'opportunité d'affûter vos arguments.

Dans le cas contraire, un projet dont le **plan de financement est déséquilibré** et dont le dossier comporte **peu d'éléments convaincants** ne présentera pas les garanties suffisantes pour séduire un banquier. C'est une évidence, soyez-en conscient!

Renseignez-vous bien sur les dispositifs de garantie auxquels vous êtes éligible

C'est une évidence pour tout entrepreneur aguerri, **les banques ne prêtent pas sans exiger des garanties**, elles ont besoin de sécuriser «leurs dons» pour faire face à toutes sortes de scénarios d'insolvabilité. Elles exigent des garanties :

- sur les biens financés lorsque cela est possible (hypothèque, nantissement, gage);
- ou en demandant des cautions personnelles.

Sachez que vous avez la possibilité de bénéficier de contre-garanties aux établissements bancaires, **offertes par des organismes ou des collectivités locales,** qui peuvent même se porter directement caution de votre emprunt sous certaines conditions. Renseignez-vous en amont sur les dispositifs de garantie existants (fonds de garantie nationaux et régionaux, sociétés de caution mutuelle, etc.) pour choisir ceux que vous solliciterez.

Identifiez les sources de financements les mieux adaptées à votre projet

Le financement est **l'une des conditions clés de la réussite d'un projet d'entreprise**. Vous devez accorder l'attention nécessaire à cette étape pour pouvoir faire le bon choix et **identifier la solution la mieux adaptée à votre proje**t parmi les diverses sources de financement qui se présentent à vous. Vous pouvez choisir :

- le financement des fonds propres (capitaux de départ);
- le renforcement des fonds propres en ouvrant votre capital à des investisseurs;
- le recours à l'endettement;
- le crédit-bail : qui sera une très bonne alternative **si vous ne disposez pas de fonds propres suffisants** pour recourir aux modes de financement traditionnels. En effet, le recours au crédit-bail **peut financer l'intégralité d'un investissement mobilier** (véhicule, machine...) **ou immobilier à usage professionnel**, ceci sans devoir effectuer d'apport personnel préalable (à l'exception du paiement du premier loyer ou d'un dépôt de garantie éventuel).

COMMENT COMPLÉTER VOTRE APPORT PERSONNEL ?

Un apport personnel dans votre projet de création ou de reprise d'entreprise représente l'ensemble des capitaux que vous apportez vous-même, en complément des capitaux que vous empruntez. Cet apport est une variable indispensable pour tout projet de création. Il permet de faire face aux premières dépenses, de crédibiliser votre plan de financement et de réduire l'endettement global de votre entreprise en diminuant le recours à l'emprunt.

L'importance de votre apport personnel repose sur le fait qu'il donne **un minimum de crédibilité à votre projet** : il est **une preuve importante de votre engagement**. En effet, si vous-même ou vos associés ne risquez rien dans l'affaire, vous aurez du mal à convaincre les autres d'y mettre leur argent. **L'apport personnel** est donc une donnée essentielle, voire déterminante, pour **monter votre demande de crédit dans de bonnes conditions,** car la majorité des banques refusent de prêter plus que la valeur du bien acheté. Pas d'apport personnel, pas de crédit!

Cependant, il n'est pas toujours facile **de se constituer un apport personnel conséquent,** surtout lorsque l'on débute son activité ou que l'on lance une idée de business innovante. Voici quelques solutions existantes qui vous aideront à **renforcer votre apport personnel.**

Solution n° 1 : demander le déblocage anticipé d'un plan d'épargne salariale ou d'épargne collectif

Vous avez fait vos comptes et l'argent dont vous disposez est insuffisant? Ne vous inquiétez pas! Si vous bénéficiez **d'une épargne salariale type PEE (plan épargne entreprise), PEI (plan d'épargne interentreprise)** ou encore d'une participation aux bénéfices de vos employeurs, vous savez que cet argent est normalement bloqué.

Il existe néanmoins **des possibilités de déblocage** anticipé en cas de création/reprise par un salarié ou par son conjoint, qui permettent d'enrichir un apport personnel en offrant les capitaux nécessaires. Ensuite, vous n'avez qu'à vous renseigner auprès de votre entreprise pour voir si cette solution vous convient et si elle s'aligne avec vos objectifs entrepreneuriaux.

Solution n° 2 : bénéficier de l'Arce (aide à la reprise et à la création d'entreprise)

Si vous êtes **demandeur d'emploi indemnisé et déjà inscrit** à Pôle emploi, vous pouvez bénéficier d'un capital correspondant à 45 % du solde de vos droits à l'assurance chômage. Ce versement est généralement effectué en deux fois :

- la première moitié est versée au plus tôt à la date à laquelle le créateur ou repreneur réunit les conditions d'attribution de l'Arce ;
- la seconde moitié est versée six mois après la date de création ou de reprise d'entreprise, et à condition que l'entrepreneur soit toujours en activité.

Cependant, vous devez faire un choix entre **jouir du versement de l'Arce ou maintenir vos droits pendant la phase de démarrage de votre activité**, car vous ne pouvez pas cumuler les avantages des deux aides.

Solution n° 3 : obtenir le coup de pouce d'un proche

Cette solution est généralement très répandue, car elle est facilement opérable et permet d'obtenir des ressources de financement en peu de temps, surtout lorsque **le coup de pouce prend la forme d'une donation**. Si non, en cas de création de société, cette aide peut se traduire par **une prise de participation au capital**. Voici quelques éclaircissements concernant les deux formes :

- Les dons de sommes d'argent **sont exonérés de droits de mutation** dans la limite de 31 865 euros tous les quinze ans**, s'ils sont versés au profit d'un enfant ou d'un petit-enfant**. C'est intéressant de connaître cette information !
- La personne qui choisit la **prise de participation au capital d'une entreprise** jouira **d'un avantage fiscal sous forme de réduction**

d'impôt sur le revenu. Ce peut être une raison motivante et inspirante pour vos proches qui devront songer à investir davantage dans votre entreprise !

Solution n° 4 : solliciter un prêt d'honneur

Attribué par différents réseaux tels que Initiative France et Réseau Entreprendre, **le prêt d'honneur** fait actuellement partie des solutions de financement professionnel les plus populaires auprès des entrepreneurs. Il s'agit d'un **crédit à taux zéro, un prêt sans caution ni garantie**. Il faut toutefois savoir que **cette aide financière ne peut être accordée que sous certaines conditions.**

En effet, le projet qui fera l'objet de la demande de cette aide **doit être argumenté et très bien détaillé,** puisqu'il sera examiné par un comité d'agrément composé de chefs d'entreprise et d'experts locaux. S'ils acceptent de vous accorder ce prêt d'honneur, vous bénéficierez **d'un accompagnement et d'un parrainage par un autre entrepreneur** qui vous aidera à perfectionner votre lancement.

L'obtention d'un tel prêt **renforce la solidité financière de votre projet** et offre une bonne garantie à vos partenaires financiers et en premier lieu à votre banque qui sera plus rassurée. Cependant, il faut savoir que **l'obtention d'un prêt d'honneur** est obligatoirement couplée avec un prêt bancaire dans la plupart des cas.

Pour y voir plus clair et réussir à identifier **les dispositifs de prêt d'honneur régionaux** qui pourront vous intéresser, veuillez consulter **votre conseil régional** ou encore **la base nationale des aides publiques aux entreprises.**

Solution n° 5 : solliciter un prêt bancaire personnel

Vous êtes **porteur de projet** et vous prévoyez de **créer un nouveau business** ? Vous pouvez **demander un prêt bancaire personnel**. Certaines banques acceptent d'accorder des prêts aux jeunes créateurs pour **promouvoir l'esprit d'initiative** et **encourager le développement des entreprises innovantes**. Renseignez-vous auprès de votre banquier pour avoir toutes les informations nécessaires.

Solution n° 6 : se tourner vers les plateformes de *crowdfunding*

Ce mode de financement vous permet **de collecter des dons auprès des particuliers,** qui offrent leur aide sur des plateformes dédiées en vue de financer les projets de création. Le recours à ce mode de financement vous offre **la chance de tester votre activité avant de vous lancer**. En effet, vous pourrez identifier le vrai potentiel de votre idée en testant votre marché et l'accueil du public vis-à-vis de votre offre. Il peut s'agir, en fonction des projets, **de dons sans contrepartie**, **de dons avec contreparties symboliques ou de préventes/précommandes de vos produits ou services**.

Solution n° 7 : participer à des concours

En tant que porteur de projet, **participer à des concours**, qu'ils soient nationaux ou régionaux, peut être une excellente opportunité, pour recevoir une dotation qui vous aidera à alimenter votre apport personnel. Ce n'est pas tout, votre participation à ces challenges collectifs vous offrira des avantages divers : vous **nourrirez votre esprit de compétition,** vous bénéficierez **d'une grande visibilité**, du **soutien des acteurs du tissu entrepreneurial** et des **rencontres avec des investisseurs potentiels**. Cela pourra vous aider dans votre démarche de création de réseau et vous fera gagner en notoriété !

Solution n° 8 : rechercher des subventions

Selon la nature de votre projet et votre emplacement géographique, vous pouvez consulter **les dispositifs régionaux ou locaux mis en place par les collectivités territoriales**, qui offrent une aide dédiée dans le but d'encourager la création d'entreprises sur leur territoire. Il peut s'agir de **subventions accordées au niveau national** également :

- pour certains profils d'entrepreneurs, vous avez l'exemple de Cap jeunes ;
- pour des projets innovants, il y a Bourse French Tech, le dispositif PRI (partenariats régionaux d'innovation) ou encore l'AFI (aide pour la faisabilité de l'innovation), à titre d'exemples.

Solution n° 9 : ouvrir votre capital pour faire rentrer des investisseurs

L'ouverture du capital à des investisseurs est devenue aujourd'hui **une approche de financement bénie** par de nombreux créateurs d'entreprises et jeunes entrepreneurs. Cette solution peut offrir de nombreux avantages tels que **l'accroissement de la solidité financière de votre projet et l'apport d'une valeur ajoutée** sur les niveaux financier et humain. En effet, vous aurez le droit de **bénéficier de l'expertise de nouveaux investisseurs**, vous vous inspirerez **de leurs approches managériales** et vous enrichirez votre carnet d'adresses grâce aux leurs. Cette approche comporte néanmoins des inconvénients que vous devrez découvrir avant de faire votre choix[1].

Solution n° 10 : solliciter un microcrédit auprès de l'Adie (association pour le droit à l'initiative économique)

Pour avoir droit à cette solution, ou pour accéder à un microcrédit de l'Adie, vous devez remplir certaines conditions. Sachez toutefois que les critères d'attribution diffèrent d'un emprunt classique, car, contrairement à celui-ci, il **n'y a pas d'exigence au niveau de l'apport minimum** ! Cependant, l'Adie décide de l'octroi des prêts en fonction :

- **du porteur de projet** : sa motivation, ses compétences, ses expériences, ses objectifs de développement ;
- **du projet** : la valeur de l'idée, le potentiel de clientèle, l'implantation, le chiffre d'affaires prévisionnel, etc ;
- **de la capacité de remboursement du porteur de projet** : la somme qu'il pourra rembourser mensuellement, en fonction de son budget actuel et des perspectives de revenus dégagés via son entreprise, et ce, sans se placer dans une situation financière précaire.

Toutes ces solutions présentées peuvent **vous aider à renforcer votre apport personnel et à collecter les capitaux nécessaires** pour lancer votre projet et mettre vos compétences de leader à l'action. Il vous revient de choisir la solution qui s'adapte le mieux à votre activité, à vos buts et à vos aspirations futures. Réfléchissez bien, identifiez les forces et les faiblesses de chaque solution et faites le bon choix !

---

1. Voir page 139.

— QUELLES SOLUTIONS D'EMPRUNT POUR FINANCER VOTRE PROJET DE CRÉATION ? —

Tout porteur de projet passe par des phases clés lors du lancement de son entreprise : partant de l'affinement de son idée de business, à l'identification de ses besoins financiers, jusqu'à l'évaluation de l'autofinancement des investissements. C'est là où apparaît la phase la plus critique : il faut s'assurer de la suffisance des fonds propres pour pouvoir démarrer son activité en toute sécurité !

Si vous vous retrouvez face à un écart important en **besoin de financement**, vous devez impérativement le combler ! À ce stade, il faudra que vous identifiiez **la meilleure solution d'emprunt,** celle qui s'adaptera le mieux à votre activité et à vos futurs objectifs. Nous allons donc vous aider à **détecter les différentes solutions de financement** pour que vous puissiez faire le bon choix et enfin vous lancer !

Oui, les solutions de financement existent et elles sont variées, mais…

Si vous êtes entrepreneur, **plusieurs options de financement se présentent à vous** (et ceci est rassurant !). Généralement, quels que soient vos besoins d'emprunt, vous trouverez une solution qui vous convient. Toutefois, avant de pouvoir passer à l'étape **de l'identification de ces solutions de financement,** il est important de ne pas négliger l'étape préalable à **chaque recherche de financement** !

Autrement dit, pour repérer vos critères sélectifs, vous devez **identifier avec pertinence le besoin que vous cherchez à couvrir**. En effet, le recensement précis de vos besoins vous permettra également de **définir la bonne allocation des financements** ; car à chaque type de besoin correspond une solution de financement spécifique. Oui, **la nature des besoins est déterminante**, car on ne finance pas de la même façon l'achat d'équipements et une croissance externe, par exemple.

Les aspirations professionnelles et personnelles du dirigeant peuvent également influencer le choix de **la solution de financement**. Il y a une grande différence entre **un jeune porteur d'idée** qui a de gros projets professionnels et souhaite diversifier son patrimoine et **le chef d'entreprise expérimenté** qui prépare sa retraite et veut un transfert en douceur.

Il est donc nécessaire d'approfondir votre réflexion et de prendre en considération tous ces éléments avant de **faire votre choix de financement.**

1. Les banques

Le prêt bancaire est probablement **la solution de financement la plus convoitée** par les créateurs d'entreprise. Ceci est dû à l'avantage qu'offre le prêt, **l'obtention rapide des fonds souhaités**, que vous rembourserez ensuite progressivement en fonction de l'évolution de votre activité. Les montants accordés **varient en fonction du projet, de la situation de l'emprunteur** ainsi que **du crédit en lui-même.**

Cependant, pour vous accorder le prêt, la banque aura besoin **de garanties suffisantes**, puisque, comme toute entreprise, elle cherche à **minimiser sa prise de risque et à assurer ses différentes transactions**. Le projet que vous présenterez à votre banquier doit donc **avoir du potentiel**, **garantir la rentabilité de votre activité** et **confirmer sa viabilité sur le long terme**.

Il faut savoir que, face à cette situation, **vos compétences de leader joueront un grand rôle** également. En effet, votre engagement, votre persévérance, votre professionnalisme et votre désir de réussir seront vos armes pour défendre votre projet et garantiront l'accord de votre banque. Veillez donc à **bien étudier votre demande de crédit** et mettez toutes les chances de votre côté pour pouvoir vous lancer.

2. Les organismes de microcrédit

Si votre demande de crédit bancaire a été refusée par manque de garanties suffisantes ou si vous avez épuisé toutes vos chances d'obtenir un prêt, une autre solution s'offre à vous : **solliciter un organisme de microcrédit**, qui vous apportera :

- tous les services classiques d'un établissement financier ;

- un accompagnement dédié en plus, pour vous aider à réaliser votre projet de création.

3. Les financements solidaires

Ce type de financement provient de l'épargne solidaire, qui est collectée via des placements solidaires. **Le financement solidaire** pourra vous intéresser :

- si le système bancaire ne vous a pas permis d'obtenir la totalité de votre financement;
- si vous avez une entreprise ou une association ayant **une activité à forte utilité sociale et/ou environnementale**, par exemple, les secteurs d'activité suivants : l'accès à l'emploi, le logement social, les activités écologiques, l'entrepreneuriat dans les pays en développement, etc.

Dans ce cas, dirigez-vous par exemple vers :

- la Nef, une **coopérative de finances solidaires d'inspiration anthroposophique**, qui finance principalement les activités ayant une dimension écologique, sociale et culturelle;
- la Caisse solidaire, une coopérative financière collectant de l'épargne de proximité et la redistribuant sous forme **de prêts aux petites et moyennes entreprises et associations créatrices d'emploi local.** Le but de cet organisme financier, créé dans la région des Hauts-de-France, est de promouvoir une économie sociale, responsable et durable.

4. Le *crowdlending*

Il s'agit d'une forme **de financement participatif (financement « par la foule »)** permettant aux entrepreneurs d'emprunter auprès de particuliers via une plateforme. En tant que prêteurs, ces particuliers font **un placement financier sur une durée définie à un taux de rendement connu**. Ils perçoivent ensuite un remboursement comprenant **une partie du capital et des intérêts.**

Les prêts proposés peuvent prendre la forme de **mini bons**. Ces prêts sont **des titres anonymes** émis par une entreprise en échange d'un crédit et s'adressent aux entreprises qui se créent sous forme de SA ou d'une SAS. Dans ce cas, les investisseurs sont donc **prêteurs et non pas actionnaires. Ils ne possèdent pas de part dans l'entreprise.** Ils peuvent faire travailler leur épargne ou leur trésorerie **en choisissant eux-mêmes les**

projets qu'ils souhaitent soutenir, en ciblant le risque et le rendement qui leur conviennent, en toute liberté.

Les plateformes de *crowlending* agréées CIP (conseiller en investissement participatif) par l'Autorité des marchés financiers peuvent compter parmi leur communauté de prêteurs **des personnes morales**, à l'inverse des plateformes IFP (intermédiaire en financement participatif) agréées par l'Autorité de contrôle prudentiel et de résolution.

5. Vos associés

La création d'une société est une approche participative qui souligne les efforts collectifs du créateur et de ses associés. Ces associés pourront jouer un rôle très important et auront la possibilité de vous **« prêter de l'argent »** ou **d'aider la société à couvrir ses besoins en liquidité** en portant une partie de leurs apports dans des comptes courants d'associés.

Dans ce cas, ils auront alors **une créance remboursable sur l'entreprise** qui peut être rémunérée par le versement d'intérêts. Cette **solution de financement** peut être très intéressante, surtout si vos proches expriment leur souhait de **vous aider à renforcer vos fonds propres** pour démarrer votre entreprise.

6. Bpifrance

Il s'agit **d'une banque publique d'investissement** qui agit, en complément du marché, pour aider les porteurs de projet à financer leurs besoins de financement. **Bpifrance est un acteur incontournable** dans le paysage de l'innovation et du développement des entreprises : elle propose une aide personnalisée à chaque étape clé de l'évolution d'un projet et une offre adaptée aux spécificités régionales.

L'accompagnement qu'offre Bpifrance s'efforce de soutenir la croissance des PME et des ETI : de l'amorçage jusqu'à leur cotation **en octroyant des bourses**, **des crédits** et en intervenant **en garantie et en fonds propres**. Ainsi, si vous avez une bonne idée de projet, ou si vous comptez promouvoir un concept innovant, n'hésitez pas à rejoindre l'une de ses implantations régionales pour mieux vous renseigner sur cette solution.

COMMENT GARANTIR VOTRE EMPRUNT BANCAIRE ?

Les banques offrent à leurs clients plusieurs services et mettent à leur disposition des offres de crédit et d'épargne pour les aider à financer leurs projets, à compléter leurs apports en capitaux et à libérer leur esprit entrepreneurial. Pour cela, elles demandent également certaines garanties bancaires, dans le but de se prémunir des nombreux risques qui peuvent surgir. Il existe de nombreux dispositifs de garantie qui peuvent faciliter votre demande de prêt. Qu'il s'agisse de « garantie création » de Bpifrance, « garanties égalité » de France Active, de sociétés de caution mutuelle, de fonds régionaux de garantie… Il faut anticiper une réflexion approfondie et une bonne compréhension du fonctionnement de ces dispositifs, pour choisir la garantie qui s'adaptera parfaitement à votre situation.

Qu'est-ce qu'une garantie bancaire ?

Une garantie bancaire ou une caution bancaire comme on l'appelle également, est **une couverture en risque,** qui assure un remboursement en cas de défaillance. Autrement dit, une garantie **vise à se substituer à l'emprunteur pour couvrir une partie de la perte finale de la banque** (ou d'un organisme de financement) lorsque celui-ci **se révèle incapable de faire face à ses engagements** ou d'honorer le contrat ; **moyennant une commission payée directement** par la banque ou par l'emprunteur. Cette caution bancaire a un double intérêt :

- **Un intérêt pour la banque** : une partie significative du risque associé au financement est transférée sur l'organisme de garantie, ce qui a pour effet de faciliter l'acceptation de l'emprunt et d'éviter les risques d'éventuelles complications.
- **Un intérêt pour vous** : la garantie apportée vous protège et protège vos biens et votre patrimoine en limitant en général la demande de garanties

personnelles. Elle réconforte vos partenaires commerciaux en se portant garante de vos engagements ou en assurant vos prestations de services.

La banque exige souvent que **la caution soit solvable**, c'est-à-dire qu'elle soit capable de payer les dettes de l'emprunteur sur ses propres finances ou sur ses biens. La garantie bancaire peut être apportée par **une personne physique ou un organisme spécialisé dans le cautionnement mutualisé ou non**.

La garantie création de Bpifrance

Bpifrance joue un rôle important en garantissant **à hauteur de 50 à 70 %** de leur montant les prêts consentis aux nouveaux entrepreneurs. **Ce remboursement particulier, qui diffère d'une situation à une autre**, couvre les investissements matériels et immatériels, l'achat de fonds de commerce, le besoin en fonds de roulement, le découvert notifié, la délivrance de cautions sur les marchés France et export.

Cette garantie a un mode de fonctionnement bien défini :

- **Jusqu'à 200 000 euros de prêt :** la banque choisit de décider elle-même en accordant **un prêt « création »** avec la garantie de Bpifrance et offre jusqu'à 70 % du montant du prêt en contrat de garantie. Toutes les banques signataires de la convention de délégation proposée par Bpifrance peuvent bénéficier de cette solution de financement.
- **Au-delà de 200 000 euros :** la banque choisit de contacter le réseau de Bpifrance, en étudiant chaque cas à part, pour **obtenir un accord de garantie plafonnée à 60 %** et dans la limite de 1,5 million d'euros de risque par emprunteur. Cet accord donne lieu à une notification.

Les garanties proposées par France Active

France Active a pour objectif d'accélérer la réussite des entrepreneurs, en leur apportant conseils et connexion avec un large réseau de partenaires et en leur offrant les moyens d'agir sur leur territoire. Ce réseau de proximité intervient pour **limiter ou exclure la prise de cautions personnelles,** afin de garantir une meilleure protection des entrepreneurs. Ce pionnier de la finance solidaire offre ses garanties **aux « entrepreneurs engagés »** :

- créateurs de petites entreprises et de leur propre emploi ;

- créateurs des territoires fragiles (quartiers, zones rurales);
- entreprises à impact social, territorial ou environnemental;
- entreprises sociales et solidaires.

Les garanties **« égalité » de France Active** sont dédiées :

- aux femmes qui reprennent ou créent des entreprises dans le but de créer leur propre emploi et d'assurer une stabilité financière;
- aux entrepreneurs des territoires fragiles (quartiers et zones rurales);
- aux créateurs défavorisés ou en difficulté qui souhaitent accéder à l'emploi par la création ou la reprise d'une entreprise.

Pour encourager tous ces entrepreneurs et les aider à mettre leur business sur les bons rails, **France Active** propose de couvrir jusqu'à 80 % du montant emprunté (montant plafonné) et leur offre des prêts bancaires **sans prise de caution personnelle.**

Les fonds de garantie régionaux, départementaux ou sectoriels

Les fonds régionaux ou départements sont créés à l'initiative des collectivités locales, selon des modalités qui leur sont propres. Ces fonds de garantie peuvent intervenir en faveur des entreprises lors de leur création, lors de leur transmission ou lors de la mise en œuvre de programmes spécifiques d'investissements. Pour les identifier, vous pouvez consulter **la base nationale des aides aux entreprises**.

Les sociétés de caution mutuelle (SCM)

Les SCM sont des **sociétés coopératives de proximité à but non lucratif**. Elles s'adressent aux PME (principalement les micro-entreprises), en incluant les indépendants, les commerçants, les artisans et les titulaires de professions libérales. Leur mission est de faciliter l'accès au financement nécessaire à la création, au développement ou à la transmission de ces PME. Ces coopératives apportent une garantie bancaire à leurs membres de deux manières possibles :

1. en garantissant directement l'emprunteur auprès de la banque;
2. en contre-garantissant la banque qui prend le risque.

Parmi les SCM, la Siagi est un organisme de garantie qui a pour ambition **de faciliter l'accès au crédit** des très petites entreprises (TPE) et petites entreprises (PE) artisanales dégageant un chiffre d'affaires de moins de 20 millions d'euros. Cette société de caution mutuelle interprofessionnelle coopère avec Bpifrance dans le cadre d'une convention de délégation et garantit **la quasi totalité** des établissements bancaires. La Siagi opère pour le financement de la reprise et des investissements dans l'artisanat et les activités de proximité.

Il existe d'autres sociétés de caution mutuelle, mais celles-ci interviennent exclusivement auprès d'un réseau bancaire spécifique. La Socama, par exemple, **accède au crédit bancaire** et **cautionne les prêts des Banques populaires** en allégeant les garanties portant sur votre patrimoine personnel. La Saccef est une garantie qui offre une solution alternative à l'hypothèque dans le cadre d'une souscription à un crédit immobilier. Le groupe BPCE fait ses preuves également ainsi qu'Interfimo qui intervient dans le cadre du financement des professions libérales.

Qui contacter ?

Ces divers dispositifs sont actionnés la plupart du temps par les banques qui le souhaitent. En fonction de la nature de votre projet, de vos objectifs professionnels sur le moyen et long terme et de votre situation financière, vous pouvez vérifier la validité de votre demande et effectuer les mises en contact en vous adressant directement aux organismes gestionnaires de ces fonds pour avoir tous les éclaircissements nécessaires.

— LE *CROWDFUNDING* POUR FINANCER LA CRÉATION D'ENTREPRISE —

Le financement participatif ou le *crowdfunding* est aujourd'hui un concept en plein essor, y compris pour des projets de création, reprise ou développement d'entreprise. Cette pratique de finance alternative totalement désintermédiée se fait essentiellement par le biais d'Internet et a d'ailleurs connu un essor grâce aux réseaux sociaux. En effet, il est devenu possible aujourd'hui, grâce à Internet, de solliciter des fonds auprès d'un large public via des plateformes de *crowdfunding*.

La diversité de ces plateformes a permis **l'éclosion d'une multitude d'idées créatives** aboutissant à **la réalisation de véritables petites entreprises** ou tout simplement de projets personnels. Ainsi, les banques n'étant plus les seules maîtresses des fonds et des capitaux, **les projets de création trouvent enfin la possibilité d'être réalisés librement grâce à l'aide des particuliers**.

Crowdfunding ou sociofinancement : de quoi s'agit-il réellement ?

Le ***crowdfunding***, le «**financement participatif**» ou encore le «**sociofinancement**» comme on l'appelle au Canada, est une **solution de financement complémentaire** qui permet aux porteurs de projets (particuliers, associations ou entreprises) de **faire appel à la participation du public** afin de financer leurs idées ou un nouveau business.

Ces plateformes représentent le support qui permet **de mettre en relation d'un côté un investisseur** (des particuliers principalement) et **de l'autre un projet** dont la réalisation rencontre un manque de fonds propres. Les transactions sont donc totalement **dématérialisées** et **désintermédiées**.

Le *crowdfunding* est un outil de financement qui participe à **créer une nouvelle forme de diversification** en termes **d'épargne et de placements**

rentables et ceci aide à encourager la prise d'initiative entrepreneuriale. Toutefois, il ne remplace en aucun cas **les solutions traditionnelles** de financement ou d'investissements telles que les prêts d'honneur, les prêts bancaires et les microcrédits.

Plusieurs formes de *crowdfunding* existent : le don, le prêt ou *crowdlending*, ou l'investissement. Dans quels cas les utiliser ?

- **Le don (ou *reward crowdfunding*)** est une forme de participation, sans attente ni contrepartie, par une personne physique ou une personne morale (association, entreprise). **Le don est désintéressé** et représente un excellent moyen pour **tester votre marché** et **identifier la perception et les retours** de votre cible vis-à-vis de votre produit/service. Les dons perçus peuvent **enrichir vos capitaux propres** et donner naissance à **un effet de levier** sur d'autres financements : prêts d'honneur, prêts bancaires, subventions, etc.
- **Le prêt (ou *crowdlending*) :** ici, le rôle des plateformes de prêts, spécialement conçues pour le *crowdfunding*, prend toute son importance. L'emprunteur s'adresse, **par le biais d'une plateforme web**, à une multitude de prêteurs qui participe **au financement des dépenses** non prises en compte par les banques, comme la publicité, à hauteur de leurs moyens. La somme doit être remboursée dans des temps impartis, avec ou sans intérêts (cela dépend de la plateforme et des accords prédéfinis).
- **L'investissement (ou *crowdequity*) :** dans ce cas, il s'agit de financer le développement de projets innovants ou non (promotion immobilière, ouverture de succursales, etc.) qui n'ont pas trouvé **l'aide souhaitée des investisseurs traditionnels**. Ici, les particuliers participant à l'effort collectif **deviennent actionnaires du projet**. Les capitaux récoltés par ces « petits actionnaires », leur donneront ensuite **un droit de regard**, **un droit de vote**, mais également **une partie des bénéfices futurs** de l'entreprise créée.

Comment réussir sa campagne de *crowdfunding* ?

Pour se lancer dans **une campagne de *crowdfunding*** et réussir votre objectif, il faut que vous soyez bien préparé. Cherchez à vous informer : **renseignez-vous sur les différents moteurs de ce type de financement** et maîtrisez la meilleure manière de les exploiter au profit de votre projet/entreprise. La campagne se déroule en trois temps : l'avant, le pendant et l'après-campagne.

Vous devez **mettre en avant les atouts de votre idée** et **valoriser le potentiel de votre projet** pour capter l'intérêt des investisseurs potentiels. C'est une opération de séduction : vous devez donc **vous vendre en vous démarquant des autres** afin d'obtenir l'aide financière souhaitée. Pour être sûr de **réussir votre campagne de *crowdfunding***, n'hésitez pas à vous faire épauler en **faisant appel à un professionnel ou à un réseau d'accompagnement** des porteurs de projets.

Comment trouver une plateforme de *crowdfunding* ?

Aujourd'hui, les plateformes se sont multipliées en raison de la demande croissante des divers porteurs de projets qui cherchent **de nouvelles sources de financement**. Certaines plateformes se sont spécialisées dans des types d'activités ou de projets (culturels, sociaux, environnementaux, numériques, etc.), tandis que d'autres sont généralistes.

Pour faciliter vos recherches, tournez-vous vers les sites Alloprod et Good Morning Crowdfunding. Ils sont une très bonne source d'informations sur **le financement participatif** et faciliteront votre quête de financement, puisqu'ils ont regroupé quelques plateformes dans **un annuaire consultable par catégorie de projets**.

Pour vous aider à repérer certains sites, voici d'autres sources consultables :

- le portail tousnosprojets.fr proposé par Bpifrance ;
- le répertoire des plateformes membres de Financement participatif France (FPF) ;
- le site d'accompagnement vertical-crowdfunding.com ;
- l'annuaire goodmorningcrowdfunding.com ;
- la plateforme baltis-capital.fr ;
- le site trouverlebonfinancement.fr.

AVEZ-VOUS INTÉRÊT À OUVRIR VOTRE CAPITAL ?

Pour certains entrepreneurs, la création d'une entreprise peut paraître une démarche « facile » puisqu'ils détiennent l'essentiel, voire la totalité du capital. Pourtant, cette condition n'est pas aussi évidente pour tout le monde. En effet, les nouvelles entreprises en croissance ne peuvent pas se passer de nouveaux associés ou d'investisseurs extérieurs pour renforcer leurs capitaux propres.

Il est vrai que le fait d'ouvrir son capital diminue mécaniquement le pourcentage initialement détenu par les fondateurs, mais la plupart des nouveaux entrepreneurs affirment « qu'ils préfèrent détenir 1 % du capital d'une multinationale, que 100 % d'une toute petite entreprise ». Ainsi, même si le premier réflexe qui s'impose au chef d'entreprise est de protéger son capital d'une éventuelle dilution, une levée de fonds peut être une bonne opportunité pour alimenter vos fonds propres, gonfler votre capital et vous donner accès à des prêts plus importants.

Ouvrir son capital et chercher de nouveaux investisseurs n'est plus réservé qu'aux start-up !

En vue des avantages divers que peut présenter cette opération financière, **l'ouverture du capital à des investisseurs** est aujourd'hui **une approche appréciée** par de nombreux porteurs d'idées et jeunes entrepreneurs. Parmi ces avantages, on cite :

- **L'accroissement de la solidité financière**, qui améliore considérablement la perception de votre projet par les fournisseurs et les clients, ainsi que les échanges avec eux.
- **L'apport d'une valeur ajoutée,** et pas uniquement au niveau financier. Les nouveaux actionnaires auront pour rôle de **booster la capacité de l'entreprise** : apport d'expertise (technique, stratégique), d'approches managériales, de réseau et de carnet d'adresses.

- **Une trésorerie renforcée** qui sécurise l'entreprise et la protège de toutes sortes de risque ou aléas liés à l'exploitation de son activité.
- **Le regard extérieur** de nouveaux investisseurs, qui permet de prendre du recul et aide à construire une meilleure vision stratégique.
- **Un endettement à moyen et long terme mesuré,** et surtout pas de nouvelle dette à court terme : les investisseurs se rémunèrent essentiellement sur les plus-values réalisées lors de la revente de leurs participations et très peu via des intérêts (sauf en cas d'investissement sous forme d'obligations).
- **L'opportunité de croître** par de la croissance interne et de la croissance externe.

Il faut savoir que, aujourd'hui, **la recherche des investisseurs** n'est plus réservée uniquement aux start-up grâce :

- **aux clubs d'investisseurs :** ils investissent dans des projets de création pour des petits montants (exemple : les Cigales, club d'investisseurs pour une gestion alternative et locale de l'épargne solidaire);
- **au capital-risque solidaire :** il s'agit d'investisseurs privés tels que des *business angels* qui financent exclusivement des projets à impact.
- **au *crowdfunding***.

L'investissement peut être réalisé :

- en capital : la rémunération prend la **forme de dividendes ou de plus-values** réalisées lors de la cession des titres et sont reçues par le financeur;
- en obligations : sa rémunération prend la forme d'intérêts;
- en contre royalties : sa rémunération prend la forme de commissions sur le chiffre d'affaires (variation de celles-ci en fonction de l'importance du CA).

Qu'en est-il de la création d'une start-up ou d'une entreprise innovante ?

Dans ce cas, il est possible de faire appel au **capital risque**. Cette source de financement prend la forme **d'une prise de participation au capital de ladite entreprise** naissante non encore cotée.

Pour les investisseurs, **le capital risque** permet d'apporter une aide de valeur, qui ne concerne pas uniquement le renforcement du capital, mais introduit également **un vrai réseau**, **un appui intellectuel**, **l'expérience des investisseurs** ainsi que **leurs carnets d'adresses** respectifs. Ils ont l'espoir de réaliser au terme de trois à sept ans **une plus-value substantielle** lors de la revente de leurs actions.

Il est important de savoir que **le capital-risqueur** bénéficie d'un **droit de regard sur la gestion de l'entreprise** et **participe souvent au conseil d'administration** et donc à la prise de décisions importantes. Ainsi, avant de songer à **ouvrir son capital et à recourir à ce type d'investissement**, il faut savoir que vous perdrez obligatoirement votre liberté d'action et une partie de votre pouvoir décisionnel.

La bonne nouvelle est que l'intervention de l'investisseur **est limitée dans le temps** : il ne sera donc pas forcément présent tout au long du cycle de vie de votre entreprise. Gardez en tête ce point important et faites **préciser ses conditions de «sortie» dès le départ** pour éviter tout conflit futur.

Qui sont ces capital-risqueurs ?

Pour les **capital-risqueurs ou les «transiteurs de l'innovation»,** il existe plusieurs catégories, à savoir :

- **Les fonds communs de placement dans l'innovation (FCPI)**, qui réunissent des fonds auprès d'investisseurs particuliers (qui bénéficient d'un avantage fiscal) puis doivent investir 60 % de cet argent dans des entreprises innovantes.
- **Les fonds nationaux publics ou privés** généralistes ou spécialisés dans certains secteurs d'activité : le high-tech, les énergies propres (cleantechs), les biotechs, les logiciels, etc.
- **Les fonds régionaux**, qui interviennent à travers les Instituts régionaux de participation (IRP).
- **Le *corporate venture***, des fonds créés par de grands groupes industriels, souvent spécialisés et intervenant généralement sur leur propre secteur d'activité. Il met en relation **des entreprises d'un même secteur, mais de taille différente**, afin de **favoriser l'émergence d'innovations.**
- **Les *business angels***, des particuliers passionnés de l'aventure entrepreneuriale et connaisseurs en général du monde des affaires, qui investissent **leur argent personnel** (plutôt à partir de 10 000 euros) dans **de jeunes entreprises aux concepts novateurs et créatifs**. Ils sont fédérés par France Angels.

— RÉALISER UNE LEVÉE DE FONDS —

Vous êtes entrepreneur et vous avez besoin de fonds pour lancer votre nouvelle activité, réaliser des investissements importants et développer votre entreprise ? Vous pouvez envisager un financement extérieur et non bancaire auprès d'investisseurs dans le cadre **d'une levée de fonds**. Aujourd'hui, nombreux sont ceux qui considèrent **la levée de fonds** comme l'élément incontournable de la réussite d'une start-up. En effet, il s'agit **d'un outil de financement de la création d'entreprise**, qui peut constituer un bon levier de croissance.

Cependant, faire rentrer des investisseurs extérieurs dans le capital de la société n'est pas une démarche évidente ! **La levée de fonds se joue sur la préparation** et il faut bien comprendre son mécanisme pour être sûr de prendre la bonne décision.

Quel est le principe de la levée de fonds ?

Pour commencer, il faut savoir que **la levée de fonds** est un apport au capital de l'entreprise. Quel que soit son objectif, le principe est que des investisseurs réalisent une prise de participation au capital de votre société. Autrement dit, pour collecter des fonds, **vous émettez des titres de votre société et les vendez à des investisseurs**. Ces titres seront affectés au capital de votre société et serviront à financer son besoin de développement. En fonction de la phase de croissance de votre entreprise et de ses besoins, **le financement via une levée de fonds** prendra des formes différentes :

1. **Le capital amorçage** pour financer le démarrage de votre activité et ses premiers besoins et charges d'exploitation.

2. **Le capital développement** pour financer le développement de l'entreprise et l'accélération de sa croissance en intégrant de nouveaux axes d'amélioration de votre offre.

Il est important de comprendre que le financement provient de personnes physiques ou morales extérieures à « l'équipe fondatrice ». On parle d'ailleurs de **« financement extérieur » ou « d'apport extérieur »** pour évoquer la levée de fonds. Généralement, il s'agit de personnes qui **souhaitent investir leur épargne dans des projets** à fort potentiel de croissance pour réaliser une plus-value à court terme (entre cinq et sept ans en général) ou même soutenir un projet qui leur tient à cœur.

À la suite de la levée de fonds, ces investisseurs extérieurs deviennent **actionnaires de votre société.** Ils détiendront par la suite **des titres financiers sur la société** constituée, participeront aux assemblées générales et disposeront des droits prévus par les statuts ou par le pacte d'actionnaires, notamment en matière de distribution des bénéfices de l'entreprise. Ces investisseurs extérieurs sont appelés **des *business angels***, **des capital-risqueurs** ou **des fonds d'amorçage** (fonds de placement).

Pourquoi faire une levée de fonds ?

Si votre projet a un vrai potentiel de croissance et nécessite des besoins conséquents et étalés dans le temps, **la levée de fonds** vous aidera à soutenir son évolution et à financer ses éventuels axes de développement. En effet, la levée de fonds sera bénéfique pour vous, car **si vous sollicitez un prêt bancaire, le montant à rembourser serait une charge beaucoup trop lourde pour votre modèle économique,** notamment en phase de démarrage (sans parler des garanties exigées et de l'apport personnel qui doit atteindre au minimum 30 % des besoins de l'entreprise pour se voir accorder un prêt).

C'est une vérité, les banques refusent généralement de financer le BFR, c'est-à-dire **les besoins de l'entreprise qui ne sont pas amortissables** (frais de communication au démarrage, frais de recherche et développement, trésorerie, etc.) et il s'agit typiquement des besoins d'une entreprise à fort potentiel ! C'est là qu'apparaît l'importance du recours à **la levée de fonds,** qui offre de nombreux avantages à l'entrepreneur et l'aide à soutenir l'évolution de son projet de création.

Les avantages de la levée de fonds

- Avec **une levée de fonds**, vous n'avez pas à vous soucier des notions de remboursement du capital emprunté ni d'intérêts liés, qui peuvent constituer **des charges supplémentaires assez lourdes,** surtout lors des premières phases de lancement du projet entrepreneurial. Les investisseurs se rémunèrent en effet **sur les plus-values réalisées lors de la revente de leurs participations**.

- Plus encore, **la levée de fonds** ne nécessite pas d'apport de garanties personnelles de votre part, vos biens seront donc en sécurité.
- Votre société n'aura pas de dettes envers ses investisseurs, et **la levée de fonds** renforcera ses fonds propres. Ceci vous permettra d'envisager des améliorations stratégiques et vous garantira une certaine « aisance financière » qui soutiendra l'évolution de votre activité.
- En termes de bilan financier et de perception comptable de l'entreprise, **l'impact d'une levée de fonds est généralement très positif**.
- Votre relation avec les ***business angels*** sera basée sur la confiance, puisque leur contribution se fonde avant tout sur des critères de projet, de personnalité du créateur, de valeurs d'entreprise, plutôt que sur des ratios et des projections. Ceci peut être une bonne opportunité pour **profiter de leurs visions et points de vue** qui peuvent être très bénéfiques, étant donné qu'ils sont généralement des entrepreneurs et des connaisseurs du domaine.
- En plus de contribuer au financement de votre entreprise, l'investisseur peut vous apporter d'autres éléments essentiels au développement de votre activité : **un réseau, un carnet d'adresses, un accompagnement, un savoir-faire, du conseil en gestion et en organisation**, sans pour autant intervenir dans le fonctionnement quotidien de votre entreprise.

Quatre questions à se poser avant d'envisager une levée de fonds

1. Est-ce nécessaire ?

Généralement, l'entrepreneur fait **une levée de fonds** lorsqu'il envisage de développer son entreprise, ou de lancer une nouvelle activité nécessitant d'investir des fonds importants qu'il n'a pas. Il est vrai que dans un premier temps, la meilleure option de financement reste souvent (mais pas toujours) l'autofinancement, soit grâce à vos fonds personnels ou grâce à vos clients. Toutefois, **ce mode de financement ne marche pas nécessairement avec tous les projets**.

Parfois, vous vous retrouvez **dans l'obligation d'aller vite, de conquérir rapidement des parts de marché, de saisir une opportunité** ou d'atteindre une taille critique pour affirmer votre présence. Pour ce faire, vous devez recruter des salariés, créer une équipe performante et engagée, investir en marketing, en R&D... Il faudra donc trouver des fonds pour financer ces premières dépenses nécessaires. Néanmoins, veillez à vous poser les questions suivantes :

- Ai-je vraiment besoin de ces fonds ?
- Pourquoi en ai-je besoin ?
- Est-ce la solution la mieux adaptée à ma situation actuelle ?
- Ne puis-je pas me financer autrement ?

2. Est-ce le bon moment ?

Disons que vous êtes persuadé que votre projet présente un réel besoin d'investissement et qu'il est nécessaire de **faire une levée de fonds** puisque c'est le moyen de financement le plus adapté à votre situation.

Maintenant, il est important de savoir si c'est le bon moment ou s'il faut attendre encore ! En effet, il ne suffit pas d'avoir un besoin de financement pour en trouver un. **Une levée de fonds** demande une certaine préparation, une réflexion approfondie et une bonne maîtrise de son mode de fonctionnement, chose qui est parfois négligée par certains entrepreneurs. Ils prennent le risque de précipiter le processus, qui n'aura pas ensuite la réussite attendue.

Une entreprise est prête **lorsqu'elle connaît parfaitement son marché et maîtrise ses facteurs clés de succès**. Les investisseurs donneront leurs fonds à une entreprise qui maîtrise l'environnement dans lequel elle évolue. Il faudra donc connaître l'étendue du marché, les tendances de sa clientèle, le positionnement de son entreprise face à ses concurrents, etc. Faites une bonne étude de marché pour collecter toutes ces informations et pour avoir une meilleure visibilité.

L'équipe représente aussi un élément important dans le choix des investisseurs. Il faut donc avoir **une équipe soudée, complémentaire, engagée, et surtout capable de pivoter si nécessaire**. Les investisseurs préféreront financer cette équipe plutôt qu'un super projet géré par une équipe démotivée et dissociée.

3. Combien me faut-il ?

Cette étape est très importante : vous devez bien estimer votre besoin financier et **faire une étude approfondie pour identifier les capitaux qui vous manquent**. Certains entrepreneurs ne savent pas combien d'argent il leur faut ou ne sont pas capables de justifier ce qu'ils feront avec les fonds levés. Ils risquent donc de gaspiller ces ressources et de retarder l'évolution de leur activité. Il s'agit ici d'une faute professionnelle grave, une faute que les investisseurs ne pardonnent pas !

Vous levez des fonds pour financer le développement de votre entreprise, pour lancer un nouveau produit et pour atteindre des objectifs. Cela implique que vous devez savoir exactement comment seront dépensés les fonds levés pour avancer efficacement.

4. Auprès de qui faire ma levée de fonds ?

Une fois que vous avez effectué une étude qui vous permet d'estimer les fonds dont vous avez besoin pour réaliser votre projet dans les meilleures conditions, vous vous rapprochez du moment le plus important d'une levée de fonds. Il s'agit de **la recherche d'investisseurs** et la négociation **des conditions de la levée de fonds**.

Il n'est pas rare qu'un projet soit rejeté par un fonds, mais qu'un autre fonds décide d'investir dans ce projet. Chaque fonds a en effet ses propres critères. Étudiez-les et faites bien attention pour sélectionner les fonds que vous visez.

Comment se préparer réellement à faire une levée de fonds ?

1. Rédiger ou revoir votre *business plan*

Le *business plan*[1] est l'outil opérationnel de votre stratégie d'entreprise et un document de référence qui vous aide à **mieux travailler votre projet et à structurer vos idées**. Toutefois, certains entrepreneurs prennent le risque de se lancer sans prendre le temps de rédiger leur *business plan* ! Si vous anticipez une levée de fonds, ne le négligez pas. Retenez-le bien, car, à ce stade-là, c'est une obligation et non plus un choix : **il n'existe pas de levée de fonds sans *business plan* !**

L'expérience montre que, lors d'une levée de fonds, la première version du *business plan* est différente de celle présentée aux investisseurs, qui doit être bien plus réaliste et éprouvée. Revoyez donc le vôtre et vérifiez son adéquation avec votre situation actuelle et votre demande de financement.

1. Voir page 111.

2. Préparer votre *executive summary*

En français **l'*executive summary* signifie « résumé pour des dirigeants »**. Il s'agit d'un document très important qui a un grand rôle dans le processus de recherche des investisseurs. C'est aussi la partie clé de votre *business plan* qui doit être rédigée en dernier, mais qui sera la première chose que demanderont vos investisseurs potentiels ! En effet, c'est **sur la base de ce résumé** que les investisseurs ou vos banquiers décideront d'aller plus loin dans l'analyse de votre projet ou de laisser l'affaire.

Il est capital de rédiger ce résumé avec le plus grand soin. Gardez en tête que l'objectif de ce document n'est pas de résumer tout votre *business plan* en deux ou trois pages, mais plutôt **de vendre votre projet** ! Les investisseurs cherchent dans un *executive summary* le potentiel de développement, le caractère innovant du projet, l'ambition d'évoluer, etc. C'est pour cela qu'il faudra mettre l'accent sur tous les éléments clés de votre projet et souligner ses forces et sa singularité !

Peu importe la version de votre *business plan*, qu'elle soit la première ou la énième, **votre plan d'affaires doit surtout apporter des réponses signifiantes aux questions que se posent vos investisseurs**. C'est aussi l'occasion de revoir la cohérence de votre projet et son potentiel de croissance.

3. Préparer votre pitch avec grand soin

Les potentiels investisseurs auront **un temps d'attention très limité,** puisqu'ils reçoivent des dizaines de demandes par jour et doivent analyser une diversité de projets. En tant qu'entrepreneur, vous êtes tenu de présenter votre projet en 5 à 10 minutes maximum, en étant clair et précis : il s'agit ici de faire un ***elevator pitch***, c'est-à-dire d'exposer votre projet le temps d'un trajet en ascenseur.

> Je m'appelle [nom], fondateur de [société]. Nous offrons [produit/service] pour [marché cible] à [proposition de valeur].
>
> Contrairement à [la concurrence], nous [différentiel clé]. Et nous avons récemment [étape importante qui a de la valeur, réalisée récemment].
>
> [Appel à l'action]

Faites très attention lorsque vous préparez votre *elevator pitch* : gardez en tête que **l'objectif de cette courte présentation reste de décrocher**

un rendez-vous et de valoriser votre projet, sans en faire trop. Un bon *elevator pitch* devra contenir toutes les informations nécessaires, sans un mot de trop. Il faut faire preuve d'un esprit de synthèse et impressionner avec ses idées innovantes.

4. Sélectionner des fonds d'investissement

La levée de fonds peut être vue comme un mariage entre l'entrepreneur porteur de projet et l'investisseur qui engage ses capitaux en vue de soutenir son évolution. En tant qu'entrepreneur, **vous devez bien choisir votre investisseur**! Prenez le temps de vous informer sur les priorités d'investissement des fonds que vous comptez approcher, et assurez-vous de leur adéquation à vos objectifs entrepreneuriaux. Sachez que le parcours de la levée de fonds peut être long et fastidieux. C'est pourquoi il faut faire preuve d'une organisation impeccable, pour gagner le maximum de temps et assurer la réussite de cette approche de financement.

5. Préparer votre équipe

Le choix de l'équipe qui vous accompagnera dans votre aventure entrepreneuriale est d'une importance capitale. Certains investisseurs préfèrent investir dans une équipe complémentaire qui leur inspire confiance plutôt que dans un projet innovant et une technologie révolutionnaire. Avant de vous lancer dans **une campagne de levée de fonds**, prenez le temps de revoir votre équipe, d'intégrer des éléments inspirés, créatifs et engagés. Dans votre *business plan*, n'hésitez pas à mettre en avant votre équipe : montrez son expertise, ses compétences et sa détermination à se battre pour que le projet réussisse.

Peut-on lever des fonds n'importe quand ?

Finalement, lever des fonds **est possible n'importe quand**, qu'il s'agisse de la phase de précréation, de la phase de création ou de celle de développement. Vous pouvez exprimer un besoin de trésorerie à n'importe quel stade de vie de votre entreprise. Bien que les sociétés de capital-investissement ne fassent pas d'apport en capital si vous n'êtes pas en phase de création (capital risque) ou de développement (capital développement), vous pouvez toujours lever des montants plus faibles via des *business angels* (entre 10 000 et 1 000 000 euros généralement).

N'oubliez pas qu'il est également possible de **lever des fonds via des plateformes de *crowdfunding*.** Ces plateformes ont l'avantage de **vous permettre de tester votre marché sans prendre de risque**. En effet, lancer une campagne est généralement gratuit, et vous payez une commission seulement si vous avez atteint votre objectif de financement. Nombreux sont les entrepreneurs qui ont réalisé que la demande n'était pas présente et qu'il fallait revoir leur concept. D'autres, au contraire, ont été agréablement surpris en voyant leur financement dépasser les 200 % de l'objectif espéré, preuve que leur concept était attractif et convoité !

Pour conclure, **la levée de fonds est une aventure qui exige une longue préparation et qui ne doit pas être prise à la légère !** Préparez-vous bien et assurez-vous de rédiger votre *business plan* avec grande attention pour qu'il réponde à toutes les questions que pourraient se poser vos investisseurs potentiels.

LES AIDES : COMMENT ET POURQUOI EN BÉNÉFICIER ?

— LES CONCOURS À LA CRÉATION D'ENTREPRISE SONT-ILS INTÉRESSANTS ?–

En tant que porteur de projet, participer à un concours peut être une excellente opportunité pour soutenir le dynamisme et la volonté de vos équipes et vous aider à atteindre efficacement vos objectifs. Les journées compétitives de rencontres qu'offrent les concours sont de vraies opportunités de croissance pour les nouveaux entrepreneurs. En effet, elles mettent à l'honneur l'univers entrepreneurial dans toute sa diversité économique, sociale, humaine et géographique, et récompensent les entrepreneurs responsables et innovants.

La question n'est donc plus de savoir s'il faut **participer à des concours**, mais plutôt comment s'y préparer efficacement et quels bénéfices en tirer.

Pourquoi participer à un concours, quels sont les avantages ?

Les bénéfices d'une **participation aux concours de start-up** sont nombreux et agissent à plusieurs niveaux :

- Vous pouvez **tester le potentiel de votre projet** de manière **efficace et ludique**. Votre projet sera confronté à **un jury d'experts** qui sera l'œil extérieur : quelle meilleure façon de progresser que de vous entraîner en conditions réelles ?
- Les meilleurs dossiers donnent lieu à un oral devant un jury pour la sélection des lauréats. Participer à un concours de création vous permettra donc de **roder votre discours devant des professionnels expérimentés.** Vous évoluerez donc rapidement.
- Les gagnants bénéficient **d'une grande visibilité**, du **soutien des acteurs du tissu entrepreneurial** et de **rencontres avec des investisseurs potentiels**. Vous aurez la chance de faire rapidement du réseau et vous gagnerez en notoriété.

- Vous **éviterez des erreurs coûteuses (en temps et en argent)** par la suite, puisque vous serez alerté dans ce cadre sur une éventuelle faiblesse de votre projet. Vous serez donc mieux orienté pour **retravailler votre idée et améliorer votre stratégie et votre *business plan* (étude de marché).**
- Les concours **nourrissent votre esprit de compétition et vous poussent loin de la zone de confort** : il s'agit surtout d'une saine et nécessaire émulation.
- En plus de **la dotation** que vous pouvez gagner, vous aurez des échanges avec de nombreux acteurs de la création d'entreprise. Les contacts créés lors de ces concours, avec des investisseurs par exemple, peuvent **vous aider dans votre levée de fonds.**

Comment les repérer ?

De nombreux **concours régionaux, locaux et nationaux** sont organisés chaque année. Parmi cette pléthore de compétitions, essayez de cibler le concours qui vous correspond le mieux et qui fera évoluer votre idée de business. Pour mettre toutes les chances de votre côté, **commencez par évaluer vos chances de gagner :** ce concours est-il fait pour moi et pour mon activité ? Est-ce un concours important ? Depuis combien d'années existe-t-il ? Combien de candidats se présentent en moyenne chaque année ?

Les concours qui mettent en compétition les **entreprises innovantes à caractère technologique** donnent une bonne visibilité sur les idées novatrices et les approches managériales qui pourront révolutionner le marché et contribuer au développement économique.

Voici quelques exemples de concours intéressants :

- **Le concours national de la création d'entreprise :** unique en son genre, il a pour objectif d'encourager la création d'entreprise.
- **Tremplin Entreprises** est plus orienté vers l'accompagnement de votre développement. Organisé par le Sénat et par l'école de commerce l'Essec depuis 1999, il met en compétition les entreprises les plus innovantes.
- **Start-up contest** est ouvert à toutes les entreprises créées depuis moins de trois ans qui souhaitent développer leur leadership et leur esprit d'entreprendre. C'est une bonne opportunité pour les entrepreneurs qui ont une forte capacité de croissance.
- **Total Edhec Entreprendre** permet de promouvoir l'entrepreneuriat chez les jeunes et chez les étudiants. C'est la raison pour laquelle il est dédié

aux jeunes âgés de moins de 28 ans qui ont besoin d'aide et de soutien pour concrétiser leur projet, ou pour développer leur entreprise créée depuis moins de 18 mois.

Nos conseils

- **Fixez-vous des objectifs et choisissez votre orientation** pour bien définir votre stratégie compétitive. Recherchez-vous la récompense financière, qui sera un supplément de ressources financières à votre projet? Attendez-vous une validation de votre idée et une affirmation du potentiel de votre projet? Souhaitez-vous un accompagnement d'investisseurs experts qui élargiront votre portefeuille clients et vous offriront leur expertise?
- **Ciblez** par la suite les concours qui vous aideront à atteindre vos objectifs. Cherchez à connaître vos compétiteurs, leurs domaines d'activité, leurs forces et leurs faiblesses, les motifs des organisateurs et leurs critères de sélection pour mettre toutes les chances de votre côté.
- **Ne vous découragez pas dès la première participation**, soyez patient et persévérant! Vous devez surtout avoir la capacité de digérer les remarques sur votre projet qui ne manqueront pas de fuser une fois le concours passé, mais elles ne feront que vous aider à avancer.
- **Entraînez-vous à «pitcher»** pour bien présenter votre projet. Perfectionnez votre présentation pour qu'elle soit **claire et captivante** : mettez des schémas, des graphiques et des tableaux comparatifs pour accaparer l'attention du jury. Si vous présentez en équipe, pensez à **mettre en avant les points forts de chacun,** en confiant les parties adéquates de votre pitch et veillez surtout à **équilibrer vos passages**!
- **Soyez réaliste** sur les chiffres que vous avancez dans votre dossier de candidature : seuls les projets crédibles seront retenus. Les faire valider par un expert-comptable peut être une bonne chose.
- **Profitez du *feedback* et des remarques constructives des experts,** ils ont certainement ce qu'il faut pour détecter les faiblesses de votre idée et vous proposer des pistes d'amélioration, capables de maximiser les chances de réussite de votre projet.

— COMMENT VOUS Y RETROUVER DANS TOUTES LES AIDES À LA CRÉATION D'ENTREPRISE ? —

Généralement, lorsque les gens conçoivent un projet de création d'entreprise, ils cherchent à prévoir l'aspect financier dès le début. Ceci est évident puisqu'il peut être assez compliqué, surtout au début, de financer votre activité. En ce sens, de nombreux dispositifs d'accompagnement, aides financières et subventions, comme les aides à la création d'entreprise, ont été créés pour aider les porteurs d'idées à lancer leurs projets et promouvoir **un écosystème d'entrepreneurs créatifs**.

Cependant, pour bénéficier de ces aides à la création d'entreprise, qui peuvent se cumuler dans certains cas, il est nécessaire de remplir des conditions qui peuvent être différentes. Il est donc nécessaire de s'informer correctement, sur les aides auxquelles vous êtes éligible dans le cadre de votre projet de création d'entreprise.

Aides à la création : de quoi s'agit-il réellement ?

Il existe **plus de 3000 aides pour les entrepreneurs**, avec des conditions, des typologies et des formes différentes :

- le versement **d'une somme d'argent**, remboursable ou non : subvention, prêt d'honneur, prêt participatif, prêt bonifié, dispositif de garantie d'emprunt, etc. ;
- **un allègement fiscal**, comme la déduction des intérêts d'emprunt pour investissement ou l'attribution de crédit d'impôt (par exemple : la réduction d'impôt sur le revenu pour les souscriptions au capital d'une société) ;
- une **exonération de charges sociales** ou fiscales ;
- le financement d'une formation, de prestations de conseil, de services d'accompagnement (par exemple : une aide qui vous permettra **d'évaluer votre idée de création d'entreprise**) ;

- **un hébergement** à un prix inférieur au prix du marché ;
- une aide au montage du projet (incubation, initiation au réseau d'entrepreneurs, etc.)

Bon à savoir : d'habitude en parlant **d'aides à la création d'entreprise**, on oublie souvent de parler d'une aide très importante, qui peut être **d'une grande utilité pour les nouveaux entrepreneurs** qui ont la chance de percevoir des sommes importantes s'ils remplissent les conditions nécessaires. Il s'agit **des dispositifs d'accueil et d'accompagnement** mis en œuvre à l'échelon local.

Une bonne préparation de votre projet, **une valorisation de votre idée** et de votre capacité à créer de la valeur ajoutée, **une détermination indéfectible et une envie de réussir**, **l'engagement d'une équipe performante** et **la validation d'un réseau d'accompagnement** permettront de garantir vos chances d'être suivi par les banques. Il faut donc veiller à soigner ces éléments de préparation et présenter votre projet dans les meilleures conditions.

Qui est le responsable de la mise en place de ces aides ?

La différenciation de ces aides financières vise à **promouvoir la prise d'initiative entrepreneuriale** et **l'initiation d'un écosystème d'entrepreneurs talentueux. L'État ou les collectivités territoriales** ont mis en place **des « aides publiques » à la création-reprise d'entreprise** pour rassurer les futurs entrepreneurs en affirmant que, quel que soit leur projet, il y aura forcément une aide financière de création entreprise qui leur correspondra. Il existe d'autres aides qui proviennent **d'initiatives privées ou de fondations,** qui sont elles aussi très utiles pour les porteurs d'idées créatives.

Identifiez les aides qui vous concernent

Vous devez connaître les informations suivantes. Un dispositif d'aide peut :

- dépendre **du lieu d'implantation de l'entreprise** ou **être réservé à des secteurs d'activité particuliers,** et c'est ce qui différencie les différents dispositifs et change leurs conditions d'éligibilité ;

- être lié à votre **statut actuel** (demandeur d'emploi, micro-entrepreneur, repreneur d'entreprise) ou à **votre profil** (jeune ou femme par exemple);
- imposer la réalisation d'investissements conséquents ou des recrutements pour soutenir la création d'emplois, etc.

Pour vous aider à y voir plus clair, nous vous présentons un classement **des différentes aides à la création d'entreprise** selon leur finalité, c'est-à-dire le but recherché par ceux qui les mettent en place. Cela vous permettra de vous identifier rapidement et de cerner vos chances d'y accéder.

- **Lutter contre le chômage et favoriser l'insertion ou la réinsertion professionnelle : demandeurs d'emploi, nouveaux diplômés, personnes handicapées, jeunes mamans, etc.**
  - **Aide à la reprise ou à la création d'entreprise (Arce)** : versée par Pôle emploi, elle correspond à 45 % du reliquat des droits à l'assurance chômage. Elle permet **de se constituer un capital intéressant en vue d'investir dans le projet d'entreprise.**
  - **Allocation de retour à l'emploi (ARE)** : elle vise à rendre plus facile **la situation de chômeur et créateur d'entreprise** en faisant de l'entrepreneuriat une voie royale de reprise d'activité. Ce type d'aide assure **le maintien des allocations chômage**, du RSA ou de l'ASS pendant la phase de démarrage de l'activité.
  - **Congé pour création d'entreprise** : il s'agit d'une période de congé qui suspend le contrat de travail pendant un an renouvelable, et permet en cas d'échec du projet d'entreprise de retrouver le même emploi ou un emploi similaire au sein de votre entreprise. Il faut au moins deux ans d'ancienneté dans l'entreprise pour en bénéficier. La demande à l'employeur doit être faite par lettre recommandée avec accusé de réception.
  - **Aides de l'Agefiph** pour les personnes handicapées.
  - **Cap'Jeunes** : un dispositif d'accompagnement renforcé pour les jeunes demandeurs d'emploi accompagné d'une prime au démarrage de 2 000 euros.

- **Revitaliser ou redynamiser un territoire**
  - **Prime d'aménagement du territoire (PAT)** : une aide directe à l'investissement qui sert à promouvoir **l'implantation et le développement d'entreprises** porteuses de projets créateurs d'emplois et d'activités durables dans les zones prioritaires de l'aménagement du territoire.
  - **Fisac** : une subvention qui vise à favoriser la création, la modernisation, l'adaptation et la transmission des entreprises et commerces

de proximité (les entreprises commerciales et artisanales s'implantant en milieu rural).
- **Exonérations fiscales** : les zones urbaines ou rurales (zones à finalité régionales, zones de revitalisation rurale, bassin d'emploi à redynamiser, quartiers prioritaires de la politique de la ville, zones franches urbaines - territoires entrepreneurs, etc.) qui sont prioritaires en matière d'aménagement du territoire profitent de cette aide.

- **Favoriser la création d'entreprises innovantes, de start-up**
  - **Bourse French Tech,** délivrée par Bpifrance.
  - **Prêt participatif d'amorçage** de Bpifrance.
  - **Crédit d'impôt recherche pour les dépenses de recherche et développement :** possibilité de remboursement anticipé pour les nouvelles entreprises.
  - **Statut de jeune entreprise innovante (JEI) et jeune entreprise universitaire (JEU) :** exonérations fiscales et sociales pour les nouvelles entreprises qui investissent dans la R&D.

- **Encourager la création d'entreprises dans certains secteurs**

Exemples : agriculture, presse, librairies, tourisme, métiers d'art, filière bois, marbrerie, économie sociale et solidaire, etc.

- **Renforcer le financement des jeunes entreprises et faciliter l'accès au crédit**
  - **Prêts d'honneur d'Initiative France ou de Réseau Entreprendre**.
  - **Prêt à taux zéro (Nacre : nouvel accompagnement pour la création ou la reprise d'entreprise)** : un dispositif qui propose un prêt à taux zéro pour les créateurs ou repreneurs d'entreprise. D'un montant de 1000 à 8000 euros, ce prêt est accordé dans le cadre de la participation au dispositif d'accompagnement.
  - **Microcrédits.**
  - **Fonds d'investissement.**
  - **Réductions fiscales pour souscription au capital**, etc.

Où trouver des informations fiables sur les aides ?

- Dans la base nationale des aides aux entreprises, recensées par l'ISM et géré par CMA France (application disponible sur bpifrance-creation.fr).
- Sur les sites régionaux dédiés à la création/reprise d'entreprise.

QUELLES SONT LES AIDES POUR LES DEMANDEURS D'EMPLOI ?

Vous êtes demandeur d'emploi et avez pour projet de **créer votre propre boîte ou de donner vie à une idée de création innovante ?** C'est une très bonne idée. Cependant, entre l'Acre, l'Arce, l'ARE et le Nacre, **il n'est pas toujours évident de s'y retrouver**. Il existe, en effet, de nombreuses structures, privées et publiques, vers lesquelles vous pouvez vous tourner. Toutefois, parmi celles-ci, il y en a une qui se démarque et qui aide un grand nombre de créateurs à se lancer : il s'agit de **l'agence Pôle emploi**.

Qui sont les acteurs éligibles aux aides à la création d'entreprise Pôle emploi ?

Contrairement à une idée répandue à laquelle succombent de nombreux acteurs, **il n'est pas toujours nécessaire d'être demandeur d'emploi pour bénéficier des aides à la création d'entreprise Pôle emploi**. Si vous avez une idée de projet innovant, ou un concept de business rentable, n'hésitez pas à solliciter les conseillers de Pôle emploi qui sauront vous apporter toutes les réponses nécessaires. Par exemple, si vous êtes salarié en passe d'être licencié, vous pouvez être accompagné par Pôle emploi dans votre création d'entreprise.

Comment identifier les différentes aides à la création d'entreprise Pôle emploi ?

Il faut savoir qu'il existe une vraie différence entre chaque dispositif d'aide à la création d'entreprise Pôle emploi. Ces dispositifs correspondent à des formes d'aides différentes. Voici un petit aperçu qui vous aidera à les distinguer.

L'aide à la création ou à la reprise d'entreprise (Acre)

Cette aide, qui a remplacé l'aide aux chômeurs créant ou reprenant un entreprise (Accre) depuis le 1er janvier 2019, vouspermet de **bénéficier d'une exonération des charges sociales** (cotisations maladie, maternité, invalidité, décès, vieillesse et veuvage et allocations familiales) **pendant la première année d'activité de votre entreprise**. Elle offre également un accompagnement sur les premières années d'activité et une ouverture à d'autres aides financières.

Il faut savoir que **le bénéficiaire de l'Acre est également éligible au nouvel accompagnement pour la création ou la reprise d'entreprise (Nacre)**. Ce dernier doit toutefois conclure un contrat d'accompagnement avec un organisme spécifique (vous pourrez obtenir la liste auprès de votre agence Pôle emploi). Ce dispositif a été élaboré pour permettre aux créateurs de bénéficier d'un accompagnement dans le cadre :

- **du montage du projet** : finalisation technique du dossier de création ou de reprise, étude du projet et anticipation des difficultés ;
- **de sa structuration financière** : étude de la pertinence du projet et de son plan de financement, appui auprès des banques et pour obtenir des aides financières ;
- **du démarrage de l'entreprise** : permet d'obtenir des réponses aux questions liées au démarrage de l'activité, d'anticiper les difficultés financières et d'être accompagné dans les choix liés au développement de l'entreprise.

L'aide retour à l'emploi (ARE)

Elle n'est autre qu'un revenu de remplacement versé par Pôle emploi pour encourager les nouveaux créateurs à se lancer. Autrement dit, si vous souhaitez lancer votre entreprise ou créer votre emploi en devenant votre propre patron, sachez que vous pourrez continuer à bénéficier du versement de vos ARE en respectant certaines conditions. À ce sujet, il reste important de savoir que **cette aide est accessible quel que soit le statut juridique choisi.** Par exemple il est tout à fait possible de cumuler l'ARE et le statut d'auto-entrepreneur.

L'aide à la reprise ou à la création d'entreprise (Arce)

C'est une aide financière **destinée aux créateurs ou repreneurs d'entreprise qui sont éligibles à l'ARE et qui optent pour un capital versé en**

deux fois au lieu du maintien partiel de l'allocation d'aide au retour à l'emploi. Autrement dit, cette aide permet aux créateurs de projets de recevoir, au début de leur activité et en deux versements, 45 % des allocations chômage qu'il leur reste à percevoir. Concrètement, vous recevez ce montant sous forme de capital, vous permettant ainsi d'enrichir votre trésorerie.

En tant que créateur ou repreneur d'entreprise, vous devez savoir que **chaque aide comprend des conditions différentes**. Pour distinguer si vous avez le droit de bénéficier d'une exonération de charges sociales et de vos allocations chômage versées mensuellement ou en capital, il vous revient d'analyser séparément les conditions, détaillées sur le site de Pôle emploi.

Comment choisir entre l'Arce et l'ARE ?

Il n'est pas possible de répondre de manière générique à cette question : le choix va dépendre de votre situation! Pour identifier l'aide qui vous conviendra le mieux, voici quelques éléments importants à prendre en compte :

- **Le montant de vos aides :** en optant pour l'Arce, vous aurez le droit de percevoir 45 % du montant de vos aides en deux versements, mais vous ne percevrez pas les 55 % restants. Au contraire, si vous optez pour l'ARE et pour un versement mensuel de vos aides, vous continuez à les percevoir jusqu'à la date de fin de vos droits.
- **Le statut de demandeur d'emploi** : vous l'aurez si vous choisissez le dispositif de l'ARE et vous le perdez en optant pour l'Arce. L'avantage de garder ce statut de demandeur d'emploi est qu'il vous permet d'être affilié **au régime général de la sécurité sociale, de valider vos trimestres de retraite et de bénéficier d'une protection sociale**. En revanche, si vous perdez ce statut, vos trimestres de retraite ne seront plus validés (sauf si vous percevez un autre revenu qui vous le permet), mais vous pourrez tout de même bénéficier de votre couverture sociale antérieure pendant douze mois. Sachez également que, si vous optez pour l'Arce et que votre projet de création d'entreprise ne se pérennise pas, vous pourrez demander votre réinscription sur la liste des demandeurs d'emploi.
- **Le cumul des aides avec un autre revenu** : il est tout à fait normal de percevoir une rémunération si vous avez le statut d'un dirigeant d'entreprise ou d'un travailleur indépendant. Le fait de percevoir une

rémunération n'a aucune incidence sur le montant des Arce que vous pouvez percevoir. En revanche, cela a un impact sur le montant des ARE qui peuvent vous être versées : si vous percevez une rémunération complémentaire, **le montant de vos ARE sera diminué et pourra même être supprimé si vous percevez des revenus équivalents ou supérieurs à ceux que vous perceviez avant**. Dans cette situation, il est préférable de ne pas bénéficier de revenus pour maintenir le montant de vos ARE.

En bref, le choix entre le maintien de l'ARE ou l'Arce doit être étudié avec attention. Envisagez valider votre choix avec un professionnel, ce qui est préférable surtout pour les nouveaux venus qui ne connaissent pas forcément l'univers tumultueux de l'entrepreneuriat.

EXISTE-T-IL DES AIDES POUR LES JEUNES CRÉATEURS ?

De nos jours, les jeunes n'ont plus peur d'exprimer leurs idées créatives et de donner naissance à des projets innovants qui semblent avoir un potentiel de croissance indéniable. En effet, chaque année, de nombreux entrepreneurs débutants se lancent dans la création d'entreprise et laissent libre cours à **leur fibre entrepreneuriale**, qui anime leur désir de promouvoir leurs idées de business rentable.

Si vous faites partie de ces leaders de demain, sachez qu'il existe effectivement des dispositifs qui vous sont dédiés : **les aides pour les jeunes créateurs**. Ces aides sont très variées et ne cessent de se développer pour **soutenir la promotion d'un écosystème d'entrepreneurs talentueux**. Qu'il s'agisse de financements, d'exonérations fiscales ou sociales, d'accompagnements dédiés ou encore de couvertures médiatiques (via les concours), vous ne vous retrouverez plus seul dans cette aventure entrepreneuriale !

Un aperçu sur les accompagnements et les aides financières

■ Le Cap'Jeunes

Ce dispositif d'aide pour les jeunes a été mis en place par **le réseau France Active**, qui souhaite **promouvoir la prise d'initiative des jeunes** ayant moins de 26 ans et qui sont demandeurs d'emploi ou en situation de précarité. L'aide du **dispositif Cap'Jeunes** se traduit par une prime de démarrage de 2 000 euros et d'un accompagnement renforcé. Ce dispositif est un vrai tremplin pour les jeunes créateurs.

■ « Je deviens entrepreneur » (ex-CréaJeunes)

Proposé par l'Adie, « Je deviens entrepreneur » est **un programme d'accompagnement à la création d'entreprise** qui a évolué avec la multiplication des projets de création. « Je deviens entrepreneur », vous permet d'obtenir **un microcrédit et un prêt d'honneur à 0 %**. L'aide qu'offre ce programme se concrétise par :

1. **des ateliers collectifs gratuits** qui stimulent l'échange et le partage entre une dizaine de participants sur 4 à 6 semaines ;
2. **des accompagnements individuels personnalisés,** que vous offre un tuteur pour affiner les axes de développement de votre projet personnel, élaborer votre *business plan*, réaliser une bonne étude de marché et établir votre prévisionnel financier.

▪ Entrepreneur #Leader

La région Île-de-France a mis en place un dispositif propre à sa région en vue **d'encourager ses entrepreneurs** et de **les accompagner dans leur projet de création ou de reprise d'entreprise.** Si vous avez moins de 26 ans ou si vous êtes un entrepreneur en phase *early stage*, vous pouvez **bénéficier de cette aide gratuitement**. Vous aurez la chance **d'être épaulé pendant des phases clés** de votre projet : en amont de la création (pour bâtir votre projet), lors du premier financement et jusqu'à la phase postcréation de l'entreprise (pour piloter votre projet). Vous évoluerez donc d'une manière efficace et vous assurerez la pérennité de votre business.

Y a-t-il d'autres dispositifs d'aide pour les jeunes créateurs ?

- **Jeune entreprise universitaire :** ce dispositif d'appui aux entreprises innovantes a pour objectif d'encourager **la création d'entreprises par les étudiants et les personnes impliquées dans les travaux de recherche des établissements d'enseignement supérieur**. Les étudiants (ou détenteurs depuis moins de cinq ans d'un master ou d'un doctorat) doivent déternir au moins 10 % du capital de l'entreprise. Cette aide leur fait bénéficier **d'exonérations sociales et d'allègements fiscaux conséquents**, pour passer le cap des premières années de développement.
- **Étudiant-entrepreneur :** ce statut national s'adresse en priorité **aux jeunes de moins de 28 ans** (l'âge limite pour bénéficier de ce statut), étudiants ou jeunes diplômés, qui ont **une idée de projet prometteuse et créatrice de valeur**. Ces jeunes doivent avoir **le baccalauréat ou l'équivalence en niveau** pour pouvoir prétendre à ce statut **qui les aide à concilier leurs études et leur projet de création.** Ils bénéficient d'**avantages divers**

tels que des aménagements d'emploi du temps, des crédits ECTS et la possibilité de substituer à un stage obligatoire le travail sur leur projet. **Les étudiants-entrepreneurs** peuvent également bénéficier :

- **d'un accompagnement** par un enseignant et un référent externe (entrepreneur, réseau d'accompagnement et de financement) ;
- de la possibilité **de signer un contrat d'appui au projet d'entreprise** (CAPE) avec une structure type couveuse ou coopérative d'activité et d'emploi (CAE) ;
- **d'un accès à l'espace de *coworking*** du pôle étudiant pour l'innovation, le transfert et l'entrepreneuriat (Pépite).

- **Prix MoovJee :** ce concours s'adresse aux jeunes entre 18 et 26 ans, **entrepreneurs ou porteurs d'un projet de création ou de reprise d'entreprise**. Les jeunes lauréats bénéficient d'une dotation financière (qui aidera à renforcer leurs capitaux), d'un accompagnement dédié, de produits et services offerts par les partenaires du prix Moovjee et d'une visibilité médiatique nationale qui soutiendra leur croissance sur le long terme.
- **100 jours pour entreprendre :** ce concours est réservé aux **jeunes de 18 à 30 ans souhaitant se lancer dans une aventure entrepreneuriale** en créant leur propre entreprise. Les lauréats reçoivent un prix qui **aidera à financer leur proje**t, un an de mentorat **pour accompagner leur évolution** et le soutien du réseau 100 jours qui les aidera à partir sur les bons rails.
- **Prix Pépite – Tremplin pour l'entrepreneuriat étudiant :** ce concours est créé par le ministère de l'Enseignement supérieur et de la Recherche dans le but d'encourager les étudiants et les jeunes diplômés (depuis moins de trois ans), âgés de 18 à 28 ans, à **créer leur entreprise innovante**. Il les soutient dans leur démarche de création grâce à **une première aide financière** et à **un accompagnement** proposé par les pôles étudiants pour l'innovation, le transfert et l'entrepreneuriat (Pépite), présents sur l'ensemble du territoire.
- **Petit Poucet :** créé en 2002, le concours Petit Poucet est ouvert à **tous les étudiants et jeunes diplômés**. Les dix lauréats sont éligibles à un programme d'accompagnement incluant un hébergement et une visibilité accrue pour la levée de fonds.
- **Graine de boss :** ce concours aide les jeunes talents **à libérer leur potentiel créatif, à promouvoir leur prise d'initiative innovante** et à se faire connaître. Il est ouvert aux étudiants des universités et/ou des grandes écoles, aux étudiants étrangers et aux jeunes créateurs d'entreprise de moins de cinq ans d'activité. Toutes les idées sont les bienvenues et tous les domaines sont concernés : nouvelles technologies, services, médias, etc. L'an dernier, plus de 5 000 dossiers ont été examinés !

INSTALLER SON ACTIVITÉ DANS LES QUARTIERS PRIORITAIRES : EST-CE UN BON PLAN ?

Aujourd'hui, les quartiers prioritaires de la politique de la ville (QPPV) attirent réellement l'intérêt des pouvoirs publics. Ces quartiers cumulent souvent de nombreuses difficultés qui ne facilitent pas forcément les conditions de vie de leurs 5 millions habitants : ségrégation sociale, difficultés d'accès aux transports, échec scolaire, éloignement des principaux pôles économiques, problèmes sociaux et culturels, etc.

Dans le but d'**encourager le développement de ces zones urbaines prioritaires**, **de nombreux avantages fiscaux et sociaux** ont été prévus pour inciter les entreprises à s'y installer et à y lancer leurs activités. Initialement, ces avantages étaient prévus pour les entreprises créées dans les QPPV jusqu'au 31 décembre 2020. Toutefois, la loi de finances pour 2019 **a prorogé les exonérations jusqu'au 31 décembre 2022** pour favoriser **la création d'emploi et le développement des activités entrepreneuriales** dans ces zones.

Quartiers prioritaires : de quoi s'agit-il réellement ?

- **Les QPPV** sont les **territoires infra-urbains** institués **par la loi de programmation pour la ville et la cohésion urbaine du 21 février 2014** pour être la cible prioritaire de la politique de la ville, en fonction des considérations locales liées aux difficultés que connaissent les habitants de ces territoires. Ces quartiers prioritaires ont été classés comme tels en se basant sur un critère unique : le **revenu**. Les revenus sont comparés aux **revenus moyens de l'agglomération** dans laquelle se situe le quartier et à ceux de la France. Il y a près de 1500 quartiers de plus de 10 000 habitants. L'enjeu majeur est de **favoriser la création d'entreprises et l'accès à l'emploi des habitants de ces quartiers.**

- **Les zones franches urbaines ou territoires entrepreneurs (ZFU-TE)**. Créées par la loi 96-987 du 14 novembre 1996, les zones franches urbaines (ZFU) visent à **relancer l'activité économique** et à **favoriser l'insertion sociale et professionnelle** de plus de 10 000 habitants particulièrement défavorisés (taux de chômage élevé, proportion importante de jeunes non diplômés, faible potentiel fiscal, etc.). Les ZFU ont été reconduites jusqu'en 2020 avec l'ajout dans leur appellation de « territoires entrepreneurs ». Pour **soutenir l'amélioration des conditions de vie** de leurs habitants, ces quartiers accordent **des avantages fiscaux aux entreprises qui y sont installées** et qui répondent à certains critères prédéfinis.

Qu'en est-il des aides financières ?

Plusieurs dispositifs ont été créés pour aider les habitants des quartiers de la politique de la ville à créer le changement dans leurs vies.

- **Garantie quartiers de France Active** : ce dispositif a pour mission de **faciliter l'obtention d'un crédit bancaire** pour financer un projet de création. France Active s'investit pour la dynamisation des quartiers populaires et **accompagne les entrepreneurs** qui s'engagent pour leur territoire. L'aide se traduit par la prise en charge du projet de création par France Active, qui jouera le rôle de garant auprès de la banque et **couvrira 80 % de l'emprunt bancaire** en cas d'échec de l'entreprise.
- **Fonds Impact Création** : ce fonds d'investissement est dédié à **la création de commerces franchisés** dans 1 500 quartiers prioritaires définis par la politique de la ville et dont l'apport personnel est insuffisant. **L'aide financière offerte varie entre 50 000 et 500 000 euros,** en fonction de l'importance du projet et de son potentiel de création d'emplois. Elle s'obtient en complément de financements bancaires. Pour en savoir plus et postuler, adressez-vous à Monte Ta Franchise.
- **Microcrédits et prêts d'honneur de l'Adie :** l'Adie accompagne les personnes qui veulent **se mettre à leur compte** ou développer une entreprise existante et qui n'ont pas accès au crédit bancaire. Son soutien financier consiste à **accorder des microcrédits pouvant aller jusqu'à 6 000 euros**, qui peuvent être complétés par **un prêt d'honneur de 4 000 euros sans intérêt,** pour un total de 10 000 euros. Depuis sa création, **plus de 100 000 microcrédits** ont été octroyés, permettant la création de plus de 80 000 micro-entreprises qui bénéficieront d'un accès facilité aux dispositifs de financement locaux.

- **Programme Adie CréaJeunes :** il s'agit d'un parcours de formation proposé gratuitement **aux jeunes des quartiers de 18 à 32 ans** qui souhaitent créer leur propre entreprise. Ce parcours **s'étend sur une période de deux à six mois** et intègre des modules collectifs centrés sur **la montée en confiance et la connaissance pratique du monde de l'entreprise et des affaires**, puis un accompagnement individuel dans la formalisation du projet. Le programme offre la chance de **bénéficier d'une prime de 1000 euros** maximum en complément d'un prêt Adie ou d'un prêt bancaire. Il a pour objectif de montrer aux jeunes de quartiers précarisés que **la création de son propre emploi peut être une voie d'insertion pertinente.**

Les aides fiscales et sociales

- Si vous avez une idée de business à potentiel et que vous souhaitez installer votre entreprise dans un quartier prioritaire, vous pourrez prétendre, sous certaines conditions, à une exonération temporaire de cotisation foncière des entreprises (CFE) et de taxe foncière sur les propriétés bâties (TFPB). Cette exonération vous aidera à démarrer votre activité en allégeant l'accumulation des charges d'exploitation de votre entreprise.
- Si vous installez votre entreprise dans une **ZFU-TE,** vous pouvez également bénéficier, si vous embauchez en priorité une main-d'œuvre locale, de l'exonération :
  - de l'impôt sur les bénéfices ;
  - de la taxe professionnelle ;
  - des charges sociales patronales pour la partie de la rémunération mensuelle des salariés inférieure à 1,5 fois le SMIC ;
  - des cotisations personnelles, pour les artisans ou commerçants ;
  - de la taxe foncière, pour les propriétés bâties implantées en ZFU-TE dont l'activité rentre dans le cadre de cette loi.

L'aide à l'embauche

Si vous installez votre entreprise **dans un quartier prioritaire de la ville**, vous aurez la chance de bénéficier d'une aide à l'embauche pouvant **atteindre les 15 000 euros** si vous recrutez en CDI ou en CDD d'au moins six mois un demandeur d'emploi résidant dans l'un des quartiers en question.

SOIGNEZ VOTRE IMAGE

— CRÉER UNE IDENTITÉ DE MARQUE —

Définir son **identité de marque** est à la fois capital et complexe ! Capital, car il s'agit de créer un passeport qui permet d'être reconnu instantanément par ses clients, quel que soit le lieu où l'on se trouve. Complexe, car l'identité de marque reflète et détermine en même temps (par un jeu d'influences réciproques) énormément de choses : votre design, votre communication, vos valeurs, votre offre. Il y a donc beaucoup de critères à prendre en compte et le challenge paraît souvent insurmontable, surtout pour une entreprise naissante.

Pourtant, **il s'agit de l'une des étapes les plus signifiantes de son activité, et aussi l'une des plus passionnantes**. Aujourd'hui, face aux millions, voire même milliards, d'entreprises qui tentent de se faire un nom, **il est devenu essentiel d'avoir une marque mémorable pour se distinguer de la concurrence et s'imposer auprès du public de manière durable.**

Comprenez l'enjeu d'une identité de marque

La marque englobe bien plus qu'un simple nom ou symbole : **elle incarne l'essence même de l'entreprise et de ses différentes activités**. Cette incarnation doit vivre et évoluer d'une manière efficace pour pouvoir s'ancrer véritablement dans le souvenir et le cœur de son audience.

Elle est constituée d'un ensemble de composantes clés qui interagissent et se complètent : votre message, vos valeurs, la façon dont vous communiquez vos idées ainsi que les émotions que vous cherchez à susciter chez le consommateur lorsqu'il effectue des échanges avec votre enseigne. En d'autres termes, **elle correspond à la personnalité de votre entreprise, à ses critères distinctifs et à la promesse faite à vos clients.** L'importance de travailler son identité de marque repose sur le fait qu'elle soit **le reflet de ce que les gens disent de vous lorsque vous n'êtes pas là**, elle définit votre entreprise aux yeux de vos clients actuels ou potentiels.

Il est également essentiel de savoir que contrairement à l'image de marque, qui peut évoluer au fil du temps et au gré des pivots stratégiques liés à l'évolution de votre activité, **l'identité de marque est quelque chose de beaucoup plus stable : elle est le passeport qui vous accompagnera partout où vous irez et vous introduira au public**. C'est justement la stabilité de l'identité de marque qui fait sa force et justifie l'importance de son rôle. À titre d'exemple, si l'identité de marque de McDonald's ou de Coca-Cola est si forte, c'est parce qu'elle n'a quasiment pas varié depuis les origines. En créant une identité de marque bien conçue, vous pourrez :

- développer la notoriété de votre entreprise en lui donnant un visage et une personnalité qui la différencie de tous ses concurrents.
- instaurer la confiance et la crédibilité et attirer de nouveaux clients en réussissant à fidéliser la clientèle existante ;
- générer des impressions par le biais de la publicité et faciliter la mémorisation de votre marque et la valorisation de son offre ;
- garantir l'activité commerciale future, ce qui se traduit par une valeur financière accrue et par des ressources supplémentaires pour développer votre entreprise et maintenir sa croissance sur le long terme ;
- définir la mission et les objectifs de votre entreprise d'une manière claire et efficace pour tous (consommateurs, salariés et prestataires).

Véhiculez des valeurs

Il est essentiel de permettre aux consommateurs de s'identifier à votre marque et de nouer un lien particulier avec elle. Votre marque doit par conséquent **prôner et mettre en avant des valeurs qui lui donneront un aspect plus humain à travers une dimension utile et sociale.** Votre entreprise a un objectif de profits tout à fait logique. Néanmoins, elle reste une activité humaine qui doit être porteuse de sens, en interne comme auprès de ses clients et prestataires. Il peut s'agir par exemple d'écoparticipation, du don d'une partie des bénéfices à une association, d'une culture entièrement bio ou d'une fabrication 100 % française, de marqueurs d'authenticité, etc.

Faites simple

Pour une identité de marque efficace, il faut la penser en termes de clarté : c'est inutile d'embrouiller les consommateurs exposés chaque jour à un nombre illimité de marques qui essaient de s'accaparer une place dans leurs mémoires et esprits. Ainsi, afin **d'être facilement identifiable,** optez pour un nom simple, équivoque et facile à retenir qui fera de votre identité de marque **une entité solide et performante.** En d'autres termes, à partir du simple nom, le public devra déjà imaginer le service que vous proposez et la promesse de votre marque. Ceci peut probablement limiter son impact en termes de quantité, mais lui accordera **l'avantage de sélectionner tout de suite une clientèle potentielle**. Si le nom de l'entreprise n'exprime pas assez clairement l'activité, vous pourrez élaborer un slogan, qui peut être un bon moyen de renforcer votre identité de marque.

Pensez à l'identité visuelle

En plus **de votre nom de marque qui doit être pertinent**, vous devez choisir un bon logo et penser à tous les aspects qui s'associent à votre nom. Le logo **est constitué d'une illustration et d'une typographie précise**. Vous allez y consacrer des heures, des jours et peut-être même plus. Prenez votre temps pour le construire, faites des tests. Le résultat final **devra générer un « waouh » immédiat dans votre esprit... et dans celui de vos prospects.**

L'identité visuelle **ne doit pas être pensée que de façon graphique**, il faut être efficace et suivre une bonne stratégie de communication pour assurer la cohérence entre ses différents éléments. **C'est en étudiant le marché sur lequel vous comptez agir et en analysant le comportement de la concurrence qui y règne** que vous devez donc orienter vos choix : choisir (ou non) un design qui intègre des indications sur l'activité, opter pour une couleur particulière qui pourrait intéresser les clients ou générer une émotion précise, inclure le nom complet de votre entreprise dans votre logo, etc. Tous ces éléments stratégiques doivent être bien identifiés et intégrés **de manière à faire circuler au mieux votre identité de marque, en assurant une synergie et une harmonie indéniables et dignes d'intérêt. Il faut que votre visuel percute et soit assez original et créatif pour rester dans la mémoire**. Le support graphique joue le rôle de la **carte de visite de votre marque**!

Choisissez bien votre équipe et les professionnels qui accompagneront votre évolution

Une grande professionnalisation caractérise les métiers de la communication qui traitent chaque spécialité à part entière et y allient l'expertise adaptée. Un concepteur-rédacteur n'est pas un graphiste et un web designer n'est pas forcément un designer. Pour être efficace, **vous devez aller droit au but sans perdre de temps ni de ressources**! Vous devez donc vous adresser au bon type de professionnels qui sauront orienter vos décisions en fonction de vos besoins et des objectifs de votre marque, pour éviter de perdre du temps et/ou d'être déçu.

Généralisez l'utilisation des visuels pour avoir une meilleure visibilité

Dès que vous arrivez à définir votre identité graphique, **vous devez vous en servir partout et généraliser son utilisation** afin de renforcer votre notoriété. Votre identité doit donc résolument s'attacher à l'entreprise et imprégner son image : plaquettes de présentation, papier à en-tête, signature de mailing, icônes sur les réseaux sociaux. C'est à ce prix qu'elle sera promue, jusqu'à devenir une évidence pour le public.

Protégez-vous et faites breveter votre marque

Après avoir effectué tous ces efforts pour **créer une forte identité de marque qui vous permettra d'évoluer à une échelle internationale et de découvrir de nouvelles opportunités de croissance**, vous devez penser à vous prémunir contre tout type de risque **en faisant breveter votre marque auprès des organismes juridiques compétents.** Ce n'est pas forcément évident, mais il existe des instruments juridiques qui vous aideront à vous protéger du plagiat. En brevetant votre marque, vous jouirez d'une protection optimale de votre image ainsi que de vos données tout en officialisant le lien entre votre marque et votre société de manière permanente. N'oubliez surtout pas cette étape!

Aujourd'hui, en vue d'encourager la prise d'initiative entrepreneuriale et soutenir la valorisation du processus de création d'idées innovantes, **l'Institut national de la propriété industrielle a développé un outil en ligne performant, mais surtout sécurisé, qui permet à chaque créateur de protéger sa marque en faisant quelques clics rapides**. Cet outil permet également de découvrir les bons réflexes de propriété industrielle à adopter tout au long de leur démarche entrepreneuriale.

– CONSTRUIRE VOTRE COMMUNICATION PAS À PAS

L'organisation et le sens de l'anticipation sont des leviers de réussite pour une entreprise, quel que soit son secteur d'activité. En développant une bonne stratégie de communication, une entreprise peut facilement **augmenter sa visibilité**, **booster son chiffre d'affaires**, **améliorer les relations en interne** ou encore **maîtriser plus efficacement son budget**.

La stratégie de communication est le processus qui permet de coordonner l'ensemble des actions afin d'atteindre ses objectifs de communication. La définir permet d'avoir une vision d'ensemble sur ces actions, de mesurer leur efficacité et ainsi d'optimiser son budget de communication.

Différentes communications pour différents objectifs

Cette démarche est indispensable, car elle offre une vision globale sur l'ensemble des actions de communication déployées. La combinaison de ces techniques de communication s'appelle le **« mix communication »**. Il s'agit de tous les moyens mis en place pour transmettre un message au public cible, aux fournisseurs, aux partenaires, aux investisseurs et au personnel de l'entreprise.

Adopter une stratégie de mix communication répond à trois objectifs :

- **des objectifs cognitifs** : vous faites connaître votre entreprise, vos services ou vos produits ;
- **des objectifs affectifs** : vous faites aimer votre entreprise, vos services ou vos produits ;
- **des objectifs conatifs** : vous faites agir le consommateur.

En mettant en place cette stratégie, vous pouvez mesurer l'efficacité de chacune de vos actions et optimiser ainsi votre budget de communication.

La mise au point de ce « **plan d'attaque** » est primordiale et doit donc être réalisée avec soin. Voici les huit étapes à suivre.

1. Définissez les objectifs de sa stratégie de communication

Vous souhaitez améliorer vos ventes ? Booster votre visibilité sur les réseaux sociaux ? Ou tout simplement promouvoir votre marque ou un produit ? Si vous souhaitez réussir votre stratégie de communication, il est capital de **définir les objectifs que vous souhaitez atteindre**. Afin de définir un objectif pertinent, utilisez la méthode SMART. Votre objectif devra être :

- **spécifique** : il doit se rapporter à un élément précis et clairement défini ;
- **mesurable** : il doit pouvoir être quantifié afin de savoir si on l'a atteint ;
- **atteignable** : il doit être à la portée de vos ressources financières et humaines ;
- **réaliste** : si l'objectif est atteignable, encore faut-il qu'il soit pertinent par rapport à votre situation ;
- **temporellement défini** : il est important de fixer une échéance pour le rendre tangible.

Pour plus de clarté, vos objectifs doivent être concrets. Par exemple, plutôt que « améliorer ma visibilité sur les réseaux sociaux », optez pour « gagner 5 000 abonnés sur l'ensemble de mes réseaux sociaux d'ici la fin de l'année ».

2. Identifiez et comprenez votre cible

Bien connaître et comprendre votre cible est l'une des clés de réussite d'une communication. **La cible représente le public le plus susceptible de s'intéresser à votre produit ou votre service.** Elle peut être les clients, vos partenaires ou encore vos collaborateurs dans le cadre d'une communication interne. Identifier correctement votre cible présente de nombreux avantages. Cela vous permet notamment de définir des actions adaptées à leurs attentes : vous pourrez ainsi optimiser votre budget.

Définir votre cible est une première étape. Reste désormais à la comprendre dans les moindres détails : son sexe, son âge, sa profession, son secteur géographique, ses besoins, ses valeurs, les médias qu'elle consomme. Plus vous en savez sur votre cible et plus vous pouvez élaborer **une stratégie de communication personnalisée**.

3. Trouvez votre positionnement

Définir le positionnement d'une entreprise est une phase fondamentale dans l'élaboration d'une stratégie de communication. Il orientera chacune des décisions de l'entreprise. Ce positionnement repose sur deux aspects :

- la place que vous occupez dans l'esprit des consommateurs ;
- la place que vous souhaitez que votre entreprise occupe sur le marché.

Si **la perception que vous avez de votre entreprise concorde avec la perception des consommateurs**, cela signifie que vous avez réussi à transmettre le positionnement souhaité. Pour le définir, il vous faudra connaître votre cible, connaître vos concurrents, identifier le marché sur lequel vous opérez et déterminer **votre valeur ajoutée par rapport à la concurrence**. Les caractéristiques d'un bon positionnement résident dans votre capacité à le rendre simple, lisible et pertinent dans l'esprit des consommateurs.

Afin de vous aider à le déterminer, vous pouvez utiliser la méthode SWOT. Cet outil d'analyse permet d'identifier les forces, les faiblesses, les opportunités et les menaces. Vous pourrez ainsi analyser plus précisément votre environnement.

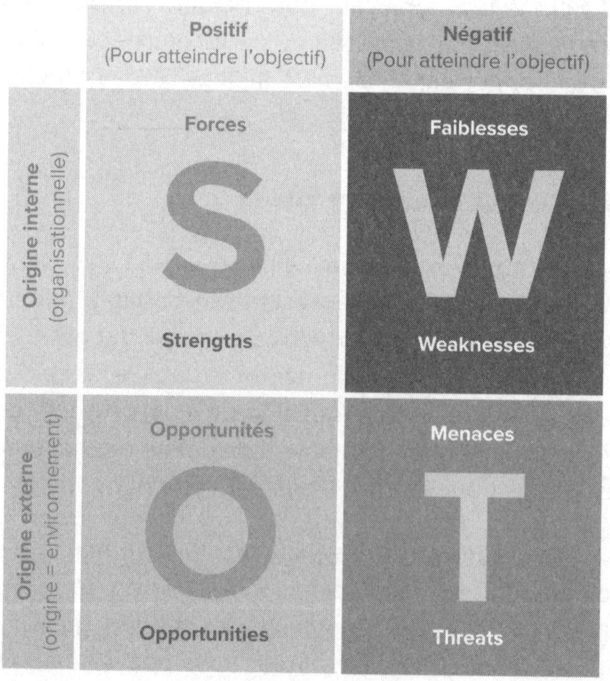

4.Définissez votre style de communication

Il est important de définir et d'adopter un style de communication propre à son entreprise. De la même manière que le ton employé est différent selon que l'on s'adresse à ses amis ou à son supérieur hiérarchique, une entreprise devra définir le style de communication qu'elle souhaite adopter avec ses clients. Ce style est défini principalement par votre public cible. Il peut donc prendre de nombreuses formes (ludique, drôle, sérieux, gentil). Il devra être utilisé lors de chacune de vos communications, quel que soit l'outil de communication utilisé. **Ce ton vous permettra d'être identifié plus facilement et de créer un lien émotionnel avec votre client.**

La cible n'est pas le seul critère qui définira le style que vous emploierez. Vos valeurs, votre objectif ou encore votre avantage concurrentiel vous permettront, en outre, de définir votre axe de communication. C'est cet axe, **véritable colonne vertébrale de votre stratégie de communication**, qui dictera le ton à utiliser.

5. Établissez votre budget

Définir un budget est une étape importante dans l'élaboration d'une stratégie de communication. Établir un budget permet notamment de **prioriser les actions** et d'**avoir une vision à long terme**. En planifiant les dépenses, vous serez à même d'établir un plan média qui vous permettra de jouir d'une visibilité régulière.

Mais quelle somme allouer à votre communication ? Il convient de suivre trois étapes pour établir un budget de communication adéquat :

■ Consacrer un pourcentage de son chiffre d'affaires

Le montant alloué à votre communication dépendra de plusieurs facteurs : la situation de l'entreprise, la taille du marché, la cible recherchée ou encore votre positionnement.

■ Connaître les éléments à intégrer au budget de communication

Ce budget devra soutenir plusieurs actions étalées sur une période précise. Il peut s'agir de la création d'un site web, de l'impression de supports de communication ou des frais de participation à un salon. Parmi les autres actions de communication, il y a aussi la publicité, la communication interne et l'ensemble des frais liés à cette stratégie, c'est-à-dire le temps que vous, vos collaborateurs ou l'agence à qui vous avez fait appel ont consacré à l'organisation et à la gestion de votre communication.

■ Mesurez votre retour sur investissement

Si l'on souhaite évaluer la qualité des actions de communication, il est indispensable d'en mesurer les résultats. Des outils comme Google Analytics, par exemple, peuvent vous permettre d'analyser précisément le trafic des internautes sur votre site. Le nombre de *likes* ou de *followers* sur les réseaux sociaux sont également de bons indicateurs pour mesurer la portée de vos communications.

En respectant ces étapes et en vous fixant un budget cohérent, vous serez à même de **faire face à d'éventuels contretemps**, voire à une crise au sein de votre entreprise.

6. Choisissez vos moyens de communication

Il existe de nombreux moyens de communiquer. Il peut s'agir d'une communication média (presse écrite, radio, télévision) ou d'une communication hors média (catalogue, site web, publicité).

Comment choisir celui qui sera le plus adapté ? **Le choix d'un canal de communication s'effectue notamment en fonction de son public cible.** Une campagne pour vendre des produits destinés aux personnes âgées a, généralement, moins d'impact sur les réseaux sociaux, d'où l'importance de connaître précisément l'environnement dans lequel votre entreprise et vos produits s'inscrivent.

Le choix de votre moyen de communication varie aussi en fonction de vos objectifs et des moyens financiers dont vous bénéficiez pour la communication. Un spot à la radio coûtera naturellement beaucoup plus cher qu'une publication sur Facebook ou Instagram.

7. Formulez le message à communiquer

Quel que soit le type de communication**, le message doit être clair et véhiculer une seule idée forte**. Ce message, comme l'ensemble de vos actions, devra être formulé avec le ton de communication choisi en amont. Il devra contenir votre promesse, c'est-à-dire la valeur ajoutée de votre produit ou de votre marque, qui vous différencie de vos concurrents. Il devra aussi **être argumenté afin de prouver votre légitimité**.

Enfin, point capital, ne négligez jamais **l'aspect graphique de votre message.** Typographies, choix des couleurs, choix des formes. Votre identité graphique, elle aussi travaillée en amont, devra être présente dans chacun de vos messages et sur chaque support afin d'être reconnaissable aux yeux du public.

8. Construisez un plan de communication

Vous possédez désormais tous les éléments disponibles pour lancer votre stratégie. Il ne vous reste plus qu'à matérialiser tout cela grâce à un plan de communication. Ce document se présente sous la forme d'un planning et liste l'ensemble des actions de communication à réaliser durant une période précise. Il permet d'établir, étape par étape, les stratégies à mettre en place pour vous permettre de **livrer une communication efficace auprès du public cible**. Il doit contenir notamment :

- l'objectif à atteindre ;
- le canal choisi ;
- la périodicité ;
- la ou les personne(s) ressource(s) ;
- le résultat de l'action ;
- le budget.

Ce plan de communication permet aussi à tous les collaborateurs impliqués dans le projet **d'accéder au même niveau d'information**, facilitant ainsi la coordination et le management des équipes.

Utilisez les canaux gratuits du marketing web pour faire connaître votre entreprise

■ Créez gratuitement votre site internet

De nos jours, avec le développement technologique et l'émancipation des moyens de communication et des réseaux sociaux de partage, certaines plateformes, comme 1&1 Ionos par exemple, **peuvent vous permettre de créer gratuitement un site vitrine pour présenter votre entreprise.** Certes, la personnalisation est limitée, mais il est toujours possible par la suite de faire appel à un webmaster ou une agence web pour créer un site plus professionnel une fois que vous commencerez à avancer. Dans un premier temps, cela vous permettra d'être présent sur le Web et de rassurer vos futurs clients, partenaires ou fournisseurs.

■ Pensez au référencement naturel pour gagner en visibilité sans dépenser

Maintenant que vous avez un site internet, il va vous falloir le faire remonter dans Google. **Pour gagner en visibilité, le référencement naturel sera essentiel** et vous aidera à faire évoluer votre activité et à améliorer votre notoriété. Vous pouvez faire cette étape gratuitement en vous inspirant de formations gratuites sur le Net ou de tutoriels détaillés sur YouTube.

■ Apportez un coup de boost à votre projet grâce à l'affiliation

L'affiliation est une super opportunité qui vous aidera à **faire connaître vos produits et services et à les populariser en trouvant de nouveaux clients**, ceci sans même avoir de l'argent. En effet, vous allez contacter des influenceurs dans votre domaine qui ont un blog, un site, une chaîne YouTube par exemple, et leur proposer de mettre une bannière, d'écrire un article sur vos services ou encore de parler de vous dans une newsletter. La rémunération se fait le plus souvent à la vente donc, tant que vous ne vendez pas un produit grâce à ce partenaire, vous ne déboursez rien !

■ Utilisez la force et la visibilité des réseaux sociaux

Quelques outils sont disponibles pour vous aider. **Ne sous-estimez pas l'impact des réseaux sociaux dans le cadre de votre projet de création**. Facebook, Twitter, Instagram, LinkedIn et les autres sont autant de sites vitrines vous permettant de mettre en avant vos compétences, votre projet et ensuite votre création. En fonction de votre clientèle cible, certains sont plus pertinents que d'autres. Par exemple, Google My Business aide les personnes qui créent une activité locale en permettant aux clients potentiels de vous trouver facilement. Toutes les informations, par la suite, sont relayées pour être toujours d'actualité.

Vous pouvez trouver des clients et les fidéliser gratuitement à travers l'e-mailing

Il existe des outils de mailing gratuits, comme MailChimp par exemple, qui peuvent vous aider à développer votre activité. En effet, ils vous permettent d'envoyer des courriels pertinents à vos clients, pour les attirer dans un premier temps, puis ensuite les fidéliser.

Quelques bonnes pratiques de communication

Ce guide vous permet d'établir une bonne stratégie de communication. Mais au-delà de l'aspect théorique, il est important d'adopter de bons gestes sur le terrain. Pour vous y aider, voici quelques bonnes pratiques de communication.

■ Se forger une bonne réputation

La bonne réputation de votre entreprise doit être au cœur de vos préoccupations. Si vous venez de vous lancer ou que votre entreprise s'étend sur un nouveau secteur ou une nouvelle zone, il est impératif d'**inspirer rapidement la confiance aux prospects**.

Pour cela, vous pouvez par exemple partager sur vos différents supports l'avis de vos clients satisfaits de votre travail. Il est également possible de permettre au public de donner une note à vos services et d'émettre un avis. Celui-ci pourrait alors être partagé sur Google au moment des recherches. Un avis négatif ? Voyez cela comme une opportunité de vous améliorer.

■ Faites preuve de réactivité

Que ce soit physiquement ou virtuellement, vous devez être **le plus présent possible pour votre public** et faire preuve de réactivité. Pour optimiser les chances d'attirer votre cible, il faut être régulier. Il est souvent plus intéressant de mener une campagne de **petites actions récurrentes sur différents canaux** qu'organiser une campagne colossale, coûteuse et ponctuelle. L'objectif est de s'inscrire dans la durée dans la tête de vos prospects.

■ Osez l'originalité

Pour marquer les esprits, il faut faire preuve d'originalité et ne pas se contenter de faire ce que vos concurrents proposent. Quel que soit le style de communication choisi, il est possible de **sortir des sentiers battus**. Attention toutefois à ne pas négliger la qualité du contenu. Vos actions doivent rester pertinentes et en adéquation avec votre axe de communication.

■ Restez informé sur les dernières tendances

Afin de répondre toujours plus efficacement aux attentes de vos clients, voire de les anticiper, soyez curieux et tenez-vous informé des dernières tendances dans votre secteur d'activité. Si vous possédez une TPE ou une PME, vous avez l'avantage de pouvoir être **plus réactif et plus flexible qu'une grosse entreprise** dont les intermédiaires peuvent être nombreux. Profitez-en pour tirer votre épingle du jeu en misant sur l'originalité et les nouvelles tendances.

■ Faites de la publicité sur les réseaux sociaux

Les réseaux sociaux sont aujourd'hui une plateforme incontournable pour les entreprises. En plus du contenu publié sur les différents réseaux, il est possible de booster votre audience grâce à la publicité. Publier une publicité sur les réseaux sociaux est extrêmement rapide et permet de toucher une cible beaucoup plus importante que votre simple réseau d'amis ou d'abonnés. La puissance des réseaux sociaux leur permet de faire une sélection des personnes les plus susceptibles d'être intéressées par votre marque. Cela vous permet d'**adapter le contenu de votre publicité à votre cible** et donc de **maximiser les chances de la séduire**.

■ Ne négligez pas la communication interne

La communication ne doit pas s'adresser exclusivement à vos prospects, à votre clientèle ou à vos fournisseurs. Souvent, les entreprises ont tendance à négliger leur communication interne. Elle est pourtant un enjeu capital pour votre croissance. Pour **améliorer la fluidité de la transmission des informations, améliorer la cohésion d'équipe et motiver les collaborateurs**, il existe de nombreux outils de communication : newsletters, intranet, affichage, événements d'entreprise, webinaires, formations, etc.

Pensez à tirer les leçons de votre stratégie de communication et soyez réceptifs aux retours de vos clients, de vos fournisseurs, de vos collaborateurs. Tous ces *feedbacks*, positifs et négatifs, vous permettront d'**ajuster votre stratégie lors des prochaines campagnes**.

MAÎTRISER L'ART DE LA VENTE

Un **processus de vente** ingénieux, fluide et formalisé est sans doute **l'une des armes les plus puissantes** dont vous pourriez disposer pour transformer vos prospects en clients heureux. Il est indispensable de se plonger dans la conception précise de votre processus de vente. Souvent, il est le repère absolu, **la colonne vertébrale autour de laquelle vous pouvez structurer votre activité commerciale**.

Dans un contexte toujours plus concurrentiel, la vente et le commercial deviennent de vrais éléments qui différencient votre offre, car, au-delà des qualités intrinsèques de votre produit/service, c'est **la manière dont vous allez vendre et l'expérience que vous offrirez à vos prospects** qui fera pencher (ou non) la balance pour votre marque.

Processus de vente

Au-delà de la dimension différenciante, le processus de vente sert à **articuler les meilleures pratiques commerciales, outils et comportements et à les diffuser dans votre équipe**.

Le problème avec les processus de vente est qu'il est difficile de les mettre en place dans une équipe, car cela est vu comme quelque chose de contraignant et d'inadapté. Si vos commerciaux vous disent cela, c'est peut-être qu'ils ont raison ! Pour autant, l'absence de processus n'est pas non plus la solution, car cela laisse la place à des méthodes approximatives, hétérogènes et non optimisées à l'échelle de l'entreprise.

Heureusement, il existe des solutions pour faire du processus de vente **une aide précieuse pour vos équipes et non une contrainte**. Comment faire pour mettre en place un processus qui remplisse sa fonction, c'est-à-dire aide les commerciaux dans leur travail et leur permette faire plus de chiffre d'affaires, en perdant moins de temps, et de manière (sans doute) plus agréable ?

Des solutions *software as a service* (saas) comme Pipedrive vous permettent de créer vos propres processus, sur mesure. Il n'y a pas de bons ou de mauvais processus. Il n'y a que des processus avec ou sans objectif. **Assurez-vous en permanence que chaque étape du processus vous emmène à l'étape d'après.**

Qu'est-ce qu'un (bon) processus de vente ?

Voici un exemple de processus de vente : « Je cherche un contact, je lui envoie des courriels de prospection, quand il répond, je programme un rendez-vous, ensuite j'envoie une proposition et puis on gagne l'affaire, ou pas. »

Ceci n'est pas un processus de vente. En tous les cas, je ne suis pas sûr qu'il vous amène bien loin. **Un processus de vente est un ensemble d'étapes répétables et précises qu'un vendeur réalise avec méthode pour faire passer un acheteur du stade « prospect » au stade « client ».**

Un processus de vente est **outillé**, c'est-à-dire que, pour chaque étape, il propose des outils pour aider le commercial à réaliser ladite étape mieux, plus vite, plus conformément. Il est **formalisé**, car cela rend les choses claires pour toute l'équipe et ne laisse pas de place à l'interprétation.

Le processus doit donc être le même pour tout le monde pour avoir une véritable visibilité sur les en-cours et établir des prévisions. Le nerf de la guerre n'est pas forcément le chiffre d'affaires, mais plutôt votre capacité à l'anticiper. **L'entrepreneur capable d'anticiper son chiffre d'affaires est un entrepreneur capable d'anticiper la prise de décision.** C'est cela, avoir une longueur d'avance.

Processus de vente = processus d'achat

S'il y a un principe essentiel à retenir, le voici : **c'est lorsque votre prospect/acheteur avance que vous vous rapprochez de la vente**. Vous pouvez vous créer une myriade d'étapes pour vous-même, si votre prospect ne fait rien, vous n'aurez fait que gesticuler… C'est la raison pour laquelle votre processus de vente doit être **orienté vers vos prospects**. Vous devez vous mettre « dans ses chaussures ». Voyez cela comme le parcours d'un client potentiel, de l'émergence d'un besoin, d'un objectif ou d'un problème, à la réalisation de l'achat réel pour satisfaire ces derniers. La première chose qui fera la différence dans l'établissement d'un processus de vente est de le voir, avant tout, comme **le reflet d'un processus d'achat**.

Le processus de vente est un phare au loin

Puisque le processus de vente est un parcours pour un prospect, il est **une feuille de route pour un commercial**, une série de repères qui lui permettent de se situer, de comprendre l'état de sa relation commerciale et les options qui s'offrent à lui pour la faire évoluer. Bien que la plupart des commerciaux semblent conscients de parcourir – plus ou moins – le même processus, très peu décident d'en éclaircir les contours. Pourquoi est-ce important? Parce que cela permet de mettre tout le monde sur le même niveau d'information.

La deuxième raison, bien plus importante, est que **la formalisation permet l'amélioration du processus de vente**. Comment voulez-vous améliorer quelque chose qui n'existe pas ou qui n'est pas palpable? Vous connaissez l'adage : «*verba volant scripta manent*». Les paroles s'envolent, les écrits restent. En somme : ce qui n'est pas écrit n'existe pas!

Les six bénéfices indiscutables d'un processus de vente bien construit

■ L'impact sur votre chiffre d'affaires est direct : il vous faut un bon processus de vente

Avoir un bon processus de vente est important, car cela a un impact direct sur votre chiffre d'affaires. Les entreprises avec un processus de vente formalisé génèrent une croissance du chiffre d'affaires 28 % plus importante[1]. *Sales is a numbers game*.

■ Attirer les meilleurs commerciaux

Les bons commerciaux le savent, une entreprise qui possède un processus de vente réfléchi, formalisé et disponible pour tous est **une entreprise mature commercialement**. C'est également une entreprise qui va offrir des conditions de travail plus faciles : le commercial n'aura pas besoin de faire ses premières armes à la dure en essuyant des plâtres qui auraient pu être évités avec **une bonne documentation** créée par les commerciaux précédents et le management.

1. Robert Kelly et Jason Jordan, «Companies with a Formal Sales Process Generate More Revenue», *Harvard Business Review*, 21 janvier 2015.

« Voir » le processus de vente le rend réel, cela prouve que vous avez passé du temps à le travailler et à l'améliorer. Lorsque l'on recrute, c'est un argument de poids. Cela peut paraître étonnant, mais il y a à ce jour peu d'entreprises capables de « montrer » la qualité de leur processus de vente. Celles en mesure de le faire se détacheront à coup sûr des autres aux yeux des candidats sérieux.

■ Les nouveaux commerciaux seront opérationnels plus rapidement

Un processus de vente B2B clairement établi est un atout. Il sert de **guide auquel se référer facilement** et en toute autonomie pour chaque nouveau commercial. Autour de celui-ci peut se structurer toute l'activité commerciale de l'entreprise, un langage commun, des outils, des repères. Si l'on sait formellement qu'à cette étape, on a tels challenges et tels outils pour s'aider à les relever, on a le temps de s'y préparer, d'en prendre conscience, et finalement de devenir compétent en s'entraînant avec des collègues, puis en situation concrète.

Le processus de vente rend plus facile l'intégration des nouveaux commerciaux et le coaching des équipes en place. Non seulement il va offrir **des étapes de vente précises à suivre**, mais il va également souligner **les compétences clés à avoir à chaque étape de vente** ainsi que **les résultats attendus**.

■ Retenir les bons commerciaux

Un bon processus de vente permet de vendre mieux/plus. Or on le sait tous, **un commercial qui vend est un commercial heureux**, et **un commercial heureux est un commercial qui *restera* dans l'entreprise** ! Au-delà du volume de vente, la capacité du processus à faciliter le travail du commercial est également un atout de taille. Les commerciaux passent trop de temps à concevoir des propositions commerciales.

Avec le temps, une insatisfaction sur tel ou tel aspect de votre processus de vente, cumulée aux autres désagréments, finira par agacer vos commerciaux qui jetteront l'éponge. Il faut également garder à l'esprit que, chaque semaine, vos commerciaux seront probablement tentés par le chant de sirènes de dizaines d'entreprises qui les démarchent en leur montrant que l'herbe est plus verte chez eux. Plus vous offrirez **des conditions de travail favorables**, plus il sera confortable de continuer à travailler chez vous.

■ Faire de meilleures prévisions grâce à un processus de vente rationnel

La méthode largement adoptée en termes de prévision commerciale est de s'en remettre à l'appréciation des commerciaux : « Oui, celui-ci, je le sens bien, on va le signer la semaine prochaine, c'est 95 % » ou encore « Il a adoré le produit pendant la démo, on le tient ! 85 % ! ». Malheureusement, cela ne fonctionne pas toujours et l'on peut avoir parfois l'impression que les choses « dérapent » sans comprendre pourquoi. Le fait d'avoir une image claire et fiable du stade auquel vos commerciaux sont dans leur processus de vente aide les managers commerciaux à **fiabiliser leurs prévisions**. S'ensuit **une logique de chiffres** qui permet, dès lors qu'ils sont éprouvés, de prédire les résultats commerciaux à partir du nombre de *leads* uniquement. Pour la fixation des objectifs commerciaux, c'est un atout de taille.

■ Offrir une expérience d'achat structurée

Qu'il est agréable pour un client/prospect/acheteur de faire face à un commercial compétent ! Une personne avec laquelle on peut avoir des échanges de qualité, qui tient ses engagements, qui est réactive et honnête. C'est si agréable que l'on se dit : « Si ce commercial est compétent, il n'y a pas de raison que son produit/service/entreprise soit moins convaincant. » Cela a un grand impact sur **l'image de marque de l'entreprise**. D'ailleurs, lorsqu'on vit une expérience malheureuse avec un commercial (malhonnête, lent, incompétent), c'est souvent toute l'entreprise qui est blâmée (parfois à tort, j'en conviens).

PILOTEZ VOTRE CROISSANCE

— LE PILOTAGE REPOSE AVANT TOUT SUR LE CONTRÔLE —

L'environnement ultrarapide et fortement concurrentiel au sein duquel évoluent les entreprises fait qu'elles sont en permanence confrontées à **de nouveaux défis et aléas**. Il devient donc difficile de **prévoir avec précision l'évolution de son activité et les changements de son marché** dans l'ensemble.

Si vous souhaitez réussir, il devient impératif de contrôler votre activité de manière permanente pour vous assurer de **la corrélation entre le prévisionnel et la réalité du terrain** et maîtriser toutes les variables liées à votre activité. En bref, si vous vous lancez dans le monde des affaires, vous devez assurer **le suivi quotidien de l'évolution commerciale** de votre entreprise, c'est indispensable !

Assurer un contrôle permanent de son activité : pourquoi ?

Pour vérifier si les objectifs sont atteints et confirmer ou infirmer la fiabilité des prévisions

Lorsque vous prenez **les décisions opérationnelles** et que vous choisissez de lancer des opérations sur le terrain, vous devez donc **comparer les résultats générés aux prévisions** anticipées pour s'assurer de leur adaptation.

Pour vérifier l'efficacité des actions entreprises et procéder aux réajustements si nécessaire

Le premier critère que vous devez respecter, pour réussir comme tout entrepreneur aguerri, est **la rentabilité** : votre logique doit être en permanence orientée « retour sur investissement » (ROI). Chaque investissement que vous faites, chaque euro engagé dans votre projet, doit rapporter !

C'est comme cela que vous pourrez **développer votre entreprise et garantir sa pérennité sur le long terme**.

En fonction des écarts détectés, vous devrez donc **prévoir des mesures correctives et des réajustements d'actions** : les corriger en apportant des améliorations ou les supprimer en raison de leur inadéquation. Par la suite, en fonction de **l'évolution de votre activité et des changements de votre marché, n'hésitez pas à revoir vos objectifs** : vous pouvez soit en rajouter, si les opportunités surgissent, ou les revoir à la baisse, s'ils s'avèrent être trop ambitieux.

Contrôler : quoi ?

Les critères à surveiller sont différents d'un projet à l'autre

Les paramètres de suivi et de contrôle dépendent de la nature de l'activité, de la vision de l'entreprise et de ses objectifs. En effet, les postes à surveiller **diffèrent d'un projet à l'autre** et du marché en question : certains critères peuvent s'avérer plus importants que d'autres. Par exemple, pour un produit à faible marge (un produit de consommation quotidienne ou un produit difficilement périssable), vous serez particulièrement vigilant sur les volumes de vente. Les économies d'échelle (baisse du coût moyen de production d'un produit ou service en conséquence de l'augmentation des quantités produites) vous seront indispensables pour avoir **un résultat d'exploitation positif**.

Les critères à surveiller de manière permanente

Concentrez-vous sur les postes suivants, en tenant compte du mode de distribution et de la performance de l'équipe commerciale :

- le montant du chiffre d'affaires ;
- les volumes de ventes ;
- les délais de livraison et de remboursement ;
- la marge pratiquée ;
- le résultat d'exploitation.

Les contrôles spécifiques

Vous devrez également porter de l'importance à ces éléments et vérifier :

- l'adéquation de votre offre (produit/service) avec le marché ;
- votre positionnement par rapport aux concurrents et votre stratégie de démarcation ;

- l'efficacité et le retour sur investissement des actions, des efforts de communication et des campagnes publicitaires ;
- le succès des actions spéciales ou exclusives menées, telles que des actions de promotion tarifaire, des offres promotionnelles dédiées, etc.

Surveiller l'activité de vos concurrents

Tenez compte de ce point important : OUI, scrutez régulièrement ce que font vos principaux concurrents, mais **n'oubliez pas de surveiller leur santé financière**! Il y a parfois un monde entre la bonne santé affichée et la réalité. Soyez donc clairvoyant et apprenez à lire leurs comptes annuels pour connaître leur poids économique, leur rentabilité, leur solvabilité, leur degré d'indépendance.

Cette veille doit en fait vous permettre d'anticiper les actions de vos concurrents et de mettre en place une stratégie marketing plus efficace. De cette manière, vous serez capable de vous démarquer sur le marché et d'attirer un grand nombre de clients.

Soyez toutefois attentif : évitez de verser dans la réactivité à outrance et ne vous bornez pas à copier-coller les meilleures actions. **Gardez votre ADN, pensez à vous démarquer et à marquer vos clients par un atout qui vous différencie réellement de vos concurrents.** Inspirez-vous de leurs démarches réussies pour y puiser de nouvelles idées et cultiver votre avantage concurrentiel, mais tachez d'être unique!

Voici quelques outils de veille qui vous aideront à vous y faire :

- **Google Alerts** vous permet d'être alerté par mail ou flux RSS chaque fois qu'il se passe quelque chose du côté de vos concurrents;
- **Feedly** vous permet d'agréger facilement les flux RSS des sites de vos concurrents ou de la presse et des blogs spécialisés. Plus besoin de faire le tour de tous ces sites, l'info vient à vous simplement;
- **Hootsuite** fera la même chose pour les réseaux sociaux;
- **Semrush** et d'autres logiciels spécialisés payants vous permettront d'analyser les mots-clés et la performance du référencement de vos concurrents.

Contrôler : comment ?

Privilégiez **le tableau de bord commercial, c'est un véritable allié pour la gestion de votre entreprise**! Le contrôle se fait généralement quotidiennement, puis de façon hebdomadaire. C'est un excellent **outil de pilotage, d'aide à la décision, et un système d'alarme efficace.** Ce support fiable vous aidera à dégager les bons indicateurs. **C'est un gain de temps certain.**

Ne soyez pas *old school*. Actuellement des outils saas (*software as a service*) proposent un suivi extrêmement performant de vos actions commerciales pour quelques euros par mois. Pipedrive est certainement l'outil le plus efficace en la matière. La création d'une entreprise est un vrai challenge et il faut adopter la bonne démarche !

— ACCÉLÉRER VOTRE CROISSANCE AVEC LES TECHNIQUES DE *GROWTH HACKING* —

Le *growth hacking* est une des tendances marketing les plus en vogue actuellement. Ce terme signifie littéralement « piratage de croissance ».

Qu'est-ce que le *growth hacking* ?

Le *growth hacking* est une technique marketing récente. Réalisée sur Internet, cette stratégie assemble plusieurs moyens dans l'objectif d'apporter le plus de trafic possible sur un site tout en visant **un taux de conversion** (pourcentage de visiteurs sur le site d'une entreprise qui engagent l'action souhaitée, par exemple, qui achètent un produit ou un service, qui s'inscrivent à un programme ou qui téléchargent un catalogue) **le plus élevé possible**. Par rapport à la stratégie classique en matière de marketing qui utilise beaucoup les supports publicitaires, le *growth hacking* mise plutôt sur **une mise en avant du produit**. Cette technique est surtout utilisée par les entreprises qui manquent de capital, grâce à son faible coût de mise en œuvre.

Pour réaliser le *growth hacking*, il est indispensable de maîtriser le marketing et les technologies numériques. Il faut également une bonne dose d'esprit d'analyse et de créativité. La mise en œuvre du *growth hacking* repose sur quelques étapes, également appelées **« tunnels de conversion »**. Elles sont généralement connues sous le sigle **AARRR** (pour acquisition, activation, rétention, *referral*, revenus).

L'acquisition consiste à **attirer les internautes sur le site web** pour générer un trafic. L'étape de l'activation transforme les internautes en **utilisateurs du site** tandis que celle de la rétention **fidélise** les utilisateurs. L'étape du *referral* (prescripteurs), permet de **mettre en synergie les utilisateurs fidèles du site et ceux qui ne le sont pas**. Cette étape vise ainsi la viralité du site à travers le bouche-à-oreille, les utilisateurs devenant les ambassadeurs de la marque. Ces derniers vont ensuite **assurer les revenus de l'entreprise**.

Pourquoi faire du *growth hacking* ?

La stratégie marketing devient de plus en plus digitale. Avec le *growth marketing*, l'entreprise peut rapidement assurer une bonne présence sur le Net, en augmentant tout aussi rapidement ses revenus et sa notoriété. En tout cas, cette stratégie est payante pour plusieurs raisons. Tout d'abord, c'est une opération qui ne nécessite pas un gros budget. En effet, la mise en œuvre d'un *growth hacking* consiste à **cibler des catégories de clients en leur proposant un produit qui répond parfaitement à leurs attentes**.

En utilisant la viralité à travers **les *hacks* de croissance** (par exemple les parrainages), le site parvient à se faire une place très rapidement auprès des prospects. Ainsi, avec le *growth hacking*, il est possible pour une entreprise d'atteindre beaucoup plus vite une croissance élevée.

Le *growth hacking* est utilisé par les start-up et la plupart des grands groupes qui misent sur le Web pour assureur leur croissance, comme Facebook, Dropbox, Hotmail, Pinterest, etc. Toutefois, la plupart des techniques utilisées par ces entreprises ne sont plus utilisées actuellement étant donné que **cette stratégie est elle-même vouée à évoluer sans cesse**. Par ailleurs, les prospects, étant mieux informés sur les stratégies marketing des entreprises et des marques, tombent moins facilement dans le piège. Ainsi, le *growth hacking* n'est pas une technique marketing destinée à remplacer le marketing traditionnel. Il s'agit plutôt d'un complément qui aide les entreprises à se faire connaître rapidement.

Comment mettre en place un processus de *growth hacking* ?

Créer un processus d'expérimentation revient à utiliser la méthode scientifique suivante : rassemblez des idées, formez des hypothèses à partir de ces idées, implémentez-les et donnez des priorités à vos analyses et conclusions finales.

■ Ayez des objectifs précis

Vous devez définir des objectifs mesurables. Chaque expérience menée doit conduire à un résultat exploitable et testable.

Voici un exemple :

1. Quel est l'objectif global ?
L'augmentation du chiffre d'affaires.

2. Comment augmenter le chiffre d'affaires ?
En augmentant le nombre de prospects.

3. Comment y parvenir ?
En augmentant le taux de conversion de la campagne qui génère le moins de prospects.

4. Quel est l'objectif spécifique ?
Augmenter les conversions sur une page de destination de plus de 5 % et atteindre des résultats pertinents d'un point de vue statistique.

5. Quelle expérience allez-vous mettre en œuvre pour atteindre cet objectif ?
Un A/B test du titre de l'offre de génération de prospects : proposer deux titres différents pour voir lequel engage le plus les visiteurs.

Si vous ne parvenez pas à définir des objectifs concrets pour vos expériences, commencez par un objectif global et descendez étape par étape jusqu'à ce que vous puissiez y associer un indicateur.

■ Prenez le temps de concevoir et de mettre en œuvre des expériences efficaces

Que vous lanciez un A/B test (diffusion de deux versions d'un même contenu) sur une page de destination, analysiez le contenu créatif de vos publicités sur les réseaux sociaux ou observiez le chemin de conversion complet de vos offres de génération de *leads* (création de contacts commerciaux), prenez le temps de penser à tous les détails de votre expérience. Voici quelques conseils à retenir :

Testez une chose à la fois. Plus il y a de variables dans une expérience, moins les résultats sont lisibles. Si vous testez le design d'une page de destination par rapport à une autre page totalement différente, sans expériences intermédiaires entre les deux, vos résultats ne vous montreront pas vraiment ce qui a fonctionné.

Définissez un moyen de mesurer vos résultats avant de lancer votre expérience. Un outil sera nécessaire pour exécuter la plupart de vos expériences. Que vous utilisiez un système d'optimisation de contenu ou conceviez une expérience manuellement, identifiez comment vous allez mesurer vos résultats et quelle signification vous allez leur donner avant de commencer.

Définissez une période. En définissant une période pour vos expériences, non seulement vous en favorisez l'exactitude et la cohérence, mais vous permettez également le suivi de leurs résultats et évitez ainsi leur abandon. Une fois la période choisie, créez un rappel pour analyser les résultats le jour où l'expérience prend fin.

Une fois l'expérience terminée, il est essentiel d'analyser et d'enregistrer les résultats pour les utiliser dans la pratique. Cette analyse ne se limite pas à savoir si l'hypothèse était correcte, mais doit répondre aux questions suivantes :

1. L'hypothèse est-elle vérifiée ?
2. Les résultats du test sont-ils significatifs d'un point de vue statistique ?
3. Que signifient les résultats ?
4. Que faudrait-il changer dans l'expérience ?
5. Comment utiliser ces résultats ?
6. Quelle devrait être la prochaine expérience sur la base de ces conclusions ?

Forger une culture de l'expérimentation ne consiste pas simplement à obtenir un résultat positif ou négatif sur une expérience. Votre analyse doit aussi s'intéresser à **ce qu'impliquent les résultats au sujet de vos efforts**, et à la manière d'utiliser ce que vous avez.

LA CROISSANCE EXTERNE : POURQUOI ET COMMENT ?

Les entreprises modernes sont de plus en plus attirées par la croissance externe, une stratégie de développement d'entreprise qui s'appuie sur **un rapprochement avec une autre entreprise**. Cette approche de croissance peut être très bénéfique pour les entreprises, puisqu'elle constitue un véritable coup d'accélérateur et une opportunité d'élargir leurs axes de développement sur le long terme.

Il est toutefois important de souligner la différence entre la croissance externe et la croissance interne (croissance organique), qui consiste à mobiliser uniquement les ressources internes de l'entreprise (compétences clés, ressources humaines, ressources financières, technologie…), pour soutenir son activité et augmenter son chiffre d'affaires. La dimension de développement est donc plus élargie dans le premier cas.

Vous devez avoir un plan bien réfléchi et une approche méthodique avant de vous lancer dans une telle démarche pour récolter les résultats attendus. Voici quelques conseils et éclaircissements pour vous aider à voir plus clair.

Songer à une stratégie de croissance externe n'est pas exclusif aux grandes entreprises

La croissance externe est **une stratégie de développement « à l'extérieur »**, basée sur l'acquisition, l'alliance et même la fusion avec d'autres sociétés concurrentes ou complémentaires, afin de **faire évoluer votre activité rapidement**. Autrement dit, il s'agit de prendre part aux décisions d'une société cible, ou de la contrôler totalement, pour **bénéficier de synergies et d'autres retombées positives**.

Un plan de croissance externe, maîtrisé et bien pensé, accélère considérablement le développement d'une société, **favorise ses opérations**

d'échange, crée de nouveaux réseaux de distribution et **accroît la valeur pour ses actionnaires**. C'est ce qui encourage les sociétés à s'y intéresser davantage. En effet, 12 % des entreprises en croissance ont réalisé **au moins une acquisition de titres ou de fonds de commerce** au cours de leurs cinq dernières années. Sur la même période, **leur croissance externe** prenait une part très importante de leur investissement total, entre 54 et 62 %, chose qui **souligne l'importance de cette approche de croissance.**

Toutefois, il reste primordial **de bien étudier votre stratégie de développement à l'extérieur** et de définir les motivations qui vous incitent à opter pour la forme de croissance externe qui vous convient le mieux.

Acheter oui, mais il faut bien identifier les raisons !

Une stratégie d'acquisition réussie doit **obéir à une logique opérationnelle forte et débouche sur des avantages clés**. Premièrement, il y a **un avantage commercial** : l'acquisition d'une entreprise ou d'un fonds de commerce permet d'acquérir de nouveaux clients, de rebondir commercialement, d'étoffer sa notoriété et sa visibilité, d'élargir sa gamme de services, de contrecarrer une guerre des prix et de gagner des parts de marché rapidement.

Cette stratégie de croissance offre **un avantage organisationnel** également, qui permet à l'entreprise engagée de distancer ou de contrer ses concurrents, de changer de dimension, de consolider son secteur, d'acquérir un savoir-faire et d'ajouter d'autres axes d'amélioration à son activité, sans pour autant investir massivement en R&D. Cela aidera à améliorer la réputation de l'entreprise dans l'ensemble et lui offrira de nouvelles opportunités sur le long terme. Quant à **l'avantage organisationnel** recherché par les leaders de demain, il se traduit par la possibilité d'attirer les meilleurs salariés de son secteur, ceux qui ont un savoir-faire et des compétences avérés, de réaliser des synergies et de rationaliser ou mutualiser les coûts.

Cette multiplicité d'avantages a fait de **la croissance externe un outil de développement efficace,** à la portée des PME ambitieuses qui souhaitent s'affirmer et faire réussir leur business, et non plus seulement l'apanage des grands groupes.

Toutefois, la croissance externe n'est pas dépourvue de dangers !

L'acquisition a de nombreux avantages, mais, comme toute approche stratégique, elle a des inconvénients qui doivent être bien étudiés avant de s'engager dans une telle démarche. Pour commencer, il y a **la nécessité de mobiliser des fonds importants rapidement**, ce qui n'est pas évident pour tous les dirigeants. En effet, certains n'accepteraient pas de **supporter le risque d'un endettement assez lourd** ou **une ouverture du capital**. Ce sacrifice doit donc être pris en considération, car, si vous échouez à estimer précisément vos engagements financiers, vous risquerez de perdre la main sur votre entreprise.

D'autre part, la société qui **se développe par croissance externe** n'a plus un parfait contrôle de ses activités, puisqu'elle doit composer avec une autre société, respecter ses acquis et ses ressources internes et soutenir des aspirations et des buts convergents. En effet, le rapprochement entre deux entités demande **une bonne adaptation des salariés et des deux cultures d'entreprise**, sinon vous risquez de voir le climat social se détériorer rapidement.

Ceci nécessite **un travail de management important** pour éviter un éventuel choc des cultures d'entreprise ou des conflits sociaux, qui mèneront à **une perte de motivation de l'ensemble des salariés**. Les enjeux sociaux doivent donc être bien maîtrisés pour avoir les gains attendus de cette **opération de croissance externe**.

En bref, veillez à bien étudier votre démarche de développement externe, parce que, si vous vous engagez dans une opération d'acquisition non maîtrisée, cette aventure **risquera de déstabiliser l'ensemble du groupe**, de nuire à l'évolution de votre entreprise et pourra même menacer sa survie. Finalement, le coup dur à encaisser sera de payer trop cher une acquisition dont les bénéfices s'avéreront être surévalués. Soyez-en conscient !

Pour garantir la réussite de votre croissance externe, respectez ces conditions !

Avant toute chose, il faut que vous adoptiez **une démarche méthodique, bien réfléchie et rigoureuse**. Ainsi, demandez de l'aide auprès **de spécialistes indépendants**, qui n'ont pas d'intérêt propre dans l'opération, qui auront un avis objectif et qui vous donneront les meilleurs conseils **pour structurer votre approche**.

Un autre point important, pendant la phase d'audit, est de **ne pas hésiter à consulter un expert-comptable qui aura les compétences et l'expertise** nécessaires pour vérifier la santé financière du cédant et l'exactitude des chiffres avancés. Dans ce cas, vous éviterez des erreurs de surestimation éventuelle et vous disposerez d'un aperçu détaillé et véridique de la situation de l'ensemble. Il est aussi recommandé **d'intégrer un avocat en droit social dans cette démarche** (il vous aidera à éplucher tous les contrats de travail), **un fiscaliste** qui vérifiera que l'entreprise s'est bien acquittée de tous ses impôts et autres taxes, etc.

L'aide de ces experts sera d'une grande utilité : elle vous facilitera certaines tâches et vous aidera à voir plus clair pour que vous puissiez prendre votre décision finale. Faites-vous également accompagner pour arrêter un plan d'intégration avant même de signer l'acquisition. **Vous éviterez ainsi toute période d'incertitude post achat**, qui peut notamment conduire à des conflits sociaux.

– CRÉER DES ALLIANCES STRATÉGIQUES –

Pour tout entrepreneur qui souhaite **développer son activité rapidement et améliorer sa performance en vue de soutenir sa croissance externe**, il peut être pertinent de sceller une alliance avec d'autres partenaires. Il est vrai que l'acquisition peut constituer l'une des opportunités stratégiques qui soutiennent la croissance d'une entreprise, mais, **étant une démarche moins coûteuse et moins rigide**, l'alliance peut s'avérer **une meilleure option** qui permettra de bénéficier de nombreux avantages, en soutenant l'objectif principal de développement.

Cette **forme de coopération stratégique** met en commun les ressources immatérielles, matérielles et financières des entreprises ayant des activités concurrentes et choisissant de s'associer en vue de garantir le succès d'un projet.

Penser à l'acquisition oui, mais pas à n'importe quel prix!

Opter pour **une opération de croissance externe par acquisition** peut être une bonne opportunité pour soutenir le développement de votre société. En tant qu'entrepreneur, **vous éviterez la phase de démarrage**, avec ses aléas et ses charges parfois accablantes, et vous vous concentrerez donc sur les axes d'amélioration de votre offre. Vous aurez dans ce cas **une société qui compte déjà des clients, des fournisseurs, des processus et des revenus** sur lesquels vous pourrez vous appuyer pour créer de la valeur ajoutée. En pratique, vous deviendrez **le nouveau commandant de bord** et vous ferez en sorte que **votre activité converge avec vos valeurs et aspirations entrepreneuriales**.

Toutefois, il faut savoir que certains détails peuvent freiner vos ardeurs. En effet, gardez en tête que **la démarche d'acquisition d'une entreprise** épuisera réellement vos ressources, car elle nécessite un investissement massif! Par conséquent, **vous serez obligé de trouver d'autres sources de financements** et **d'augmenter votre endettement**, chose qui altérera vos prévisions financières et stratégiques. De plus, si les perspectives de croissance sont attrayantes, les difficultés en cas d'échec peuvent menacer la survie même de votre entreprise. Vous devez donc être vigilant !

Optez plutôt pour l'alliance : elle peut vous offrir le bon compromis

Si les obstacles liés à l'acquisition **finissent par dissoudre votre envie de vous engager dans une telle démarche**, vous avez la possibilité de vous allier avec une ou plusieurs entreprises dans le but de développer un projet commun.

L'alliance peut avoir **plusieurs formes et objectifs,** qui varient en fonction des ressources et des attentes des parties concernées :

- **Une alliance de co-intégration** associe des entreprises, généralement concurrentes, et les incite à partager leurs ressources respectives en vue de **réaliser une activité particulière et d'assurer des économies d'échelle.** La commercialisation des produits obtenus reste cependant **propre à chaque entreprise** et cette forme d'alliance est soutenue par les groupements d'intérêt économique (GIE), et notamment dans le secteur du BTP et du vin (caves coopératives de vinification).
- **Une alliance additive ou alliance de pseudo intégration** permet à des entreprises concurrentes de s'associer **pour atteindre une taille critique,** nécessaire à la mise en place **d'un produit ou d'une offre qu'elles fabriquent ou vendent en commun**. Elles additionnent ainsi des ressources et des actifs semblables pour **recouvrir toutes les activités nécessaires pour la mise en marché des produits/services**. Par exemple, dans le secteur du nautisme, un fabricant de mâts peut s'associer avec une voilerie et un concepteur de coques pour créer une nouvelle gamme de bateaux.
- **Une alliance complémentaire** peut vous aider à **rationaliser votre organisation,** puisqu'elle intègre des entreprises qui s'allient en vue **d'une mise en commun de compétences et de savoir-faire de natures différentes**. Les contributions des entreprises sont complémentaires : l'une s'intéressera à la production, l'autre se chargera de la commercialisation des produits. Par exemple, dans le but **de gagner en puissance dans leur gestion des approvisionnements**, deux fabricants de matériaux innovants dans le domaine de l'isolation thermique et acoustique se sont alliés. L'un est positionné sur le marché des grandes surfaces et l'autre sur celui des artisans.

Des mariages bénéfiques qui vous apporteront de nombreux avantages

Vous pouvez être certain d'une chose, quel que soit le type d'alliance que vous choisirez, elle **renforcera votre capacité compétitive** et vous **garantira un avantage concurrentiel** face aux plus grandes organisations. En effet, vous pourrez **enrichir vos capacités matérielles, immatérielles et concurrentielles** et **augmenter votre chiffre d'affaires grâce aux effets de synergie créés.**

Plus encore, les alliances vous permettront de **préserver la flexibilité de votre entreprise**, de **limiter les coûts fixes de production et d'investissement,** et même de garantir **la réussite de votre implantation à l'étranger.** Un autre atout très important réside dans **l'amélioration de votre capacité d'innovation,** puisque vous bénéficierez **du savoir-faire technologique et des compétences variées** de vos partenaires. Cette stratégie de croissance préservera également **la flexibilité de votre entreprise,** puisqu'elle **jouira d'une indépendance juridique** et limitera les risques de son échec en raison de son caractère réversible.

Découvrez les facteurs clés d'une union réussie

Retenez ceci : pour que **l'alliance soit réussie** et pour que vous puissiez jouir du plein potentiel de ses avantages, tous ses acteurs devront respecter un process équitable. Il est très important **d'être en accord avec ses alliés, de partager les mêmes objectifs, valeurs et aspirations entrepreneuriaux**. Il serait même judicieux de regrouper et de formaliser ces intérêts communs dans **une lettre d'intention et/ou dans une lettre de confidentialité** pour garder les choses au clair et instituer une rigueur dans votre démarche coopérative.

Pour sécuriser votre approche et éviter les risques de conflits éventuels, **veillez à bien clarifier votre cahier des charges**. Tout doit être précisé avec le plus grand soin : les règles de fonctionnement de l'alliance, ses conditions de mises en œuvre, le périmètre d'activité concerné, la zone géographique sélectionnée, les objectifs visés et, surtout, le partage du pouvoir au sein du nouveau groupe.

Finalement, pour garantir les retombées positives et les avantages stratégiques et organisationnels de l'alliance, **soyez prévoyant et anticipez**

une réflexion approfondie avant de mettre en œuvre cette stratégie coopérative de croissance. Une fois que vous réalisez le développement attendu et que vous réussissez **à créer de la valeur grâce à votre alliance**, vous pourrez passer en toute sécurité à la fusion des entités concernées. En effet, il serait judicieux de consolider vos acquis en vue de garantir la pérennité de votre nouvelle unité, qui aura **une structure juridique plus stable et une gouvernance plus efficace**. Ce fut le cas pour le consortium EADS qui s'est progressivement transformé en un groupe intégré sous le nom d'Airbus.

— COMMENT FAIRE VOS PREMIERS PAS À L'INTERNATIONAL ?

Si vous souhaitez promouvoir votre activité et accélérer votre croissance, faites vos premiers pas à l'international ! L'export est une bonne idée, car il offre de **considérables leviers de croissance** aux TPE et aux PME. Le développement à l'international concerne toutes les entreprises et leur offre de très bonnes opportunités d'affaires.

Toutefois, vendre à l'international ne se fait pas en un claquement de doigts ! Chaque pays est différent et exige une approche particulière. Si l'on ne connaît pas les spécificités locales, il est fortement conseillé de se faire épauler par des spécialistes. Voici quelques pistes pour vous aider à **attaquer avec sérénité un marché étranger**.

Ne vous précipitez pas

L'export ou le développement de votre activité à l'international peut avoir de nombreuses retombées positives. En effet, vous bénéficierez d'une activité dynamisée, d'un chiffre d'affaires prometteur, et profiterez de la conquête de nouveaux marchés pour développer des outils commerciaux plus compétitifs.

Toutefois, il ne faut surtout pas se précipiter et surestimer ses capacités. Allez-y étape par étape et pensez à prendre la température par des actions simples :

- Renseignez-vous auprès **des entreprises expérimentées qui ont déjà passé le cap** et soyez présent dans les foires, les salons internationaux et les séminaires importants qui peuvent vous concerner et qui regroupent les **grandes entreprises internationales à fort potentiel de développement**.
- Collectez toutes **les informations nécessaires sur les spécificités locales**. Internet vous apportera toutes les informations nécessaires

dans un premier temps : études de marché, réglementation, culture, cadre politico-économique, axes d'amélioration, etc.

- Déterminez **vos segments de clientèle** avec précaution et **assurez-vous de bien les connaître** en abordant tous leurs besoins et leurs futures attentes.
- Prospectez sur le Web, **soyez réactif aux nouvelles tendances du marché** et essayez de rester ***up-to-date***, cela peut vous apporter de nouveaux clients et vous aider à identifier **les idées à fort potentiel créatif**.

La création d'un poste d'observation : une bonne option de démarrage

Le poste d'observation peut prendre la forme d'un bureau de liaison, appelé également **« bureau de représentation ».** Pour ceux qui cherchent à **sécuriser leurs premiers pas à l'étranger**, la création de ce poste d'observation peut être **une solution souple et pertinente**. En effet, il permet d'avoir un pied sur le terrain et de garantir une meilleure visibilité du territoire, sans endosser **la lourdeur et les risques d'une filiale**. Vous aurez donc le temps de vérifier le potentiel de votre marché et de déterminer votre stratégie commerciale au bon moment.

La société en question n'est tenue qu'à **un enregistrement simple** auprès du registre national des entreprises et des établissements. En revanche, le bureau de liaison doit réaliser **des activités exclusivement non commerciales**.

Cette structure très légère permet entre autres :

- de **prendre sur place des contacts avec divers acteurs** qui soutiendront son développement : clients potentiels, administrations, fournisseurs, mentors, etc. ;
- de faire parvenir à l'entreprise des informations locales assez riches ;
- d'assurer sa communication et de commencer ses échanges avec les parties prenantes.

Vous avez également la possibilité de **faire appel aux services d'un agent commercial** déjà implanté dans le pays, qui vous apportera **l'aide stratégique nécessaire** puisqu'il est bien placé pour introduire les produits de l'entreprise. Cette solution est assez avantageuse, puisqu'elle engage **peu de frais de gestion** et peut lancer **le développement communautaire de l'entreprise**.

Exporter en choisissant d'ouvrir une succursale ou une filiale

Pour exporter vos produits, vous avez la possibilité **d'ouvrir une succursale**, qui n'est autre qu'**un établissement secondaire** dans le pays convoité. Elle tend à **faciliter l'extension géographique de vos activités** et à **stimuler vos relations avec la clientèle locale** qui doit être bien identifiée.

Les caractéristiques d'une succursale sont les suivantes :

- Elle jouit d'une certaine **indépendance dans la gestion de ses missions,** même si sa direction est assurée par un représentant de la société principale. Cela lui permet de s'entretenir directement avec **sa propre clientèle,** tout en respectant les consignes commerciales qui lui sont imposées.
- La maison mère sera un grand support et «un accompagnateur» qui **répondra entièrement des actes de la succursale.**
- Il n'y a pas de **contrainte financière à sa création,** puisqu'elle ne requiert pas de capital social minimum.
- Elle a un **pouvoir décisionnel** et **prévoit ses propres axes de développement,** puisqu'il n'y a pas d'organes d'administration indépendants.
- Elle n'a pas de patrimoine distinct de celui de la société mère.

Créer une filiale est également envisageable. **La filiale** est une société dépendante, détenue majoritairement par une autre société appelée **la société «mère»**. Cette entité **exerce un contrôle** sur elle au moyen **d'une importante participation au capital**. En effet, ses droits de vote représentent généralement au moins 50 % du capital social, ce qui lui confère des droits divers.

La filiale est dotée de **sa propre personnalité juridique** et possède **la nationalité du pays d'implantation,** ce qui peut faciliter la pénétration du marché. Elle adopte une des structures juridiques en vigueur dans le pays concerné. La création de cette structure permanente ou filiale présente certains avantages tels que :

- **La possibilité de structurer un groupe**, c'est-à-dire de gérer la croissance d'une entreprise et le développement de ses activités. Une telle démarche assure une certaine sectorisation des activités exercées. En bref, elle aide à **affecter à chaque filiale une activité bien précise.**

- **La rationalisation des moyens** ou l'optimisation de leur exploitation, ce qui permet la réduction des charges supportées par l'ensemble du groupe. Cette technique permet de **mutualiser certaines fonctions de support**, désormais gérées par la société mère.

Il peut s'agir :

- des ressources humaines (management du personnel et gestion de la paie) ;
- du système d'information (déploiement d'un CRM [*customer relationship management*], de la mise en commun du logiciel de gestion commerciale ou de caisse, etc.) ;
- de la comptabilité (centralisation des prestations).

Collaborer avec un partenaire local ? Pourquoi pas !

Une dernière possibilité s'offre à vous : **collaborer avec un partenaire local** (entreprise privée, personne publique, etc.). Dans ce cas, la capacité de réponse des **organisations d'aide locale** est loin d'être inférieure à celle des acteurs internationaux. De plus, les acteurs locaux ont **une réelle connaissance** des populations et de leurs besoins et disposent de compétences d'accès inégalables.

Cette collaboration peut prendre la forme :

- D'un joint-venture pouvant être soit **uniquement contractuel**, **soit à la fois contractuel et sociétaire** (contrat de collaboration et filiale commune) : il s'agit d'un accord passé **entre deux ou plusieurs entreprises** qui acceptent de poursuivre ensemble un but précis pour une durée limitée.
- D'un groupement européen d'intérêt économique (GEIE), si le ou les partenaires de l'entreprise sont **membres de l'Union européenne** ; ce genre de structure offre la chance à plusieurs entreprises de nationalités différentes **de faciliter et de développer leur activité économique,** en entreprenant des actions communes et en préservant leur autonomie juridique et économique.

— COMMENT MOTIVER VOS SALARIÉS ET ATTIRER DE NOUVEAUX TALENTS ? —

C'est devenu une évidence : l'entreprise du XXIe siècle se doit de tout mettre en œuvre pour que **ses salariés soient motivés** et **trouvent du sens**. C'est même connu : un collaborateur épanoui est un collaborateur performant.

Vous devez donc miser sur tous les éléments de bien-être pour fidéliser et épanouir vos employés. **La création d'un environnement de travail productif et idéal** est indispensable pour leur réussite : il faut mettre en place une série de dispositifs ayant pour objectif de donner **du sens à leur travail** et de **fidéliser leur investissement**.

Rester ouvert, disponible et toujours à l'écoute

La promesse et la vision de votre entreprise doivent être comprises par tous. Vos salariés doivent avoir **une image claire de leur département et de leur rôle individuel**. Savoir qu'ils peuvent apporter des améliorations, proposer de nouvelles idées, trouver des solutions innovantes, leur donne **le sentiment d'être importants**. Soutenez aussi la politique de **la porte ouverte et restez à l'écoute** pour discuter de leurs idées et encourager leur esprit d'initiative.

Personnaliser les récompenses pour valoriser les meilleurs profils

Il faut **valoriser l'effet des récompenses,** en les adaptant aux collaborateurs et aux situations. Laissez tomber les célébrations mensuelles qui ne profitent à personne ou la médaille pour dix ans de service qui ira directement au fond d'un tiroir. Vos équipes aiment les festivals de musique ou soutiennent l'art ? Optez pour un événement organisé autour de leur passion ! Cela les aidera à **éprouver plus de plaisir et de reconnaissance** face à **l'environnement propice au sein duquel ils évoluent.**

Encourager la cohésion et soutenir des valeurs communes (culture d'entreprise)

La manière dont les salariés interagissent et travaillent ensemble est plus importante que les outils qui contrôlent traditionnellement la gestion de projet. N'hésitez pas à **encourager la culture de la communication** et **la fusion des compétences**. Cette combinaison peut assurer un niveau de rendement exceptionnel qui stimulera les équipes. En soutenant **des valeurs communes,** vous créez un fort lien entre l'employé et son travail. Il **trouvera du sens en exécutant sa mission** qui soutient un objectif commun partagé. Les membres se sentiront **acteurs du processus de création de valeur,** et cela ne fera que **les motiver davantage à « performer »**.

Remercier pour un bon travail et rendre les salariés fiers de leur mission professionnelle

C'est la meilleure gratification pour un employé et c'est surtout gratuit ! Optez pour de **vifs remerciements**, un mot gentil, un courriel de remerciement ou même des félicitations en réunion. Identifiez ce que chacun préfère : pour certains, **la reconnaissance lors d'un meeting** fortifie **leur confiance et leur estime de soi**. Pour d'autres, **un remerciement en tête-à-tête** offre plus de motivation personnelle. Les deux sont les bienvenus et ces pratiques **donneront du sens aux missions confiées** et **motiveront les membres à s'impliquer** davantage dans la société.

Autoriser l'individualité et accorder une dose suffisante d'autonomie

Les vieux codes hiérarchiques sont aujourd'hui dépassés, l'individualité **l'emporte sur l'uniformité. La différence est le meilleur atout de chaque membre** ! N'hésitez pas à **laisser briller vos équipes** et **encouragez-les à affirmer leur potentiel et leur créativité**. Accordez **une bonne dose**

d'autonomie, cela stimule la responsabilisation des membres. Ils s'impliqueront donc davantage pour trouver eux-mêmes des solutions et **développeront l'agilité nécessaire face aux nouveaux défis.**

Former et encourager le développement des compétences

Pour assurer **l'efficacité de votre collaborateur,** vous devez **parier sur son succès** et **encourager son évolution**. Offrez-lui la chance d'évoluer et **d'améliorer ses compétences par le biais de formations diverses**. Ceci le poussera à donner le meilleur de lui-même. Cet investissement sera **une capitalisation bénéfique sur le long terme** et améliorera l'efficacité des équipes ainsi que leur productivité. La plupart des collaborateurs cherchent naturellement **à s'améliorer pour faire avancer leur carrière**. Offrez-leur donc **la chance de monter en compétences !**

Ces astuces vous aideront à **fidéliser vos collaborateurs** et vous éviteront des dysfonctionnements susceptibles de retarder votre avancement et la réalisation de vos objectifs.

COMMENT FAIRE ÉVOLUER VOTRE *BUSINESS MODEL* ?

En lançant votre projet d'entreprise, vous avez dû définir votre *business model* afin de présenter de façon synthétique et efficace vos axes de développement et votre stratégie auprès des banques et des autres partenaires. Cependant, votre modèle économique ou le mécanisme de création de valeur que vous avez imaginé pour votre entreprise doit tenir compte des diverses tendances de votre marché.

C'est vrai, il est important de poser une base bien établie qui oriente vos démarches futures. Toutefois, celle-ci doit évoluer au fil de la création de votre projet, au fil de vos analyses et réflexions. Vous devez être capable de vous adapter au gré des opportunités et des menaces qui se présenteront à vous !

Découvrez l'art de « pivoter », gilet de sauvetage de certaines start-up

Le fameux concept Blablacar n'a pas connu ce succès fulgurant du jour au lendemain en ayant dès le début **une vision claire et figée** des axes d'exploitation et de développement de son activité. En effet, dans un premier temps, les fondateurs ont prévu de développer des services de covoiturage auprès d'entreprises, en installant l'outil de mise en relation sur leur intranet au bénéfice de leurs collaborateurs. Ensuite, cette approche a été abandonnée au profit d'une plateforme grand public, puisqu'elle révélait une forte complexité technique pour de maigres résultats. Cependant, la question du modèle économique se posait toujours : **comment gagner de l'argent** ?

Après plusieurs actions d'ajustement et des tentatives peu concluantes (financement par la publicité, offre premium, mise en relation par téléphone), ils ont finalement opté pour **le modèle transactionnel en ligne** qui a lancé ce succès planétaire. Il y a donc eu un ajustement et une remise en question stratégique qui a sauvé cette start-up et a bouleversé le cours de son évolution.

Ceci est le cas de nombreuses start-up qui sont parfois confrontées à **des situations complexes, qui induisent l'hésitation et créent de vrais défis entrepreneuriaux**. C'est l'exemple de certaines entreprises nouvellement créées qui, positionnées sur des marchés naissants, avec des produits ou des modes de distribution innovants, se retrouvent dans un univers incertain et doivent faire évoluer leur modèle économique sans changer radicalement leur projet. Elles doivent donc **avoir la capacité de pivoter** et **de s'adapter à la réalité du marché**. Il ne s'agit pas là d'un renoncement, mais **d'une aptitude salvatrice à rebondir** et **à se renouveler** afin d'assurer la survie de son business.

Le *business model* évolutif n'est pas exclusif aux start-up !

Ce ne sont pas uniquement **les activités innovantes ou nouvellement créées** qui sont amenées à pivoter et à instaurer un réajustement au niveau de leur modèle économique. Les activités traditionnelles peuvent, elles aussi, être amenées à pivoter ! Par exemple, les librairies d'Issy-les-Moulineaux, installées en banlieue parisienne, sans perdre de vue leurs vocation et motivation principales, ont réussi à faire décoller leur activité en se transformant **en un espace de vie chaleureux et accueillant intégré dans le quartier,** plutôt qu'un simple lieu à caractère « fonctionnel » uniquement dédié aux livres.

Elles ont ainsi organisé des événements, des rencontres, mis en œuvre une stratégie plus interactive sur le Web et les réseaux sociaux et ont développé de nouvelles offres attrayantes et très utiles (produits dérivés, papeterie, jeux de société originaux). Le résultat de cette initiative : **une fréquentation plus assidue**, **un chiffre d'affaires en progression**, un rapprochement de la clientèle et surtout plus de livres vendus !

Persévérer ou renoncer, pivoter ou vivoter ?

Apprendre l'art de pivoter et savoir détourner les obstacles inattendus peut vous offrir une seconde chance et faire revivre votre projet. La vraie réussite s'offre aux entrepreneurs qui persévèrent, qui tiennent bon, qui s'attachent à leur idée de création et se donnent les moyens pour la faire réussir. Sachez que la confiance et l'engagement sont deux conditions nécessaires à votre succès.

Il est toutefois bénéfique de prendre du recul et **d'analyser l'avancement de votre projet en vous fiant aux outils de contrôle et de pilotage existants**. Ce sont ces armes de gestion qui vous épargneront un tas de dilemmes et d'hésitations quant à l'exploitation de votre activité. Par exemple, en réalisant **une analyse des écarts entre les chiffres prévisionnels et ceux réalisés,** vous aurez une meilleure visibilité et vous pourrez ainsi tirer la sonnette d'alarme en cas de nécessité. D'autres actions telles que l'examen de votre *business model*, l'amélioration de la valeur ajoutée de votre offre, l'identification des points faibles de votre projet et la consolidation du bon couple produit/client vous permettront **d'avoir une longueur d'avance et vous épargneront des erreurs de parcours** qui, non contrôlées, pourront perturber votre évolution.

Ainsi, dans un univers mouvant et très «challengeant», l'entrepreneur doit être engagé **dans une démarche de contrôle et de prévision permanente** pendant laquelle il réalisera régulièrement (tous les trois à six mois) une étude de marché et se montrera prêt à faire pivoter son modèle, en tenant compte de la réalité de son marché et des contraintes de son environnement. En d'autres termes, vous devez être flexible, créatif et surtout réactif!

LE PROGRAMME DE 12 SEMAINES

POUR CRÉER VOTRE ENTREPRISE

UN PROGRAMME UNIQUE

Ce guide 100 % phygital est un outil extraordinaire et incomparable qui va vous permettre, en douze semaines, **d'éprouver votre idée d'entreprise et d'en mesurer la traction commerciale**. Il est conçu pour vous permettre d'avancer de manière concrète et opérationnelle dans votre projet. Pas de blabla, que du résultat.

Cet outil puissant rythme mon quotidien d'entrepreneur. Il joue le rôle d'une boussole stratégique et me permet de ne pas me perdre. Il structure ma vision, mes décisions, mes actions et mes priorités. C'est un compagnon de route qui va vous permettre à vous aussi de faire aboutir efficacement votre projet. Il vous aidera également à mesurer votre progression. Souvent, nous avons tendance à ne pas apprécier le chemin parcouru, car nous nous focalisons trop sur ce qu'il reste à faire.

Chaque jour, vous allez devoir lister des éléments très concrets (objectifs et priorités, problèmes à régler), mais également réfléchir à votre « pourquoi ». Le pourquoi, c'est la raison pour laquelle vous faites les choses, ce qui vous importe vraiment. C'est la réponse à la question : « Qui êtes-vous et quelle est votre mission ? » À la fin de chaque semaine, vous ferez un point sur vos succès, sur vos échecs et sur vos apprentissages.

N'oubliez pas une chose. L'ensemble des prévisions que vous pourrez faire sur votre projet ne se réaliseront pas. Pourquoi ? **L'entreprise envisagée et l'entreprise que vous aurez ne seront tout simplement pas les mêmes.** Il faut donc aller à l'essentiel le plus rapidement possible : **vous devez aller à la rencontre du client**.

Une entreprise est un organisme vivant qui évolue dans un écosystème en changement permanent. Ne perdez donc pas de temps à rêver à une entreprise fictive. Apprenez à vous confronter au marché et à vos clients pour mesurer la manière dont ils vont accueillir votre produit (ou service).

En douze semaines, l'objectif n'est pas de sortir un produit parfait, mais **un produit basique et commercialisable**, et de l'éprouver sur le marché le plus rapidement possible pour mesurer s'il y a de la traction commerciale.

Pour ceux qui s'interrogent sur la définition du terme « traction commerciale », cela signifie tout simplement que des clients achètent votre produit (ou service) quand vous le commercialisez.

Je vais donc vous expliquer pas à pas, en vous laissant suffisamment d'oxygène pour adapter ce programme à la réalité de votre produit et de votre marché, comment, en douze semaines, **vous pouvez sortir un produit et savoir si ce dernier a un avenir**. Votre projet doit vous passionner et générer de l'argent : l'un ne va pas sans l'autre.

N'oubliez pas une chose : **créer une entreprise n'est pas intellectuel. Cela doit être concret, rapide et efficace.** Le maître-mot est *discipline*. C'est aussi simple que cela. Cet outil puissant améliorera radicalement votre capacité à sortir un projet de terre, sans jargon ni théories inutiles.

Je vous souhaite le meilleur, et je suis très heureux de vous compter parmi nous.

SEMAINE APRÈS SEMAINE

Certains d'entre vous vont certainement penser que douze semaines c'est très court pour créer une entreprise. Et pourtant, je vous assure, **en trois mois, nous pouvons réaliser des choses incroyables**. Prenons un exemple très simple. Si vous travaillez sept jours par semaine à raison de douze heures effectives par jour, vous ferez en trois mois ce que les autres font en sept mois.

Si vous vous dites déjà que c'est beaucoup de travail et que vous n'êtes pas prêt à faire cela quelques mois, n'allez pas plus loin. L'entrepreneuriat n'est peut-être pas fait pour vous. Et ce n'est pas grave ! Mieux vaut le savoir tout de suite et ne pas perdre de temps à rêver une vie qui n'est pas faite pour vous.

Soyez intense

Ce qui distingue un entrepreneur d'un salarié n'est en aucun cas le talent. Beaucoup de salariés sont plus talentueux que des entrepreneurs. Ce qui les distingue, c'est l'intensité à être dans l'action. Un entrepreneur qui réussit n'est pas le plus intelligent, mais **celui qui est capable de faire une tâche avec une intensité remarquable**. Vous faites de la prospection commerciale ? Si vous contactez cent personnes par jour, aurez-vous plus de résultats que si vous en contactez dix ? Et si vous travaillez douze heures par jour, sept jours par semaine, pensez-vous que vous irez plus vite ? Évidemment que oui. C'est cela, l'intensité.

Si vous ne parvenez pas à sortir votre projet en douze semaines, il y a fort à parier que vous n'y arriverez jamais. Chaque jour, nous sommes tellement sollicités par les demandes et les urgences des uns et des autres, que nous perdons souvent le fil rouge de nos priorités. Sans **un effort stratégique pour garder le cap**, nous ne parvenons pas à atteindre nos objectifs et nous nous retrouvons à vivre constamment en réaction aux demandes. Nous n'agissons pas, nous n'avançons pas. Nous sommes comme un hamster dans sa roue.

L'intensité génère la croissance, la croissance génère le chaos

J'entends parfois des gens dire : « Il faut préserver sa vie personnelle et professionnelle. » C'est une vérité quand on fait le choix d'une vie salariée. En revanche, ne demandez pas à un entrepreneur d'être dans un équilibre de vie, c'est impossible. **Un entrepreneur est une personne intense dont l'unique objectif est de sortir un projet de terre et d'en faire une réalité.** C'est un sportif de haut niveau.

Pensez-vous sérieusement que j'ai écrit cet ouvrage pendant mes heures de travail, la journée ? Bien sûr que non. J'ai écrit cet ouvrage la nuit après mes journées de travail et les week-ends. Pensez-vous que, parfois, je n'avais envie de ne rien faire, d'aller me coucher ? Bien sûr que oui. Je suis comme tout le monde.

Travailler quinze heures par jour, c'est épuisant, mais vous devez revenir aux fondamentaux. Le temps est un investissement. **Si vous souhaitez atteindre vos objectifs, ne comptez pas vos heures.**

Soyez intelligent : mesurer la traction commerciale grâce au *minimum viable product* (MVP)

Le *minimum viable product* est la version extrêmement simplifiée d'un nouveau produit. Elle vous permet de tester votre idée à moindres frais, de mesurer la traction commerciale (allez-vous trouver des clients ?) et, bien évidemment, d'en apprendre autant que possible sur les besoins et les préférences des clients, le tout en utilisant le moins de technologies/ressources possibles.

Plutôt que d'interroger vos clients potentiels sur ce qu'ils feraient si un tel produit existait, le MVP vous permet de valider votre idée sans avoir à investir trop de temps et d'argent dans la construction du produit/service complet. Si cela marche, c'est formidable, si cela ne fonctionne pas, vous n'avez pas perdu trop de temps et trop d'argent. Un MVP est une version de votre idée qui **ne vous coûtera que quelques centaines ou quelques milliers d'euros tout au plus**.

Très souvent, les porteurs de projet me disent qu'ils ne peuvent pas se lancer, car ils n'ont pas d'argent. La principale erreur est de se projeter dans un produit, un service ou une entreprise telle qu'on l'imagine. Pour cela, il faut du temps, de la patience et de la chance. Vous devez commencer petit. Cela ne vous empêche pas de voir loin, évidemment, mais allez-y étape par étape.

Le MVP est donc votre première pierre à l'édifice. Il va vous apprendre que :

- transformer une idée en projet n'est pas une chose facile,
- rien ne se passe jamais comme on l'a prévu ;
- tout vous coûtera plus cher que prévu.

Le plus important est que le MVP va vous permettre de tester votre idée et de comprendre la manière dont le marché fonctionne. C'est la version pragmatique de votre ambition, la première marche de votre projet et, comme toute marche, le MVP vous emmènera au niveau supérieur, quoi qu'il arrive.

Il est vrai que les technologies et les médias ont totalement changé notre rapport au temps et à la réalité. Beaucoup d'entrepreneurs pensent que tout doit aller vite. Il est vrai qu'aujourd'hui, nous voyons des projets aboutir à plusieurs millions d'euros de chiffre d'affaires en quelques années. Mais c'est une erreur de penser que cela vaut pour tous les projets : 95 % d'entre eux se font dans le temps et les succès ne se construisent pas en cinq ans.

N'oubliez pas, les entreprises viables se construisent dans le temps. Il est nécessaire d'être patient, de savoir où l'on va et de travailler dans cette direction sans relâche.

Apprendre à être patient et déraisonnable

La majorité des gens espèrent avoir une vie incroyable, riche et palpitante en travaillant quarante heures par semaine. Les gens raisonnables ne deviennent pas entrepreneurs. Pour réussir dans ce métier, **être déraisonnable n'est que le début d'une aventure extraordinaire**.

Dès à présent, vous devez vous conditionner pour réaliser une performance. **Douze semaines pour sortir un projet de terre et obtenir une traction commerciale, c'est un exercice intense.**

Arrêtez de vouloir créer le produit parfait tout de suite, arrêtez de vouloir lever des fonds. Créez un produit qui se vend. Si vous le vendez, vous aurez tout le loisir de le rendre parfait.

Voici le rythme de notre collaboration semaine après semaine :

- **Semaine 1** : trouvez une idée d'entreprise qui vous passionne
- **Semaine 2** : analysez votre marché et identifiez les facteurs clés de succès
- **Semaine 3** : cherchez et trouvez des fournisseurs
- **Semaine 4** : parlez de votre projet à trois personnes par jour
- **Semaine 5** : créez votre *minimum viable product*
- **Semaine 6** : trouvez des associés/partenaires
- **Semaine 7** : lancez votre *minimum viable product*
- **Semaine 8** : testez/ajustez
- **Semaine 9** : testez/ajustez
- **Semaine 10** : testez/ajustez
- **Semaine 11** : mesurez la traction commerciale et les signaux faibles
- **Semaine 12** : abandonnez ou accélérez

5 POINTS IMPORTANTS

Qu'est-ce que l'efficacité ? Principalement le sentiment d'avancer. Le temps est une façon de voir la vie. Il est votre **meilleur ennemi**. Mal employé, il vous fera faire des erreurs. Agir trop vite nous amène à prendre des décisions mal calibrées, agir trop lentement nous fait passer à côté de belles opportunités.

La plus belle récompense pour un entrepreneur est de voir son entreprise se développer et d'être impatient de commencer sa journée malgré les difficultés rencontrées. Ce guide a été conçu pour vous aider à vous focaliser sur ce qui compte vraiment pour vous : **les résultats**. Vous allez principalement apprendre à renforcer votre vision et votre capacité à produire plus vite et mieux.

Ce programme se focalise sur les cinq grandes priorités de tout néo-entrepreneur :

- **la planification** (organiser dans les grandes lignes votre projet) ;
- **les ventes** (aller à l'essentiel) ;
- **la finance** (avoir une vision claire du potentiel business) ;
- **les partenaires** (s'entourer des bonnes personnes pour avancer) ;
- **le marketing** (avoir des outils pour crédibiliser votre projet).

1. LA PLANIFICATION : POSER SA VISION

Si vous ne le voyez pas, vous ne pourrez pas le faire. Voilà comment nous pouvons résumer la meilleure manière d'avancer sur un projet. Tout entrepreneur a **cette capacité de se projeter dans son projet et de l'imaginer dix ans plus tard**. Si vous ne le voyez pas, vous ne pourrez *jamais* le faire. Comment voulez-vous tendre vers une destination que vous ignorez ? Cela est strictement impossible. Ne perdez donc pas votre temps à planifier un business dans lequel vous ne vous projetez pas. La planification ne repose pas sur la réalisation d'un prévisionnel ou d'une étude de marché factice, mais bien sur **la construction de votre vision et la connaissance parfaite de ce que vous devez faire**.

2. LES VENTES : AGIR MASSIVEMENT SANS PERDRE DE TEMPS

Sans client, une entreprise n'a aucune raison d'exister. Sans client, pas d'argent, sans argent, pas d'équipe, sans équipe, pas de développement. De nombreux néo-entrepreneurs perdent trop de temps à structurer leur projet pour obtenir un *business plan* pertinent. La meilleure manière d'avancer sur un projet est de **passer très rapidement à la phase de prospection**. Plus vous tardez à vous confronter à la réalité de votre marché, plus vous perdez un temps précieux. Un projet de création d'entreprise se construit en s'appuyant sur la réalité commerciale. Il est très important de savoir si votre marché est là. La seule manière de le savoir est de vendre.

3. LA FINANCE : GAGNER DE L'ARGENT

Vendre est très important, mais ce qui compte encore plus, c'est de **vendre suffisamment pour avoir une entreprise qui se développe** et non une entreprise en mode survie. Il est fréquent d'entendre que l'argent n'est pas le point central d'un projet d'entreprise. Je ne partage que partiellement cette vision. Si nous prenons des risques, si nous entreprenons et acceptons de vivre des situations de stress intense, c'est aussi pour pouvoir jouir d'un confort et de pouvoir offrir à sa famille une sécurité matérielle et financière.

Créer un MVP est le chemin le plus direct pour tester un marché et mesurer la traction commerciale. Quelques centaines ou milliers d'euros suffiront pour l'étape de création, mais le développement coûte cher. L'argent n'est souvent pas le moteur des entrepreneurs, mais ne pas prendre la question financière en considération vous limitera et vous empêchera de rentabiliser votre produit ou service.

Un entrepreneur doit avoir deux talents : celui de gagner de l'argent et celui de le garder. **Développer sa culture financière et avoir une véritable stratégie financière** n'est donc pas une option, mais une nécessité. Tout entrepreneur doit penser développement et croissance.

4. LES PARTENAIRES : SAVOIR S'ENTOURER POUR ACCÉLÉRER VOTRE DÉVELOPPEMENT

Voilà une étape souvent négligée au début d'une aventure entrepreneuriale. Avoir les bons partenaires sur lesquels vous appuyer est très important. Un grand nombre d'entreprises ne survivent pas chaque année, non par manque de sérieux, mais parce qu'elles n'ont pas de **partenaires fiables et sérieux**. En trouver n'est pas la chose la plus simple. Le bon partenaire :

- partage votre culture et votre vision;
- est fiable (vous savez que vous pouvez construire avec lui);
- est loyal (vous pouvez aussi compter sur lui dans les périodes parfois difficiles).

Si votre partenaire n'a pas ces trois qualités, n'allez pas plus loin. Créer son entreprise n'est pas un long fleuve tranquille. Vous traverserez de très **nombreux océans déchaînés**. Parfois, il est important de savoir dire « non » et d'arrêter une collaboration plutôt que de continuer et d'aller dans le mur.

5. LE MARKETING : LA FORME EST LE FOND QUI REMONTE À LA SURFACE

Le péché mignon de nombreux entrepreneurs est qu'ils sont convaincus qu'une belle plaquette, qu'un beau site ou que de belles cartes de visite feront la différence. Eh bien, laissez-moi vous dire une chose : vous vous trompez. Je ne dis pas que le marketing n'est pas utile, j'attire votre attention sur le fait de ne pas perdre trop de temps. Le marketing est souvent une source de dépense d'argent. Mais, avant de dépenser de l'argent, concentrez-vous sur le fait d'en gagner. Si votre projet fonctionne, vous aurez tout le loisir d'investir dans un marketing efficace. Dans un premier temps, ne perdez pas votre temps. **Faites le minimum** et consacrez le reste de votre temps à une seule et unique chose : *vendre*. Les néo-entrepreneurs peuvent parfois se convaincre qu'ils ne vendent pas car ils ne font pas assez de marketing. Malheureusement, ils se trompent. Le marketing n'est pas là pour vendre. **Le marketing est là pour accélérer les ventes.** Vous devez vendre *avant* de faire du marketing.

« VOUS DEVEZ PORTER PASSIONNÉMENT UNE IDÉE OU UN PROBLÈME QUE VOUS SOUHAITEZ RÉSOUDRE. SI VOUS N'ÊTES PAS ASSEZ PASSIONNÉ DÈS LE DÉPART, VOUS NE TIENDREZ PAS LE COUP. »

Steve Jobs

« CELUI QUI A UN POURQUOI QUI LUI TIENT LIEU DE BUT, DE FINALITÉ, PEUT VIVRE AVEC N'IMPORTE QUEL COMMENT. »

Friedrich Nietzsche

SEMAINE 1

TROUVEZ UNE IDÉE D'ENTREPRISE QUI VOUS PASSIONNE

C'est la phase la plus simple et la plus complexe à la fois. Simple, car notre esprit est capable de générer des centaines d'idées par jour, et complexe, car il est nécessaire que cette idée fasse sens pour vous et corresponde à votre champ de compétences.

QUE DEVEZ-VOUS FAIRE ?	PROBLÈMES À RÉGLER
■ Concentrez-vous sur votre domaine de compétence. ■ Recherchez autour de vous des problèmes à régler. ■ Assurez-vous que votre idée soit simple à réaliser rapidement. ■ Identifiez rapidement les compétences qu'il vous manque pour le faire.	....

ACTIONS PRIORITAIRES	PERSONNES À CONTACTER
....	....

LUNDI : ....

DÉBUT DE JOURNÉE

MON NIVEAU D'ÉNERGIE

☹ ☐ ☐ ☐ ☐ ☐ ☐ ☐ ☐ ☐ ☐ ☺

MON FOCUS

Préparation Vente Finance Partenaires Marketing

MON POURQUOI

....

....

MON OBJECTIF DU JOUR

....

....

MES PRIORITÉS

1. ....
2. ....
3. ....

MES PROBLÈMES À RÉGLER

1. ....
2. ....
3. ....

FIN DE JOURNÉE

MON NIVEAU D'ÉNERGIE

☹ ☐ ☐ ☐ ☐ ☐ ☐ ☐ ☐ ☐ ☐ ☺

MES SUCCÈS DU JOUR

1. ....
2. ....
3. ....

MES ÉCHECS DU JOUR

1. ....
2. ....
3. ....

MES APPRENTISSAGES

1. ....
2. ....
3. ....

MARDI : ....

DÉBUT DE JOURNÉE

MON NIVEAU D'ÉNERGIE

☹ ☐☐☐☐☐☐☐☐☐☐ ☺

MON FOCUS

Préparation Vente Finance Partenaires Marketing

MON POURQUOI

....

....

MON OBJECTIF DU JOUR

....

....

MES PRIORITÉS

1. ....
2. ....
3. ....

MES PROBLÈMES À RÉGLER

1. ....
2. ....
3. ....

FIN DE JOURNÉE

MON NIVEAU D'ÉNERGIE

☹ ☐☐☐☐☐☐☐☐☐☐ ☺

MES SUCCÈS DU JOUR

1. ....
2. ....
3. ....

MES ÉCHECS DU JOUR

1. ....
2. ....
3. ....

MES APPRENTISSAGES

1. ....
2. ....
3. ....

MERCREDI : ....

DÉBUT DE JOURNÉE

MON NIVEAU D'ÉNERGIE

☹ ☐☐☐☐☐☐☐☐☐☐ ☺

MON FOCUS

Préparation Vente Finance Partenaires Marketing

MON POURQUOI

....

....

MON OBJECTIF DU JOUR

....

....

MES PRIORITÉS

1. ....
2. ....
3. ....

MES PROBLÈMES À RÉGLER

1. ....
2. ....
3. ....

FIN DE JOURNÉE

MON NIVEAU D'ÉNERGIE

☹ ☐☐☐☐☐☐☐☐☐☐ ☺

MES SUCCÈS DU JOUR

1. ....
2. ....
3. ....

MES ÉCHECS DU JOUR

1. ....
2. ....
3. ....

MES APPRENTISSAGES

1. ....
2. ....
3. ....

JEUDI : ....

DÉBUT DE JOURNÉE

MON NIVEAU D'ÉNERGIE

☹ □□□□□□□□□□ ☺

MON FOCUS

Préparation Vente Finance Partenaires Marketing

MON POURQUOI

....

....

MON OBJECTIF DU JOUR

....

....

MES PRIORITÉS

1. ....
2. ....
3. ....

MES PROBLÈMES À RÉGLER

1. ....
2. ....
3. ....

FIN DE JOURNÉE

MON NIVEAU D'ÉNERGIE

☹ □□□□□□□□□□ ☺

MES SUCCÈS DU JOUR

1. ....
2. ....
3. ....

MES ÉCHECS DU JOUR

1. ....
2. ....
3. ....

MES APPRENTISSAGES

1. ....
2. ....
3. ....

VENDREDI : ....

DÉBUT DE JOURNÉE

MON NIVEAU D'ÉNERGIE

☹ □□□□□□□□□□ ☺

MON FOCUS

Préparation Vente Finance Partenaires Marketing

MON POURQUOI

....

....

MON OBJECTIF DU JOUR

....

....

MES PRIORITÉS

1. ....
2. ....
3. ....

MES PROBLÈMES À RÉGLER

1. ....
2. ....
3. ....

FIN DE JOURNÉE

MON NIVEAU D'ÉNERGIE

☹ □□□□□□□□□□ ☺

MES SUCCÈS DU JOUR

1. ....
2. ....
3. ....

MES ÉCHECS DU JOUR

1. ....
2. ....
3. ....

MES APPRENTISSAGES

1. ....
2. ....
3. ....

SAMEDI : ....

DÉBUT DE JOURNÉE

MON NIVEAU D'ÉNERGIE

☹ □□□□□□□□□□ ☺

MON FOCUS

Préparation Vente Finance Partenaires Marketing

MON POURQUOI

....

....

MON OBJECTIF DU JOUR

....

....

MES PRIORITÉS

1. ....
2. ....
3. ....

MES PROBLÈMES À RÉGLER

1. ....
2. ....
3. ....

FIN DE JOURNÉE

MON NIVEAU D'ÉNERGIE

☹ □□□□□□□□□□ ☺

MES SUCCÈS DU JOUR

1. ....
2. ....
3. ....

MES ÉCHECS DU JOUR

1. ....
2. ....
3. ....

MES APPRENTISSAGES

1. ....
2. ....
3. ....

DIMANCHE : ....

DÉBUT DE JOURNÉE

MON NIVEAU D'ÉNERGIE

☹ ☐☐☐☐☐☐☐☐☐☐ ☺

MON FOCUS

Préparation Vente Finance Partenaires Marketing

MON POURQUOI

....

....

MON OBJECTIF DU JOUR

....

....

MES PRIORITÉS

1. ....
2. ....
3. ....

MES PROBLÈMES À RÉGLER

1. ....
2. ....
3. ....

FIN DE JOURNÉE

MON NIVEAU D'ÉNERGIE

☹ ☐☐☐☐☐☐☐☐☐☐ ☺

MES SUCCÈS DU JOUR

1. ....
2. ....
3. ....

MES ÉCHECS DU JOUR

1. ....
2. ....
3. ....

MES APPRENTISSAGES

1. ....
2. ....
3. ....

LE BILAN DE LA SEMAINE

SEMAINE 1

AVANCEMENT DE MON PROJET

☹ □□□□□□□□□□ ☺

MES PLUS BELLES RÉUSSITES

....

....

....

....

MES PRINCIPAUX ÉCHECS

....

....

....

....

MES APPRENTISSAGES MAJEURS

....

....

....

....

....

« LA SEULE FAÇON DE FAIRE DU BON BOULOT, C'EST D'AIMER CE QUE VOUS FAITES. »

STEVE JOBS

« CHOISISSEZ UN TRAVAIL QUE VOUS AIMEZ ET VOUS N'AUREZ PAS À TRAVAILLER UN SEUL JOUR DE VOTRE VIE. »

CONFUCIUS

SEMAINE 2

ANALYSEZ VOTRE MARCHÉ ET IDENTIFIEZ LES FACTEURS CLÉS DE SUCCÈS

Vous avez identifié une idée qui vous passionne, qui fait sens pour vous et avec laquelle vous vous projetez. Voici venu le temps de rapidement étudier le marché et les facteurs clés de succès du marché. Ce sont les conditions qu'il vous faudra respecter pour réussir, les règles du jeu.

QUE DEVEZ-VOUS FAIRE ?

- Étudiez les grandes tendances du marché et sa dynamique.
- Identifiez vos futurs concurrents.
- Essayez de comprendre la manière dont les clients consomment.
- Trouvez les facteurs clés de succès.
- Trouvez votre élément différenciant.

PROBLÈMES À RÉGLER

....

....

....

....

....

ACTIONS PRIORITAIRES

....

....

....

....

....

PERSONNES À CONTACTER

....

....

....

....

....

LUNDI : ....

DÉBUT DE JOURNÉE

MON NIVEAU D'ÉNERGIE

☹ ☐☐☐☐☐☐☐☐☐☐ ☺

MON FOCUS

Préparation Vente Finance Partenaires Marketing

MON POURQUOI

....

....

MON OBJECTIF DU JOUR

....

....

MES PRIORITÉS

1. ....
2. ....
3. ....

MES PROBLÈMES À RÉGLER

1. ....
2. ....
3. ....

FIN DE JOURNÉE

MON NIVEAU D'ÉNERGIE

☹ ☐☐☐☐☐☐☐☐☐☐ ☺

MES SUCCÈS DU JOUR

1. ....
2. ....
3. ....

MES ÉCHECS DU JOUR

1. ....
2. ....
3. ....

MES APPRENTISSAGES

1. ....
2. ....
3. ....

MARDI : ....

DÉBUT DE JOURNÉE

MON NIVEAU D'ÉNERGIE

☹ ☐ ☐ ☐ ☐ ☐ ☐ ☐ ☐ ☐ ☐ ☺

MON FOCUS

Préparation Vente Finance Partenaires Marketing

MON POURQUOI

....

....

MON OBJECTIF DU JOUR

....

....

MES PRIORITÉS

1. ....
2. ....
3. ....

MES PROBLÈMES À RÉGLER

1. ....
2. ....
3. ....

FIN DE JOURNÉE

MON NIVEAU D'ÉNERGIE

☹ ☐ ☐ ☐ ☐ ☐ ☐ ☐ ☐ ☐ ☐ ☺

MES SUCCÈS DU JOUR

1. ....
2. ....
3. ....

MES ÉCHECS DU JOUR

1. ....
2. ....
3. ....

MES APPRENTISSAGES

1. ....
2. ....
3. ....

MERCREDI : ....

DÉBUT DE JOURNÉE

MON NIVEAU D'ÉNERGIE

☹ ☐☐☐☐☐☐☐☐☐☐ ☺

MON FOCUS

Préparation Vente Finance Partenaires Marketing

MON POURQUOI

....

....

MON OBJECTIF DU JOUR

....

....

MES PRIORITÉS

1. ....
2. ....
3. ....

MES PROBLÈMES À RÉGLER

1. ....
2. ....
3. ....

FIN DE JOURNÉE

MON NIVEAU D'ÉNERGIE

☹ ☐☐☐☐☐☐☐☐☐☐ ☺

MES SUCCÈS DU JOUR

1. ....
2. ....
3. ....

MES ÉCHECS DU JOUR

1. ....
2. ....
3. ....

MES APPRENTISSAGES

1. ....
2. ....
3. ....

JEUDI : ....

DÉBUT DE JOURNÉE

MON NIVEAU D'ÉNERGIE

☹ ☐☐☐☐☐☐☐☐☐☐ ☺

MON FOCUS

Préparation Vente Finance Partenaires Marketing

MON POURQUOI

....

....

MON OBJECTIF DU JOUR

....

....

MES PRIORITÉS

1. ....
2. ....
3. ....

MES PROBLÈMES À RÉGLER

1. ....
2. ....
3. ....

FIN DE JOURNÉE

MON NIVEAU D'ÉNERGIE

☹ ☐☐☐☐☐☐☐☐☐☐ ☺

MES SUCCÈS DU JOUR

1. ....
2. ....
3. ....

MES ÉCHECS DU JOUR

1. ....
2. ....
3. ....

MES APPRENTISSAGES

1. ....
2. ....
3. ....

VENDREDI : ....

DÉBUT DE JOURNÉE

MON NIVEAU D'ÉNERGIE

☹ ☐ ☐ ☐ ☐ ☐ ☐ ☐ ☐ ☐ ☐ ☺

MON FOCUS

Préparation Vente Finance Partenaires Marketing

MON POURQUOI

....

....

MON OBJECTIF DU JOUR

....

....

MES PRIORITÉS

1. ....
2. ....
3. ....

MES PROBLÈMES À RÉGLER

1. ....
2. ....
3. ....

FIN DE JOURNÉE

MON NIVEAU D'ÉNERGIE

☹ ☐ ☐ ☐ ☐ ☐ ☐ ☐ ☐ ☐ ☐ ☺

MES SUCCÈS DU JOUR

1. ....
2. ....
3. ....

MES ÉCHECS DU JOUR

1. ....
2. ....
3. ....

MES APPRENTISSAGES

1. ....
2. ....
3. ....

SAMEDI : ....

DÉBUT DE JOURNÉE

MON NIVEAU D'ÉNERGIE

☹ □□□□□□□□□□ ☺

MON FOCUS

Préparation Vente Finance Partenaires Marketing

MON POURQUOI

....

....

MON OBJECTIF DU JOUR

....

....

MES PRIORITÉS

1. ....
2. ....
3. ....

MES PROBLÈMES À RÉGLER

1. ....
2. ....
3. ....

FIN DE JOURNÉE

MON NIVEAU D'ÉNERGIE

☹ □□□□□□□□□□ ☺

MES SUCCÈS DU JOUR

1. ....
2. ....
3. ....

MES ÉCHECS DU JOUR

1. ....
2. ....
3. ....

MES APPRENTISSAGES

1. ....
2. ....
3. ....

DIMANCHE : ....

DÉBUT DE JOURNÉE

MON NIVEAU D'ÉNERGIE

☹ ☐☐☐☐☐☐☐☐☐☐ ☺

MON FOCUS

MON POURQUOI

....

....

MON OBJECTIF DU JOUR

....

....

MES PRIORITÉS

1. ....
2. ....
3. ....

MES PROBLÈMES À RÉGLER

1. ....
2. ....
3. ....

FIN DE JOURNÉE

MON NIVEAU D'ÉNERGIE

☹ ☐☐☐☐☐☐☐☐☐☐ ☺

MES SUCCÈS DU JOUR

1. ....
2. ....
3. ....

MES ÉCHECS DU JOUR

1. ....
2. ....
3. ....

MES APPRENTISSAGES

1. ....
2. ....
3. ....

LE BILAN DE LA SEMAINE

SEMAINE 2

AVANCEMENT DE MON PROJET

☹ ☐☐☐☐☐☐☐☐☐☐ ☺

MES PLUS BELLES RÉUSSITES

....

....

....

....

MES PRINCIPAUX ÉCHECS

....

....

....

....

MES APPRENTISSAGES MAJEURS

....

....

....

....

....

« TOUT EST POSSIBLE À QUI RÊVE, OSE, TRAVAILLE ET N'ABANDONNE JAMAIS. »

XAVIER DOLAN

« LE PLAISIR DANS LE TRAVAIL MET LA PERFECTION DANS LE TRAVAIL. »

ARISTOTE

SEMAINE 3
CHERCHEZ ET TROUVEZ DES PARTENAIRES/FOURNISSEURS

C'est une phase stratégique. Cette troisième semaine est dédiée au fait de trouver des entreprises potentiellement partenaires ainsi que des fournisseurs éventuels. Ne cherchez pas le partenaire idéal ! Pour le moment, concentrez-vous sur le fait de sortir rapidement votre projet de terre. Il sera toujours temps de changer de partenaire par la suite.

QUE DEVEZ-VOUS FAIRE ?	PROBLÈMES À RÉGLER
■ Prospectez les partenaires/fournisseurs intéressants. ■ Proposez-leur un rendez-vous rapidement. ■ Comprenez leur mode de fonctionnement (conditions de vente) et leurs tarifs. ■ Négociez si nécessaire les conditions de règlement. ■ Sélectionnez ceux qui ont compris votre business.	....

ACTIONS PRIORITAIRES	PERSONNES À CONTACTER
....	....

LUNDI : ....

DÉBUT DE JOURNÉE

MON NIVEAU D'ÉNERGIE

☹ ☐☐☐☐☐☐☐☐☐☐ ☺

MON FOCUS

Préparation Vente Finance Partenaires Marketing

MON POURQUOI

....

....

MON OBJECTIF DU JOUR

....

....

MES PRIORITÉS

1. ....
2. ....
3. ....

MES PROBLÈMES À RÉGLER

1. ....
2. ....
3. ....

FIN DE JOURNÉE

MON NIVEAU D'ÉNERGIE

☹ ☐☐☐☐☐☐☐☐☐☐ ☺

MES SUCCÈS DU JOUR

1. ....
2. ....
3. ....

MES ÉCHECS DU JOUR

1. ....
2. ....
3. ....

MES APPRENTISSAGES

1. ....
2. ....
3. ....

MARDI : ....

DÉBUT DE JOURNÉE

MON NIVEAU D'ÉNERGIE

☹ □□□□□□□□□□ ☺

MON FOCUS

Préparation Vente Finance Partenaires Marketing

MON POURQUOI

....

....

MON OBJECTIF DU JOUR

....

....

MES PRIORITÉS

1. ....
2. ....
3. ....

MES PROBLÈMES À RÉGLER

1. ....
2. ....
3. ....

FIN DE JOURNÉE

MON NIVEAU D'ÉNERGIE

☹ □□□□□□□□□□ ☺

MES SUCCÈS DU JOUR

1. ....
2. ....
3. ....

MES ÉCHECS DU JOUR

1. ....
2. ....
3. ....

MES APPRENTISSAGES

1. ....
2. ....
3. ....

MERCREDI : ....

DÉBUT DE JOURNÉE

MON NIVEAU D'ÉNERGIE

☹ ☐☐☐☐☐☐☐☐☐☐ ☺

MON FOCUS

Préparation Vente Finance Partenaires Marketing

MON POURQUOI

....

....

MON OBJECTIF DU JOUR

....

....

MES PRIORITÉS

1. ....
2. ....
3. ....

MES PROBLÈMES À RÉGLER

1. ....
2. ....
3. ....

FIN DE JOURNÉE

MON NIVEAU D'ÉNERGIE

☹ ☐☐☐☐☐☐☐☐☐☐ ☺

MES SUCCÈS DU JOUR

1. ....
2. ....
3. ....

MES ÉCHECS DU JOUR

1. ....
2. ....
3. ....

MES APPRENTISSAGES

1. ....
2. ....
3. ....

JEUDI : ....

DÉBUT DE JOURNÉE

MON NIVEAU D'ÉNERGIE

☹ ☐☐☐☐☐☐☐☐☐☐ ☺

MON FOCUS

Préparation Vente Finance Partenaires Marketing

MON POURQUOI

....

....

MON OBJECTIF DU JOUR

....

....

MES PRIORITÉS

1. ....
2. ....
3. ....

MES PROBLÈMES À RÉGLER

1. ....
2. ....
3. ....

FIN DE JOURNÉE

MON NIVEAU D'ÉNERGIE

☹ ☐☐☐☐☐☐☐☐☐☐ ☺

MES SUCCÈS DU JOUR

1. ....
2. ....
3. ....

MES ÉCHECS DU JOUR

1. ....
2. ....
3. ....

MES APPRENTISSAGES

1. ....
2. ....
3. ....

VENDREDI : ....

DÉBUT DE JOURNÉE

MON NIVEAU D'ÉNERGIE

☹ ☐☐☐☐☐☐☐☐☐☐ ☺

MON FOCUS

Préparation Vente Finance Partenaires Marketing

MON POURQUOI

....

....

MON OBJECTIF DU JOUR

....

....

MES PRIORITÉS

1. ....
2. ....
3. ....

MES PROBLÈMES À RÉGLER

1. ....
2. ....
3. ....

FIN DE JOURNÉE

MON NIVEAU D'ÉNERGIE

☹ ☐☐☐☐☐☐☐☐☐☐ ☺

MES SUCCÈS DU JOUR

1. ....
2. ....
3. ....

MES ÉCHECS DU JOUR

1. ....
2. ....
3. ....

MES APPRENTISSAGES

1. ....
2. ....
3. ....

SAMEDI : ....

DÉBUT DE JOURNÉE

MON NIVEAU D'ÉNERGIE

☹ ☐☐☐☐☐☐☐☐☐☐ ☺

MON FOCUS

Préparation Vente Finance Partenaires Marketing

MON POURQUOI

....

....

MON OBJECTIF DU JOUR

....

....

MES PRIORITÉS

1. ....
2. ....
3. ....

MES PROBLÈMES À RÉGLER

1. ....
2. ....
3. ....

FIN DE JOURNÉE

MON NIVEAU D'ÉNERGIE

☹ ☐☐☐☐☐☐☐☐☐☐ ☺

MES SUCCÈS DU JOUR

1. ....
2. ....
3. ....

MES ÉCHECS DU JOUR

1. ....
2. ....
3. ....

MES APPRENTISSAGES

1. ....
2. ....
3. ....

DIMANCHE : ....

DÉBUT DE JOURNÉE

MON NIVEAU D'ÉNERGIE

☹ ☐☐☐☐☐☐☐☐☐☐ ☺

MON FOCUS

Préparation Vente Finance Partenaires Marketing

MON POURQUOI

....

....

MON OBJECTIF DU JOUR

....

....

MES PRIORITÉS

1. ....
2. ....
3. ....

MES PROBLÈMES À RÉGLER

1. ....
2. ....
3. ....

FIN DE JOURNÉE

MON NIVEAU D'ÉNERGIE

☹ ☐☐☐☐☐☐☐☐☐☐ ☺

MES SUCCÈS DU JOUR

1. ....
2. ....
3. ....

MES ÉCHECS DU JOUR

1. ....
2. ....
3. ....

MES APPRENTISSAGES

1. ....
2. ....
3. ....

LE BILAN DE LA SEMAINE

SEMAINE 3

AVANCEMENT DE MON PROJET

☹ □□□□□□□□□□ ☺

MES PLUS BELLES RÉUSSITES

....

....

....

....

MES PRINCIPAUX ÉCHECS

....

....

....

....

MES APPRENTISSAGES MAJEURS

....

....

....

....

....

« L'ÉCHEC EST SEULEMENT L'OPPORTUNITÉ DE RECOMMENCER D'UNE FAÇON PLUS INTELLIGENTE. »

HENRY FORD

« LE PESSIMISME EST AFFAIRE D'HUMEUR, L'OPTIMISME EST AFFAIRE DE VOLONTÉ. »

ALAIN

SEMAINE 4
PARLEZ DE VOTRE PROJET À TROIS PERSONNES PAR JOUR

Votre idée n'a aucune valeur. N'ayez pas peur de vous la faire voler. Le temps est venu de parler de votre projet à trois clients ou partenaires potentiels par jour. Pourquoi ? Pour commencer à mesurer la traction commerciale et avoir des retours et des questions auxquelles vous n'avez pas pensé. Cela va également vous apprendre à pitcher votre projet.

QUE DEVEZ-VOUS FAIRE ?	PROBLÈMES À RÉGLER
■ Identifiez vos cibles potentielles. ■ Évoquez ce que vous faites. ■ Sans trop en dire, présentez votre projet et attendez de voir si cela suscite l'intérêt. ■ Répondez aux questions de votre interlocuteur. ■ Compilez les adresses e-mail pour créer une base de données.	....

ACTIONS PRIORITAIRES	PERSONNES À CONTACTER
....	....

LUNDI : ....

DÉBUT DE JOURNÉE

MON NIVEAU D'ÉNERGIE

☹ □□□□□□□□□□ ☺

MON FOCUS

Préparation Vente Finance Partenaires Marketing

MON POURQUOI

....

....

MON OBJECTIF DU JOUR

....

....

MES PRIORITÉS

1. ....
2. ....
3. ....

MES PROBLÈMES À RÉGLER

1. ....
2. ....
3. ....

FIN DE JOURNÉE

MON NIVEAU D'ÉNERGIE

☹ □□□□□□□□□□ ☺

MES SUCCÈS DU JOUR

1. ....
2. ....
3. ....

MES ÉCHECS DU JOUR

1. ....
2. ....
3. ....

MES APPRENTISSAGES

1. ....
2. ....
3. ....

MARDI : ....

DÉBUT DE JOURNÉE

MON NIVEAU D'ÉNERGIE

☹ ☐☐☐☐☐☐☐☐☐☐ ☺

MON FOCUS

Préparation Vente Finance Partenaires Marketing

MON POURQUOI

....

....

MON OBJECTIF DU JOUR

....

....

MES PRIORITÉS

1. ....
2. ....
3. ....

MES PROBLÈMES À RÉGLER

1. ....
2. ....
3. ....

FIN DE JOURNÉE

MON NIVEAU D'ÉNERGIE

☹ ☐☐☐☐☐☐☐☐☐☐ ☺

MES SUCCÈS DU JOUR

1. ....
2. ....
3. ....

MES ÉCHECS DU JOUR

1. ....
2. ....
3. ....

MES APPRENTISSAGES

1. ....
2. ....
3. ....

MERCREDI : ....

DÉBUT DE JOURNÉE

MON NIVEAU D'ÉNERGIE

☹ ☐ ☐ ☐ ☐ ☐ ☐ ☐ ☐ ☐ ☐ ☺

MON FOCUS

Préparation Vente Finance Partenaires Marketing

MON POURQUOI

....

....

MON OBJECTIF DU JOUR

....

....

MES PRIORITÉS

1. ....
2. ....
3. ....

MES PROBLÈMES À RÉGLER

1. ....
2. ....
3. ....

FIN DE JOURNÉE

MON NIVEAU D'ÉNERGIE

☹ ☐ ☐ ☐ ☐ ☐ ☐ ☐ ☐ ☐ ☐ ☺

MES SUCCÈS DU JOUR

1. ....
2. ....
3. ....

MES ÉCHECS DU JOUR

1. ....
2. ....
3. ....

MES APPRENTISSAGES

1. ....
2. ....
3. ....

JEUDI : ....

DÉBUT DE JOURNÉE

MON NIVEAU D'ÉNERGIE

☹ □□□□□□□□□□ ☺

MON FOCUS

Préparation Vente Finance Partenaires Marketing

MON POURQUOI

....

....

MON OBJECTIF DU JOUR

....

....

MES PRIORITÉS

1. ....
2. ....
3. ....

MES PROBLÈMES À RÉGLER

1. ....
2. ....
3. ....

FIN DE JOURNÉE

MON NIVEAU D'ÉNERGIE

☹ □□□□□□□□□□ ☺

MES SUCCÈS DU JOUR

1. ....
2. ....
3. ....

MES ÉCHECS DU JOUR

1. ....
2. ....
3. ....

MES APPRENTISSAGES

1. ....
2. ....
3. ....

VENDREDI : ....

DÉBUT DE JOURNÉE

MON NIVEAU D'ÉNERGIE

☹ ☐☐☐☐☐☐☐☐☐☐ ☺

MON FOCUS

Préparation Vente Finance Partenaires Marketing

MON POURQUOI

....

....

MON OBJECTIF DU JOUR

....

....

MES PRIORITÉS

1. ....
2. ....
3. ....

MES PROBLÈMES À RÉGLER

1. ....
2. ....
3. ....

FIN DE JOURNÉE

MON NIVEAU D'ÉNERGIE

☹ ☐☐☐☐☐☐☐☐☐☐ ☺

MES SUCCÈS DU JOUR

1. ....
2. ....
3. ....

MES ÉCHECS DU JOUR

1. ....
2. ....
3. ....

MES APPRENTISSAGES

1. ....
2. ....
3. ....

SAMEDI : ....

DÉBUT DE JOURNÉE

MON NIVEAU D'ÉNERGIE

☹ ☐☐☐☐☐☐☐☐☐☐ ☺

MON FOCUS

Préparation Vente Finance Partenaires Marketing

MON POURQUOI

....

....

MON OBJECTIF DU JOUR

....

....

MES PRIORITÉS

1. ....
2. ....
3. ....

MES PROBLÈMES À RÉGLER

1. ....
2. ....
3. ....

FIN DE JOURNÉE

MON NIVEAU D'ÉNERGIE

☹ ☐☐☐☐☐☐☐☐☐☐ ☺

MES SUCCÈS DU JOUR

1. ....
2. ....
3. ....

MES ÉCHECS DU JOUR

1. ....
2. ....
3. ....

MES APPRENTISSAGES

1. ....
2. ....
3. ....

DIMANCHE : ....

DÉBUT DE JOURNÉE

MON NIVEAU D'ÉNERGIE

☹ ☐☐☐☐☐☐☐☐☐☐ ☺

MON FOCUS

Préparation Vente Finance Partenaires Marketing

MON POURQUOI

....

....

MON OBJECTIF DU JOUR

....

....

MES PRIORITÉS

1. ....
2. ....
3. ....

MES PROBLÈMES À RÉGLER

1. ....
2. ....
3. ....

FIN DE JOURNÉE

MON NIVEAU D'ÉNERGIE

☹ ☐☐☐☐☐☐☐☐☐☐ ☺

MES SUCCÈS DU JOUR

1. ....
2. ....
3. ....

MES ÉCHECS DU JOUR

1. ....
2. ....
3. ....

MES APPRENTISSAGES

1. ....
2. ....
3. ....

LE BILAN DE LA SEMAINE

SEMAINE 4

AVANCEMENT DE MON PROJET

☹ □□□□□□□□□□ ☺

MES PLUS BELLES RÉUSSITES

....

....

....

....

MES PRINCIPAUX ÉCHECS

....

....

....

....

MES APPRENTISSAGES MAJEURS

....

....

....

....

....

« LES DIFFICULTÉS NE SONT
PAS FAITES POUR ABATTRE,
MAIS POUR ÊTRE ABATTUES. »

CHARLES DE MONTALEMBERT

« SI VOUS N'ESSAYEZ JAMAIS,
VOUS NE RÉUSSIREZ JAMAIS,
MAIS SI VOUS ESSAYEZ, VOUS RISQUEZ
DE VOUS ÉTONNER VOUS-MÊME. »

CHARLES-AUGUSTIN SAINTE-BEUVE

SEMAINE 5
CRÉEZ VOTRE *MINIMUM VIABLE PRODUCT*

Le temps est venu de créer votre *minimum viable product* (MVP). Il permet aux entreprises d'obtenir des données précoces confirmant l'intérêt des consommateurs pour leur produit. Le MVP permet de valider (ou non) le produit final. Avant d'investir de gros montants dans le développement d'un produit ou service, il est fondamental de s'assurer qu'un marché existe.

QUE DEVEZ-VOUS FAIRE ?	PROBLÈMES À RÉGLER
■ Créez le produit ou service. ■ Créez des outils de communication simples (site internet, réseaux sociaux, etc.). ■ Identifiez les leviers de communication. ■ Étudiez les canaux de distribution. ■ Créez un plan de lancement.	....

ACTIONS PRIORITAIRES	PERSONNES À CONTACTER
....	....

LUNDI : ....

DÉBUT DE JOURNÉE

MON NIVEAU D'ÉNERGIE

☹ □□□□□□□□□□ ☺

MON FOCUS

Préparation Vente Finance Partenaires Marketing

MON POURQUOI

....

....

MON OBJECTIF DU JOUR

....

....

MES PRIORITÉS

1. ....
2. ....
3. ....

MES PROBLÈMES À RÉGLER

1. ....
2. ....
3. ....

FIN DE JOURNÉE

MON NIVEAU D'ÉNERGIE

☹ □□□□□□□□□□ ☺

MES SUCCÈS DU JOUR

1. ....
2. ....
3. ....

MES ÉCHECS DU JOUR

1. ....
2. ....
3. ....

MES APPRENTISSAGES

1. ....
2. ....
3. ....

MARDI : ....

DÉBUT DE JOURNÉE

MON NIVEAU D'ÉNERGIE

☹ ☐☐☐☐☐☐☐☐☐☐ ☺

MON FOCUS

Préparation Vente Finance Partenaires Marketing

MON POURQUOI

....

....

MON OBJECTIF DU JOUR

....

....

MES PRIORITÉS

1. ....
2. ....
3. ....

MES PROBLÈMES À RÉGLER

1. ....
2. ....
3. ....

FIN DE JOURNÉE

MON NIVEAU D'ÉNERGIE

☹ ☐☐☐☐☐☐☐☐☐☐ ☺

MES SUCCÈS DU JOUR

1. ....
2. ....
3. ....

MES ÉCHECS DU JOUR

1. ....
2. ....
3. ....

MES APPRENTISSAGES

1. ....
2. ....
3. ....

MERCREDI : ....

DÉBUT DE JOURNÉE

MON NIVEAU D'ÉNERGIE

☹ □ □ □ □ □ □ □ □ □ □ ☺

MON FOCUS

Préparation Vente Finance Partenaires Marketing

MON POURQUOI

....

....

MON OBJECTIF DU JOUR

....

....

MES PRIORITÉS

1. ....
2. ....
3. ....

MES PROBLÈMES À RÉGLER

1. ....
2. ....
3. ....

FIN DE JOURNÉE

MON NIVEAU D'ÉNERGIE

☹ □ □ □ □ □ □ □ □ □ □ ☺

MES SUCCÈS DU JOUR

1. ....
2. ....
3. ....

MES ÉCHECS DU JOUR

1. ....
2. ....
3. ....

MES APPRENTISSAGES

1. ....
2. ....
3. ....

JEUDI : ....

DÉBUT DE JOURNÉE

MON NIVEAU D'ÉNERGIE

☹ □□□□□□□□□□ ☺

MON FOCUS

Préparation Vente Finance Partenaires Marketing

MON POURQUOI

....

....

MON OBJECTIF DU JOUR

....

....

MES PRIORITÉS

1. ....
2. ....
3. ....

MES PROBLÈMES À RÉGLER

1. ....
2. ....
3. ....

FIN DE JOURNÉE

MON NIVEAU D'ÉNERGIE

☹ □□□□□□□□□□ ☺

MES SUCCÈS DU JOUR

1. ....
2. ....
3. ....

MES ÉCHECS DU JOUR

1. ....
2. ....
3. ....

MES APPRENTISSAGES

1. ....
2. ....
3. ....

VENDREDI : ....

DÉBUT DE JOURNÉE

MON NIVEAU D'ÉNERGIE

☹ ☐☐☐☐☐☐☐☐☐☐ ☺

MON FOCUS

Préparation Vente Finance Partenaires Marketing

MON POURQUOI

....

....

MON OBJECTIF DU JOUR

....

....

MES PRIORITÉS

1. ....
2. ....
3. ....

MES PROBLÈMES À RÉGLER

1. ....
2. ....
3. ....

FIN DE JOURNÉE

MON NIVEAU D'ÉNERGIE

☹ ☐☐☐☐☐☐☐☐☐☐ ☺

MES SUCCÈS DU JOUR

1. ....
2. ....
3. ....

MES ÉCHECS DU JOUR

1. ....
2. ....
3. ....

MES APPRENTISSAGES

1. ....
2. ....
3. ....

SAMEDI : ....

DÉBUT DE JOURNÉE

MON NIVEAU D'ÉNERGIE

☹ ☐☐☐☐☐☐☐☐☐☐ ☺

MON FOCUS

Préparation Vente Finance Partenaires Marketing

MON POURQUOI

....

....

MON OBJECTIF DU JOUR

....

....

MES PRIORITÉS

1. ....
2. ....
3. ....

MES PROBLÈMES À RÉGLER

1. ....
2. ....
3. ....

FIN DE JOURNÉE

MON NIVEAU D'ÉNERGIE

☹ ☐☐☐☐☐☐☐☐☐☐ ☺

MES SUCCÈS DU JOUR

1. ....
2. ....
3. ....

MES ÉCHECS DU JOUR

1. ....
2. ....
3. ....

MES APPRENTISSAGES

1. ....
2. ....
3. ....

SEMAINE 1
SEMAINE 2
SEMAINE 3
SEMAINE 4
SEMAINE 5
SEMAINE 6
SEMAINE 7
SEMAINE 8
SEMAINE 9
SEMAINE 10
SEMAINE 11
SEMAINE 12

DIMANCHE : ....

DÉBUT DE JOURNÉE

MON NIVEAU D'ÉNERGIE

☹ ☐☐☐☐☐☐☐☐☐☐ ☺

MON FOCUS

Préparation Vente Finance Partenaires Marketing

MON POURQUOI

....

....

MON OBJECTIF DU JOUR

....

....

MES PRIORITÉS

1. ....
2. ....
3. ....

MES PROBLÈMES À RÉGLER

1. ....
2. ....
3. ....

FIN DE JOURNÉE

MON NIVEAU D'ÉNERGIE

☹ ☐☐☐☐☐☐☐☐☐☐ ☺

MES SUCCÈS DU JOUR

1. ....
2. ....
3. ....

MES ÉCHECS DU JOUR

1. ....
2. ....
3. ....

MES APPRENTISSAGES

1. ....
2. ....
3. ....

LE BILAN DE LA SEMAINE

SEMAINE 5

AVANCEMENT DE MON PROJET

☹ □□□□□□□□□□ ☺

MES PLUS BELLES RÉUSSITES

MES PRINCIPAUX ÉCHECS

MES APPRENTISSAGES MAJEURS

« LA MOTIVATION, C'EST QUAND LES RÊVES ENFILENT LEURS HABITS DE TRAVAIL. »

BENJAMIN FRANKLIN

« LE SUCCÈS EST LA CAPACITÉ D'ALLER D'ÉCHEC EN ÉCHEC SANS PERDRE SON ENTHOUSIASME. »

WINSTON CHURCHILL

SEMAINE 6
TROUVEZ DES ASSOCIÉS

Voici venu le temps de créer des liens et de trouver vos partenaires du quotidien, généralement appelés associés. Avoir des associés est souvent une tâche difficile, car il faut trouver des personnes suffisamment « inconscientes » pour avancer avec vous. Ne cherchez pas des gens qui vous sont complémentaires. Cherchez des gens suffisamment fous pour vous accompagner ! Le reste suivra.

QUE DEVEZ-VOUS FAIRE ?	PROBLÈMES À RÉGLER
■ Faites le tour de votre carnet d'adresses. ■ Inscrivez-vous sur des sites pour trouver des associés ou chercher des freelances. ■ Prenez contact en leur expliquant pourquoi vous les contactez. ■ Collaborez quelque temps sans structure juridique (vous rédigerez un pacte d'associés si nécessaire par la suite).	....

ACTIONS PRIORITAIRES	PERSONNES À CONTACTER
....	....

LUNDI : ....

DÉBUT DE JOURNÉE

MON NIVEAU D'ÉNERGIE

☹ ☐☐☐☐☐☐☐☐☐☐ ☺

MON FOCUS

Préparation Vente Finance Partenaires Marketing

MON POURQUOI

....

....

MON OBJECTIF DU JOUR

....

....

MES PRIORITÉS

1. ....
2. ....
3. ....

MES PROBLÈMES À RÉGLER

1. ....
2. ....
3. ....

FIN DE JOURNÉE

MON NIVEAU D'ÉNERGIE

☹ ☐☐☐☐☐☐☐☐☐☐ ☺

MES SUCCÈS DU JOUR

1. ....
2. ....
3. ....

MES ÉCHECS DU JOUR

1. ....
2. ....
3. ....

MES APPRENTISSAGES

1. ....
2. ....
3. ....

MARDI : ....

DÉBUT DE JOURNÉE

MON NIVEAU D'ÉNERGIE

☹ ☐☐☐☐☐☐☐☐☐☐ ☺

MON FOCUS

Préparation Vente Finance Partenaires Marketing

MON POURQUOI

....

....

MON OBJECTIF DU JOUR

....

....

MES PRIORITÉS

1. ....
2. ....
3. ....

MES PROBLÈMES À RÉGLER

1. ....
2. ....
3. ....

FIN DE JOURNÉE

MON NIVEAU D'ÉNERGIE

☹ ☐☐☐☐☐☐☐☐☐☐ ☺

MES SUCCÈS DU JOUR

1. ....
2. ....
3. ....

MES ÉCHECS DU JOUR

1. ....
2. ....
3. ....

MES APPRENTISSAGES

1. ....
2. ....
3. ....

MERCREDI : ....

DÉBUT DE JOURNÉE

MON NIVEAU D'ÉNERGIE

☹ ☐☐☐☐☐☐☐☐☐☐ ☺

MON FOCUS

Préparation Vente Finance Partenaires Marketing

MON POURQUOI

....

....

MON OBJECTIF DU JOUR

....

....

MES PRIORITÉS

1. ....
2. ....
3. ....

MES PROBLÈMES À RÉGLER

1. ....
2. ....
3. ....

FIN DE JOURNÉE

MON NIVEAU D'ÉNERGIE

☹ ☐☐☐☐☐☐☐☐☐☐ ☺

MES SUCCÈS DU JOUR

1. ....
2. ....
3. ....

MES ÉCHECS DU JOUR

1. ....
2. ....
3. ....

MES APPRENTISSAGES

1. ....
2. ....
3. ....

JEUDI : ....

DÉBUT DE JOURNÉE

MON NIVEAU D'ÉNERGIE

☹ □□□□□□□□□□ ☺

MON FOCUS

Préparation Vente Finance Partenaires Marketing

MON POURQUOI

....

....

MON OBJECTIF DU JOUR

....

....

MES PRIORITÉS

1. ....
2. ....
3. ....

MES PROBLÈMES À RÉGLER

1. ....
2. ....
3. ....

FIN DE JOURNÉE

MON NIVEAU D'ÉNERGIE

☹ □□□□□□□□□□ ☺

MES SUCCÈS DU JOUR

1. ....
2. ....
3. ....

MES ÉCHECS DU JOUR

1. ....
2. ....
3. ....

MES APPRENTISSAGES

1. ....
2. ....
3. ....

VENDREDI : ....

DÉBUT DE JOURNÉE

MON NIVEAU D'ÉNERGIE

☹ ☐☐☐☐☐☐☐☐☐☐ ☺

MON FOCUS

Préparation Vente Finance Partenaires Marketing

MON POURQUOI

....

....

MON OBJECTIF DU JOUR

....

....

MES PRIORITÉS

1. ....
2. ....
3. ....

MES PROBLÈMES À RÉGLER

1. ....
2. ....
3. ....

FIN DE JOURNÉE

MON NIVEAU D'ÉNERGIE

☹ ☐☐☐☐☐☐☐☐☐☐ ☺

MES SUCCÈS DU JOUR

1. ....
2. ....
3. ....

MES ÉCHECS DU JOUR

1. ....
2. ....
3. ....

MES APPRENTISSAGES

1. ....
2. ....
3. ....

SAMEDI : ....

DÉBUT DE JOURNÉE

MON NIVEAU D'ÉNERGIE

☹ ☐☐☐☐☐☐☐☐☐☐ ☺

MON FOCUS

Préparation Vente Finance Partenaires Marketing

MON POURQUOI

....

....

MON OBJECTIF DU JOUR

....

....

MES PRIORITÉS

1. ....
2. ....
3. ....

MES PROBLÈMES À RÉGLER

1. ....
2. ....
3. ....

FIN DE JOURNÉE

MON NIVEAU D'ÉNERGIE

☹ ☐☐☐☐☐☐☐☐☐☐ ☺

MES SUCCÈS DU JOUR

1. ....
2. ....
3. ....

MES ÉCHECS DU JOUR

1. ....
2. ....
3. ....

MES APPRENTISSAGES

1. ....
2. ....
3. ....

SEMAINE 1
SEMAINE 2
SEMAINE 3
SEMAINE 4
SEMAINE 5
SEMAINE 6
SEMAINE 7
SEMAINE 8
SEMAINE 9
SEMAINE 10
SEMAINE 11
SEMAINE 12

DIMANCHE : ....

DÉBUT DE JOURNÉE

MON NIVEAU D'ÉNERGIE

☹ □□□□□□□□□□ ☺

MON FOCUS

Préparation Vente Finance Partenaires Marketing

MON POURQUOI

....

....

MON OBJECTIF DU JOUR

....

....

MES PRIORITÉS

1. ....
2. ....
3. ....

MES PROBLÈMES À RÉGLER

1. ....
2. ....
3. ....

FIN DE JOURNÉE

MON NIVEAU D'ÉNERGIE

☹ □□□□□□□□□□ ☺

MES SUCCÈS DU JOUR

1. ....
2. ....
3. ....

MES ÉCHECS DU JOUR

1. ....
2. ....
3. ....

MES APPRENTISSAGES

1. ....
2. ....
3. ....

LE BILAN DE LA SEMAINE

SEMAINE 6

AVANCEMENT DE MON PROJET

☹ □□□□□□□□□□ ☺

MES PLUS BELLES RÉUSSITES

....

....

....

....

MES PRINCIPAUX ÉCHECS

....

....

....

....

MES APPRENTISSAGES MAJEURS

....

....

....

....

....

« LA PERSÉVÉRANCE, C'EST CE QUI REND L'IMPOSSIBLE POSSIBLE, LE POSSIBLE PROBABLE ET LE PROBABLE RÉALISÉ. »

LÉON TROTSKY

« LE SUCCÈS N'EST PAS FINAL, L'ÉCHEC N'EST PAS FATAL, C'EST LE COURAGE DE CONTINUER QUI COMPTE. »

WINSTON CHURCHILL

SEMAINE 7
LANCEZ VOTRE *MINIMUM VIABLE PRODUCT*

Vous savez à présent quoi faire, vous avez vos partenaires et fournisseurs, vous avez vos premiers outils de communication et un MVP potable. Vous avez créé une petite équipe autour de vous peut-être. Le temps est venu de lancer votre projet. À présent il va falloir vous donner du temps, être en permanence dans l'adaptation pour savoir si votre produit ou service a un potentiel business.

QUE DEVEZ-VOUS FAIRE ?	PROBLÈMES À RÉGLER
■ Annoncez le lancement à l'ensemble des personnes rencontrées. ■ Créez une campagne média sur les réseaux sociaux pour mesurer la traction commerciale. ■ Commencez à prospecter. ■ Analysez la manière dont est perçu votre produit. ■ N'oubliez pas d'être pragmatique : restez concentré sur les ventes.	....

ACTIONS PRIORITAIRES	PERSONNES À CONTACTER
....	....

LUNDI : ....

DÉBUT DE JOURNÉE

MON NIVEAU D'ÉNERGIE

☹ ☐☐☐☐☐☐☐☐☐☐ ☺

MON FOCUS

Préparation Vente Finance Partenaires Marketing

MON POURQUOI

....

....

MON OBJECTIF DU JOUR

....

....

MES PRIORITÉS

1. ....
2. ....
3. ....

MES PROBLÈMES À RÉGLER

1. ....
2. ....
3. ....

FIN DE JOURNÉE

MON NIVEAU D'ÉNERGIE

☹ ☐☐☐☐☐☐☐☐☐☐ ☺

MES SUCCÈS DU JOUR

1. ....
2. ....
3. ....

MES ÉCHECS DU JOUR

1. ....
2. ....
3. ....

MES APPRENTISSAGES

1. ....
2. ....
3. ....

MARDI : ....

DÉBUT DE JOURNÉE

MON NIVEAU D'ÉNERGIE

☹ ☐☐☐☐☐☐☐☐☐☐ ☺

MON FOCUS

Préparation Vente Finance Partenaires Marketing

MON POURQUOI

....

....

MON OBJECTIF DU JOUR

....

....

MES PRIORITÉS

1. ....
2. ....
3. ....

MES PROBLÈMES À RÉGLER

1. ....
2. ....
3. ....

FIN DE JOURNÉE

MON NIVEAU D'ÉNERGIE

☹ ☐☐☐☐☐☐☐☐☐☐ ☺

MES SUCCÈS DU JOUR

1. ....
2. ....
3. ....

MES ÉCHECS DU JOUR

1. ....
2. ....
3. ....

MES APPRENTISSAGES

1. ....
2. ....
3. ....

MERCREDI : ....

DÉBUT DE JOURNÉE

MON NIVEAU D'ÉNERGIE

☹ ☐ ☐ ☐ ☐ ☐ ☐ ☐ ☐ ☐ ☐ ☺

MON FOCUS

Préparation Vente Finance Partenaires Marketing

MON POURQUOI

....

....

MON OBJECTIF DU JOUR

....

....

MES PRIORITÉS

1. ....
2. ....
3. ....

MES PROBLÈMES À RÉGLER

1. ....
2. ....
3. ....

FIN DE JOURNÉE

MON NIVEAU D'ÉNERGIE

☹ ☐ ☐ ☐ ☐ ☐ ☐ ☐ ☐ ☐ ☐ ☺

MES SUCCÈS DU JOUR

1. ....
2. ....
3. ....

MES ÉCHECS DU JOUR

1. ....
2. ....
3. ....

MES APPRENTISSAGES

1. ....
2. ....
3. ....

JEUDI : ....

DÉBUT DE JOURNÉE

MON NIVEAU D'ÉNERGIE

☹ ☐☐☐☐☐☐☐☐☐☐ ☺

MON FOCUS

Préparation Vente Finance Partenaires Marketing

MON POURQUOI

....

....

MON OBJECTIF DU JOUR

....

....

MES PRIORITÉS

1. ....
2. ....
3. ....

MES PROBLÈMES À RÉGLER

1. ....
2. ....
3. ....

FIN DE JOURNÉE

MON NIVEAU D'ÉNERGIE

☹ ☐☐☐☐☐☐☐☐☐☐ ☺

MES SUCCÈS DU JOUR

1. ....
2. ....
3. ....

MES ÉCHECS DU JOUR

1. ....
2. ....
3. ....

MES APPRENTISSAGES

1. ....
2. ....
3. ....

VENDREDI : ....

DÉBUT DE JOURNÉE

MON NIVEAU D'ÉNERGIE

☹ ☐☐☐☐☐☐☐☐☐☐ ☺

MON FOCUS

Préparation Vente Finance Partenaires Marketing

MON POURQUOI

....

....

MON OBJECTIF DU JOUR

....

....

MES PRIORITÉS

1. ....
2. ....
3. ....

MES PROBLÈMES À RÉGLER

1. ....
2. ....
3. ....

FIN DE JOURNÉE

MON NIVEAU D'ÉNERGIE

☹ ☐☐☐☐☐☐☐☐☐☐ ☺

MES SUCCÈS DU JOUR

1. ....
2. ....
3. ....

MES ÉCHECS DU JOUR

1. ....
2. ....
3. ....

MES APPRENTISSAGES

1. ....
2. ....
3. ....

SAMEDI : ....

DÉBUT DE JOURNÉE

MON NIVEAU D'ÉNERGIE

☹ ☐ ☐ ☐ ☐ ☐ ☐ ☐ ☐ ☐ ☐ ☺

MON FOCUS

Préparation Vente Finance Partenaires Marketing

MON POURQUOI

....

....

MON OBJECTIF DU JOUR

....

....

MES PRIORITÉS

1. ....
2. ....
3. ....

MES PROBLÈMES À RÉGLER

1. ....
2. ....
3. ....

FIN DE JOURNÉE

MON NIVEAU D'ÉNERGIE

☹ ☐ ☐ ☐ ☐ ☐ ☐ ☐ ☐ ☐ ☐ ☺

MES SUCCÈS DU JOUR

1. ....
2. ....
3. ....

MES ÉCHECS DU JOUR

1. ....
2. ....
3. ....

MES APPRENTISSAGES

1. ....
2. ....
3. ....

DIMANCHE : ....

DÉBUT DE JOURNÉE

MON NIVEAU D'ÉNERGIE

☹ □□□□□□□□□□ ☺

MON FOCUS

Préparation Vente Finance Partenaires Marketing

MON POURQUOI

....

....

MON OBJECTIF DU JOUR

....

....

MES PRIORITÉS

1. ....
2. ....
3. ....

MES PROBLÈMES À RÉGLER

1. ....
2. ....
3. ....

FIN DE JOURNÉE

MON NIVEAU D'ÉNERGIE

☹ □□□□□□□□□□ ☺

MES SUCCÈS DU JOUR

1. ....
2. ....
3. ....

MES ÉCHECS DU JOUR

1. ....
2. ....
3. ....

MES APPRENTISSAGES

1. ....
2. ....
3. ....

LE BILAN DE LA SEMAINE

SEMAINE 7

AVANCEMENT DE MON PROJET

☹ ☐☐☐☐☐☐☐☐☐☐ ☺

MES PLUS BELLES RÉUSSITES

....

....

....

....

MES PRINCIPAUX ÉCHECS

....

....

....

....

MES APPRENTISSAGES MAJEURS

....

....

....

....

....

« TOUTE PERSONNE QUI RÉUSSIT AVAIT UN RÊVE ET L'A POURSUIVI JUSQU'AU BOUT. »

ANTHONY ROBBINS

« EN VÉRITÉ, LE CHEMIN M'IMPORTE PEU, LA VOLONTÉ D'ARRIVER SUFFIT À TOUT. »

ALBERT CAMUS

SEMAINE 8

TESTEZ/AJUSTEZ

Cela fait une semaine que vous avez lancé votre produit ou service. Pour le moment, les résultats ne sont peut-être pas encore là. C'est normal. Il faut donner du temps au temps et laisser vos clients découvrir votre produit ou service. Grâce à une démarche itérative, votre objectif est de trouver votre *product market fit*, c'est-à-dire d'être présent sur le bon marché, avec un produit capable de satisfaire ce marché.

QUE DEVEZ-VOUS FAIRE ?	PROBLÈMES À RÉGLER
▪ Étudiez la manière dont votre MVP est accueilli sur le marché. ▪ Faites les modifications nécessaires. ▪ Testez, testez, testez.	....

ACTIONS PRIORITAIRES	PERSONNES À CONTACTER
....	....

LUNDI : ....

DÉBUT DE JOURNÉE

MON NIVEAU D'ÉNERGIE

☹ □ □ □ □ □ □ □ □ □ □ ☺

MON FOCUS

Préparation Vente Finance Partenaires Marketing

MON POURQUOI

....

....

MON OBJECTIF DU JOUR

....

....

MES PRIORITÉS

1. ....
2. ....
3. ....

MES PROBLÈMES À RÉGLER

1. ....
2. ....
3. ....

FIN DE JOURNÉE

MON NIVEAU D'ÉNERGIE

☹ □ □ □ □ □ □ □ □ □ □ ☺

MES SUCCÈS DU JOUR

1. ....
2. ....
3. ....

MES ÉCHECS DU JOUR

1. ....
2. ....
3. ....

MES APPRENTISSAGES

1. ....
2. ....
3. ....

MARDI : ....

DÉBUT DE JOURNÉE

MON NIVEAU D'ÉNERGIE

☹ ☐☐☐☐☐☐☐☐☐☐ ☺

MON FOCUS

Préparation Vente Finance Partenaires Marketing

MON POURQUOI

....

....

MON OBJECTIF DU JOUR

....

....

MES PRIORITÉS

1. ....
2. ....
3. ....

MES PROBLÈMES À RÉGLER

1. ....
2. ....
3. ....

FIN DE JOURNÉE

MON NIVEAU D'ÉNERGIE

☹ ☐☐☐☐☐☐☐☐☐☐ ☺

MES SUCCÈS DU JOUR

1. ....
2. ....
3. ....

MES ÉCHECS DU JOUR

1. ....
2. ....
3. ....

MES APPRENTISSAGES

1. ....
2. ....
3. ....

MERCREDI : ....

DÉBUT DE JOURNÉE

MON NIVEAU D'ÉNERGIE

☹ ☐☐☐☐☐☐☐☐☐☐ ☺

MON FOCUS

Préparation Vente Finance Partenaires Marketing

MON POURQUOI

....

....

MON OBJECTIF DU JOUR

....

....

MES PRIORITÉS

1. ....
2. ....
3. ....

MES PROBLÈMES À RÉGLER

1. ....
2. ....
3. ....

FIN DE JOURNÉE

MON NIVEAU D'ÉNERGIE

☹ ☐☐☐☐☐☐☐☐☐☐ ☺

MES SUCCÈS DU JOUR

1. ....
2. ....
3. ....

MES ÉCHECS DU JOUR

1. ....
2. ....
3. ....

MES APPRENTISSAGES

1. ....
2. ....
3. ....

JEUDI : ....

DÉBUT DE JOURNÉE

MON NIVEAU D'ÉNERGIE

☹ □□□□□□□□□□ ☺

MON FOCUS

Préparation Vente Finance Partenaires Marketing

MON POURQUOI

....

....

MON OBJECTIF DU JOUR

....

....

MES PRIORITÉS

1. ....
2. ....
3. ....

MES PROBLÈMES À RÉGLER

1. ....
2. ....
3. ....

FIN DE JOURNÉE

MON NIVEAU D'ÉNERGIE

☹ □□□□□□□□□□ ☺

MES SUCCÈS DU JOUR

1. ....
2. ....
3. ....

MES ÉCHECS DU JOUR

1. ....
2. ....
3. ....

MES APPRENTISSAGES

1. ....
2. ....
3. ....

VENDREDI : ....

DÉBUT DE JOURNÉE

MON NIVEAU D'ÉNERGIE

☹ □□□□□□□□□□ ☺

MON FOCUS

Préparation Vente Finance Partenaires Marketing

MON POURQUOI

....

....

MON OBJECTIF DU JOUR

....

....

MES PRIORITÉS

1. ....
2. ....
3. ....

MES PROBLÈMES À RÉGLER

1. ....
2. ....
3. ....

FIN DE JOURNÉE

MON NIVEAU D'ÉNERGIE

☹ □□□□□□□□□□ ☺

MES SUCCÈS DU JOUR

1. ....
2. ....
3. ....

MES ÉCHECS DU JOUR

1. ....
2. ....
3. ....

MES APPRENTISSAGES

1. ....
2. ....
3. ....

SAMEDI : ....

DÉBUT DE JOURNÉE

MON NIVEAU D'ÉNERGIE

☹ □□□□□□□□□□ ☺

MON FOCUS

Préparation Vente Finance Partenaires Marketing

MON POURQUOI

....

....

MON OBJECTIF DU JOUR

....

....

MES PRIORITÉS

1. ....
2. ....
3. ....

MES PROBLÈMES À RÉGLER

1. ....
2. ....
3. ....

FIN DE JOURNÉE

MON NIVEAU D'ÉNERGIE

☹ □□□□□□□□□□ ☺

MES SUCCÈS DU JOUR

1. ....
2. ....
3. ....

MES ÉCHECS DU JOUR

1. ....
2. ....
3. ....

MES APPRENTISSAGES

1. ....
2. ....
3. ....

DIMANCHE : ....

DÉBUT DE JOURNÉE

MON NIVEAU D'ÉNERGIE

☹ ☐☐☐☐☐☐☐☐☐☐ ☺

MON FOCUS

Préparation Vente Finance Partenaires Marketing

MON POURQUOI

....

....

MON OBJECTIF DU JOUR

....

....

MES PRIORITÉS

1. ....
2. ....
3. ....

MES PROBLÈMES À RÉGLER

1. ....
2. ....
3. ....

FIN DE JOURNÉE

MON NIVEAU D'ÉNERGIE

☹ ☐☐☐☐☐☐☐☐☐☐ ☺

MES SUCCÈS DU JOUR

1. ....
2. ....
3. ....

MES ÉCHECS DU JOUR

1. ....
2. ....
3. ....

MES APPRENTISSAGES

1. ....
2. ....
3. ....

LE BILAN DE LA SEMAINE

SEMAINE 8

AVANCEMENT DE MON PROJET

☹ ☐☐☐☐☐☐☐☐☐☐ ☺

MES PLUS BELLES RÉUSSITES

....

....

....

....

MES PRINCIPAUX ÉCHECS

....

....

....

....

MES APPRENTISSAGES MAJEURS

....

....

....

....

....

« LE SUCCÈS N'EST PAS LA CLÉ DU BONHEUR. LE BONHEUR EST LA CLÉ DU SUCCÈS. SI VOUS AIMEZ CE QUE VOUS FAITES, VOUS RÉUSSIREZ. »

ALBERT SCHWEITZER

« IL N'Y A QU'UNE FAÇON D'ÉCHOUER, C'EST D'ABANDONNER AVANT D'AVOIR RÉUSSI. »

GEORGES CLEMENCEAU

SEMAINE 9
TESTEZ/AJUSTEZ

Cela fait une semaine que vous avez lancé votre produit ou service. Pour le moment, les résultats ne sont peut-être pas encore là. C'est normal. Il faut donner du temps au temps et laisser vos clients découvrir votre produit ou service. Grâce à une démarche itérative, votre objectif est de trouver votre *product market fit*, c'est-à-dire d'être présent sur le bon marché, avec un produit capable de satisfaire ce marché.

QUE DEVEZ-VOUS FAIRE ?	PROBLÈMES À RÉGLER
■ Étudiez la manière dont votre MVP est accueilli sur le marché. ■ Faites les modifications nécessaires. ■ Testez, testez, testez.	....

ACTIONS PRIORITAIRES	PERSONNES À CONTACTER
....	....

LUNDI : ....

DÉBUT DE JOURNÉE

MON NIVEAU D'ÉNERGIE

☹ □□□□□□□□□□ ☺

MON FOCUS

Préparation Vente Finance Partenaires Marketing

MON POURQUOI

....

....

MON OBJECTIF DU JOUR

....

....

MES PRIORITÉS

1. ....
2. ....
3. ....

MES PROBLÈMES À RÉGLER

1. ....
2. ....
3. ....

FIN DE JOURNÉE

MON NIVEAU D'ÉNERGIE

☹ □□□□□□□□□□ ☺

MES SUCCÈS DU JOUR

1. ....
2. ....
3. ....

MES ÉCHECS DU JOUR

1. ....
2. ....
3. ....

MES APPRENTISSAGES

1. ....
2. ....
3. ....

MARDI : ....

DÉBUT DE JOURNÉE

MON NIVEAU D'ÉNERGIE

☹ ☐☐☐☐☐☐☐☐☐☐ ☺

MON FOCUS

Préparation Vente Finance Partenaires Marketing

MON POURQUOI

....

....

MON OBJECTIF DU JOUR

....

....

MES PRIORITÉS

1. ....
2. ....
3. ....

MES PROBLÈMES À RÉGLER

1. ....
2. ....
3. ....

FIN DE JOURNÉE

MON NIVEAU D'ÉNERGIE

☹ ☐☐☐☐☐☐☐☐☐☐ ☺

MES SUCCÈS DU JOUR

1. ....
2. ....
3. ....

MES ÉCHECS DU JOUR

1. ....
2. ....
3. ....

MES APPRENTISSAGES

1. ....
2. ....
3. ....

MERCREDI : ....

DÉBUT DE JOURNÉE

MON NIVEAU D'ÉNERGIE

☹ □ □ □ □ □ □ □ □ □ □ ☺

MON FOCUS

MON POURQUOI

....

....

MON OBJECTIF DU JOUR

....

....

MES PRIORITÉS

1. ....
2. ....
3. ....

MES PROBLÈMES À RÉGLER

1. ....
2. ....
3. ....

FIN DE JOURNÉE

MON NIVEAU D'ÉNERGIE

☹ □ □ □ □ □ □ □ □ □ □ ☺

MES SUCCÈS DU JOUR

1. ....
2. ....
3. ....

MES ÉCHECS DU JOUR

1. ....
2. ....
3. ....

MES APPRENTISSAGES

1. ....
2. ....
3. ....

JEUDI : ....

DÉBUT DE JOURNÉE

MON NIVEAU D'ÉNERGIE

☹ ☐☐☐☐☐☐☐☐☐☐ ☺

MON FOCUS

MON POURQUOI

....

....

MON OBJECTIF DU JOUR

....

....

MES PRIORITÉS

1. ....
2. ....
3. ....

MES PROBLÈMES À RÉGLER

1. ....
2. ....
3. ....

FIN DE JOURNÉE

MON NIVEAU D'ÉNERGIE

☹ ☐☐☐☐☐☐☐☐☐☐ ☺

MES SUCCÈS DU JOUR

1. ....
2. ....
3. ....

MES ÉCHECS DU JOUR

1. ....
2. ....
3. ....

MES APPRENTISSAGES

1. ....
2. ....
3. ....

VENDREDI : ....

DÉBUT DE JOURNÉE

MON NIVEAU D'ÉNERGIE

☹ □□□□□□□□□□ ☺

MON FOCUS

Préparation Vente Finance Partenaires Marketing

MON POURQUOI

....

....

MON OBJECTIF DU JOUR

....

....

MES PRIORITÉS

1. ....
2. ....
3. ....

MES PROBLÈMES À RÉGLER

1. ....
2. ....
3. ....

FIN DE JOURNÉE

MON NIVEAU D'ÉNERGIE

☹ □□□□□□□□□□ ☺

MES SUCCÈS DU JOUR

1. ....
2. ....
3. ....

MES ÉCHECS DU JOUR

1. ....
2. ....
3. ....

MES APPRENTISSAGES

1. ....
2. ....
3. ....

SAMEDI : ....

DÉBUT DE JOURNÉE

MON NIVEAU D'ÉNERGIE

☹ ☐☐☐☐☐☐☐☐☐☐ ☺

MON FOCUS

Préparation Vente Finance Partenaires Marketing

MON POURQUOI

....

....

MON OBJECTIF DU JOUR

....

....

MES PRIORITÉS

1. ....
2. ....
3. ....

MES PROBLÈMES À RÉGLER

1. ....
2. ....
3. ....

FIN DE JOURNÉE

MON NIVEAU D'ÉNERGIE

☹ ☐☐☐☐☐☐☐☐☐☐ ☺

MES SUCCÈS DU JOUR

1. ....
2. ....
3. ....

MES ÉCHECS DU JOUR

1. ....
2. ....
3. ....

MES APPRENTISSAGES

1. ....
2. ....
3. ....

DIMANCHE : ....

DÉBUT DE JOURNÉE

MON NIVEAU D'ÉNERGIE

☹ ☐☐☐☐☐☐☐☐☐☐ ☺

MON FOCUS

Préparation Vente Finance Partenaires Marketing

MON POURQUOI

....

....

MON OBJECTIF DU JOUR

....

....

MES PRIORITÉS

1. ....
2. ....
3. ....

MES PROBLÈMES À RÉGLER

1. ....
2. ....
3. ....

FIN DE JOURNÉE

MON NIVEAU D'ÉNERGIE

☹ ☐☐☐☐☐☐☐☐☐☐ ☺

MES SUCCÈS DU JOUR

1. ....
2. ....
3. ....

MES ÉCHECS DU JOUR

1. ....
2. ....
3. ....

MES APPRENTISSAGES

1. ....
2. ....
3. ....

LE BILAN DE LA SEMAINE

SEMAINE 9

AVANCEMENT DE MON PROJET

☹ □□□□□□□□□□ ☺

MES PLUS BELLES RÉUSSITES

....

....

....

....

MES PRINCIPAUX ÉCHECS

....

....

....

....

MES APPRENTISSAGES MAJEURS

....

....

....

....

....

« IL N’EST PAS NÉCESSAIRE D’ALLER VITE, LE TOUT EST DE NE PAS S’ARRÊTER. »

CONFUCIUS

« CELA PARAÎT TOUJOURS IMPOSSIBLE, JUSQU’À CE QUE CE SOIT FAIT. »

NELSON MANDELA

SEMAINE 10
TESTEZ/AJUSTEZ

Cela fait trois semaines que vous avez lancé votre produit ou service. Vous avez ajusté certains éléments, mais il y a encore du travail pour satisfaire le marché. Prenez en compte les remarques des clients et corrigez votre produit en conséquence.

QUE DEVEZ-VOUS FAIRE ?	PROBLÈMES À RÉGLER
■ Étudiez la manière dont votre MVP est accueilli sur le marché. ■ Faites les modifications nécessaires. ■ Testez, testez, testez.	

ACTIONS PRIORITAIRES	PERSONNES À CONTACTER

LUNDI : ....

DÉBUT DE JOURNÉE

MON NIVEAU D'ÉNERGIE

☹ ☐☐☐☐☐☐☐☐☐☐ ☺

MON FOCUS

Préparation Vente Finance Partenaires Marketing

MON POURQUOI

....

....

MON OBJECTIF DU JOUR

....

....

MES PRIORITÉS

1. ....
2. ....
3. ....

MES PROBLÈMES À RÉGLER

1. ....
2. ....
3. ....

FIN DE JOURNÉE

MON NIVEAU D'ÉNERGIE

☹ ☐☐☐☐☐☐☐☐☐☐ ☺

MES SUCCÈS DU JOUR

1. ....
2. ....
3. ....

MES ÉCHECS DU JOUR

1. ....
2. ....
3. ....

MES APPRENTISSAGES

1. ....
2. ....
3. ....

MARDI : ....

DÉBUT DE JOURNÉE

MON NIVEAU D'ÉNERGIE

☹ ☐☐☐☐☐☐☐☐☐☐ ☺

MON FOCUS

Préparation Vente Finance Partenaires Marketing

MON POURQUOI

....

....

MON OBJECTIF DU JOUR

....

....

MES PRIORITÉS

1. ....
2. ....
3. ....

MES PROBLÈMES À RÉGLER

1. ....
2. ....
3. ....

FIN DE JOURNÉE

MON NIVEAU D'ÉNERGIE

☹ ☐☐☐☐☐☐☐☐☐☐ ☺

MES SUCCÈS DU JOUR

1. ....
2. ....
3. ....

MES ÉCHECS DU JOUR

1. ....
2. ....
3. ....

MES APPRENTISSAGES

1. ....
2. ....
3. ....

MERCREDI : ....

DÉBUT DE JOURNÉE

MON NIVEAU D'ÉNERGIE

☹ ☐☐☐☐☐☐☐☐☐☐ ☺

MON FOCUS

Préparation Vente Finance Partenaires Marketing

MON POURQUOI

....

....

MON OBJECTIF DU JOUR

....

....

MES PRIORITÉS

1. ....
2. ....
3. ....

MES PROBLÈMES À RÉGLER

1. ....
2. ....
3. ....

FIN DE JOURNÉE

MON NIVEAU D'ÉNERGIE

☹ ☐☐☐☐☐☐☐☐☐☐ ☺

MES SUCCÈS DU JOUR

1. ....
2. ....
3. ....

MES ÉCHECS DU JOUR

1. ....
2. ....
3. ....

MES APPRENTISSAGES

1. ....
2. ....
3. ....

JEUDI : ....

DÉBUT DE JOURNÉE

MON NIVEAU D'ÉNERGIE

☹ ☐☐☐☐☐☐☐☐☐☐ ☺

MON FOCUS

Préparation Vente Finance Partenaires Marketing

MON POURQUOI

....

....

MON OBJECTIF DU JOUR

....

....

MES PRIORITÉS

1. ....
2. ....
3. ....

MES PROBLÈMES À RÉGLER

1. ....
2. ....
3. ....

FIN DE JOURNÉE

MON NIVEAU D'ÉNERGIE

☹ ☐☐☐☐☐☐☐☐☐☐ ☺

MES SUCCÈS DU JOUR

1. ....
2. ....
3. ....

MES ÉCHECS DU JOUR

1. ....
2. ....
3. ....

MES APPRENTISSAGES

1. ....
2. ....
3. ....

VENDREDI : ....

DÉBUT DE JOURNÉE

MON NIVEAU D'ÉNERGIE

☹ □□□□□□□□□□ ☺

MON FOCUS

Préparation Vente Finance Partenaires Marketing

MON POURQUOI

....

....

MON OBJECTIF DU JOUR

....

....

MES PRIORITÉS

1. ....
2. ....
3. ....

MES PROBLÈMES À RÉGLER

1. ....
2. ....
3. ....

FIN DE JOURNÉE

MON NIVEAU D'ÉNERGIE

☹ □□□□□□□□□□ ☺

MES SUCCÈS DU JOUR

1. ....
2. ....
3. ....

MES ÉCHECS DU JOUR

1. ....
2. ....
3. ....

MES APPRENTISSAGES

1. ....
2. ....
3. ....

SAMEDI : ....

DÉBUT DE JOURNÉE

MON NIVEAU D'ÉNERGIE

☹ ☐☐☐☐☐☐☐☐☐☐ ☺

MON FOCUS

Préparation Vente Finance Partenaires Marketing

MON POURQUOI

....

....

MON OBJECTIF DU JOUR

....

....

MES PRIORITÉS

1. ....
2. ....
3. ....

MES PROBLÈMES À RÉGLER

1. ....
2. ....
3. ....

FIN DE JOURNÉE

MON NIVEAU D'ÉNERGIE

☹ ☐☐☐☐☐☐☐☐☐☐ ☺

MES SUCCÈS DU JOUR

1. ....
2. ....
3. ....

MES ÉCHECS DU JOUR

1. ....
2. ....
3. ....

MES APPRENTISSAGES

1. ....
2. ....
3. ....

DIMANCHE : ....

DÉBUT DE JOURNÉE

MON NIVEAU D'ÉNERGIE

☹ ☐☐☐☐☐☐☐☐☐☐ ☺

MON FOCUS

Préparation Vente Finance Partenaires Marketing

MON POURQUOI

....

....

MON OBJECTIF DU JOUR

....

....

MES PRIORITÉS

1. ....
2. ....
3. ....

MES PROBLÈMES À RÉGLER

1. ....
2. ....
3. ....

FIN DE JOURNÉE

MON NIVEAU D'ÉNERGIE

☹ ☐☐☐☐☐☐☐☐☐☐ ☺

MES SUCCÈS DU JOUR

1. ....
2. ....
3. ....

MES ÉCHECS DU JOUR

1. ....
2. ....
3. ....

MES APPRENTISSAGES

1. ....
2. ....
3. ....

LE BILAN DE LA SEMAINE

SEMAINE 10

AVANCEMENT DE MON PROJET

☹ □□□□□□□□□□ ☺

MES PLUS BELLES RÉUSSITES

....

....

....

....

MES PRINCIPAUX ÉCHECS

....

....

....

....

MES APPRENTISSAGES MAJEURS

....

....

....

....

....

« FAIS DE TA VIE UN RÊVE
ET D'UN RÊVE UNE RÉALITÉ. »

ANTOINE DE SAINT-EXUPÉRY

« UN PESSIMISTE VOIT LA DIFFICULTÉ
DANS CHAQUE OPPORTUNITÉ.
UN OPTIMISTE VOIT UNE OPPORTUNITÉ
DANS CHAQUE DIFFICULTÉ. »

WINSTON CHURCHILL

SEMAINE 11
MESUREZ LA TRACTION COMMERCIALE ET LES SIGNAUX FAIBLES

Cela fait un mois que votre MVP est lancé. Vous commencez à avoir de premiers signaux commerciaux. Qu'ils soient forts ou faibles, cela ne change rien. Il y a deux cas de figure sur cette semaine 11 :

- Soit vous avez perçu des signaux, auquel cas votre projet peut devenir une entreprise. Les chances de succès sont relativement importantes.
- Soit vous n'avez aucun signal, auquel cas les choses semblent mal parties. Un gros pivot semble nécessaire.

QUE DEVEZ-VOUS FAIRE ?	PROBLÈMES À RÉGLER
■ Étudiez vos chiffres de vente. ■ Comparez la quantité de devis émis aux contrats effectivement signés. ■ Vérifiez le nombre d'inscriptions. ■ Faites un point sur vos rendez-vous commerciaux. ■ Listez les autres signaux : sont-ils encourageants ?	....

ACTIONS PRIORITAIRES	PERSONNES À CONTACTER
....	....

LUNDI : ....

DÉBUT DE JOURNÉE

MON NIVEAU D'ÉNERGIE

☹ □□□□□□□□□□ ☺

MON FOCUS

Préparation Vente Finance Partenaires Marketing

MON POURQUOI

....

....

MON OBJECTIF DU JOUR

....

....

MES PRIORITÉS

1. ....
2. ....
3. ....

MES PROBLÈMES À RÉGLER

1. ....
2. ....
3. ....

FIN DE JOURNÉE

MON NIVEAU D'ÉNERGIE

☹ □□□□□□□□□□ ☺

MES SUCCÈS DU JOUR

1. ....
2. ....
3. ....

MES ÉCHECS DU JOUR

1. ....
2. ....
3. ....

MES APPRENTISSAGES

1. ....
2. ....
3. ....

MARDI : ....

DÉBUT DE JOURNÉE

MON NIVEAU D'ÉNERGIE

☹ □□□□□□□□□□ ☺

MON FOCUS

Préparation Vente Finance Partenaires Marketing

MON POURQUOI

....

....

MON OBJECTIF DU JOUR

....

....

MES PRIORITÉS

1. ....
2. ....
3. ....

MES PROBLÈMES À RÉGLER

1. ....
2. ....
3. ....

FIN DE JOURNÉE

MON NIVEAU D'ÉNERGIE

☹ □□□□□□□□□□ ☺

MES SUCCÈS DU JOUR

1. ....
2. ....
3. ....

MES ÉCHECS DU JOUR

1. ....
2. ....
3. ....

MES APPRENTISSAGES

1. ....
2. ....
3. ....

MERCREDI : ....

DÉBUT DE JOURNÉE

MON NIVEAU D'ÉNERGIE

☹ ☐☐☐☐☐☐☐☐☐☐ ☺

MON FOCUS

Préparation Vente Finance Partenaires Marketing

MON POURQUOI

....

....

MON OBJECTIF DU JOUR

....

....

MES PRIORITÉS

1. ....
2. ....
3. ....

MES PROBLÈMES À RÉGLER

1. ....
2. ....
3. ....

FIN DE JOURNÉE

MON NIVEAU D'ÉNERGIE

☹ ☐☐☐☐☐☐☐☐☐☐ ☺

MES SUCCÈS DU JOUR

1. ....
2. ....
3. ....

MES ÉCHECS DU JOUR

1. ....
2. ....
3. ....

MES APPRENTISSAGES

1. ....
2. ....
3. ....

JEUDI : ....

DÉBUT DE JOURNÉE

MON NIVEAU D'ÉNERGIE

☹ ☐☐☐☐☐☐☐☐☐☐ ☺

MON FOCUS

Préparation Vente Finance Partenaires Marketing

MON POURQUOI

....

....

MON OBJECTIF DU JOUR

....

....

MES PRIORITÉS

1. ....
2. ....
3. ....

MES PROBLÈMES À RÉGLER

1. ....
2. ....
3. ....

FIN DE JOURNÉE

MON NIVEAU D'ÉNERGIE

☹ ☐☐☐☐☐☐☐☐☐☐ ☺

MES SUCCÈS DU JOUR

1. ....
2. ....
3. ....

MES ÉCHECS DU JOUR

1. ....
2. ....
3. ....

MES APPRENTISSAGES

1. ....
2. ....
3. ....

VENDREDI : ....

DÉBUT DE JOURNÉE

MON NIVEAU D'ÉNERGIE

☹ ☐☐☐☐☐☐☐☐☐☐ ☺

MON FOCUS

Préparation Vente Finance Partenaires Marketing

MON POURQUOI

....

....

MON OBJECTIF DU JOUR

....

....

MES PRIORITÉS

1. ....
2. ....
3. ....

MES PROBLÈMES À RÉGLER

1. ....
2. ....
3. ....

FIN DE JOURNÉE

MON NIVEAU D'ÉNERGIE

☹ ☐☐☐☐☐☐☐☐☐☐ ☺

MES SUCCÈS DU JOUR

1. ....
2. ....
3. ....

MES ÉCHECS DU JOUR

1. ....
2. ....
3. ....

MES APPRENTISSAGES

1. ....
2. ....
3. ....

SAMEDI : ....

DÉBUT DE JOURNÉE

MON NIVEAU D'ÉNERGIE

☹ ☐☐☐☐☐☐☐☐☐☐ ☺

MON FOCUS

Préparation Vente Finance Partenaires Marketing

MON POURQUOI

....

....

MON OBJECTIF DU JOUR

....

....

MES PRIORITÉS

1. ....
2. ....
3. ....

MES PROBLÈMES À RÉGLER

1. ....
2. ....
3. ....

FIN DE JOURNÉE

MON NIVEAU D'ÉNERGIE

☹ ☐☐☐☐☐☐☐☐☐☐ ☺

MES SUCCÈS DU JOUR

1. ....
2. ....
3. ....

MES ÉCHECS DU JOUR

1. ....
2. ....
3. ....

MES APPRENTISSAGES

1. ....
2. ....
3. ....

DIMANCHE : ....

DÉBUT DE JOURNÉE

MON NIVEAU D'ÉNERGIE

☹ ☐ ☐ ☐ ☐ ☐ ☐ ☐ ☐ ☐ ☐ ☺

MON FOCUS

MON POURQUOI

....

....

MON OBJECTIF DU JOUR

....

....

MES PRIORITÉS

1. ....
2. ....
3. ....

MES PROBLÈMES À RÉGLER

1. ....
2. ....
3. ....

FIN DE JOURNÉE

MON NIVEAU D'ÉNERGIE

☹ ☐ ☐ ☐ ☐ ☐ ☐ ☐ ☐ ☐ ☐ ☺

MES SUCCÈS DU JOUR

1. ....
2. ....
3. ....

MES ÉCHECS DU JOUR

1. ....
2. ....
3. ....

MES APPRENTISSAGES

1. ....
2. ....
3. ....

LE BILAN DE LA SEMAINE

SEMAINE 11

AVANCEMENT DE MON PROJET

☹ □□□□□□□□□□ ☺

MES PLUS BELLES RÉUSSITES

....

....

....

....

MES PRINCIPAUX ÉCHECS

....

....

....

....

MES APPRENTISSAGES MAJEURS

....

....

....

....

....

« LA CHUTE N'EST PAS UN ÉCHEC. L'ÉCHEC, C'EST DE RESTER LÀ OÙ ON EST TOMBÉ. »

ALAIN

« NE FAITES PAS LES CHOSES POUR LES RÉSULTATS, MAIS TOUT SIMPLEMENT POUR ÊTRE FIER DE VOUS. »

DAVID LAROCHE

SEMAINE 12
ABANDONNEZ OU ACCÉLÉREZ

Le temps est venu de prendre des décisions importantes. Pour vous aider dans vos arbitrages, voici les trois scénarios possibles :

- Les signaux sont forts ou faibles : vous pouvez lancer votre entreprise.
- Les signaux sont inexistants : vous faites un pivot, car vous êtes convaincu que ce projet va marcher.
- Les signaux sont inexistants : vous abandonnez.

QUE DEVEZ-VOUS FAIRE ?	PROBLÈMES À RÉGLER
■ Faites les choix qui s'imposent. ■ Si vous continuez le projet, construisez (définition d'une stratégie et d'objectifs, étapes juridiques, etc.). ■ Si vous abandonnez, tirez les leçons de cette aventure incroyable.	....

ACTIONS PRIORITAIRES	PERSONNES À CONTACTER
....	....

LUNDI : ....

DÉBUT DE JOURNÉE

MON NIVEAU D'ÉNERGIE

☹ ☐☐☐☐☐☐☐☐☐☐ ☺

MON FOCUS

Préparation Vente Finance Partenaires Marketing

MON POURQUOI

....

....

MON OBJECTIF DU JOUR

....

....

MES PRIORITÉS

1. ....
2. ....
3. ....

MES PROBLÈMES À RÉGLER

1. ....
2. ....
3. ....

FIN DE JOURNÉE

MON NIVEAU D'ÉNERGIE

☹ ☐☐☐☐☐☐☐☐☐☐ ☺

MES SUCCÈS DU JOUR

1. ....
2. ....
3. ....

MES ÉCHECS DU JOUR

1. ....
2. ....
3. ....

MES APPRENTISSAGES

1. ....
2. ....
3. ....

MARDI : ....

DÉBUT DE JOURNÉE

MON NIVEAU D'ÉNERGIE

☹ ☐☐☐☐☐☐☐☐☐☐ ☺

MON FOCUS

Préparation Vente Finance Partenaires Marketing

MON POURQUOI

....

....

MON OBJECTIF DU JOUR

....

....

MES PRIORITÉS

1. ....
2. ....
3. ....

MES PROBLÈMES À RÉGLER

1. ....
2. ....
3. ....

FIN DE JOURNÉE

MON NIVEAU D'ÉNERGIE

☹ ☐☐☐☐☐☐☐☐☐☐ ☺

MES SUCCÈS DU JOUR

1. ....
2. ....
3. ....

MES ÉCHECS DU JOUR

1. ....
2. ....
3. ....

MES APPRENTISSAGES

1. ....
2. ....
3. ....

SEMAINE 1
SEMAINE 2
SEMAINE 3
SEMAINE 4
SEMAINE 5
SEMAINE 6
SEMAINE 7
SEMAINE 8
SEMAINE 9
SEMAINE 10
SEMAINE 11
SEMAINE 12

MERCREDI : ....

DÉBUT DE JOURNÉE

MON NIVEAU D'ÉNERGIE

☹ ☐ ☐ ☐ ☐ ☐ ☐ ☐ ☐ ☐ ☐ ☺

MON FOCUS

Préparation Vente Finance Partenaires Marketing

MON POURQUOI

....

....

MON OBJECTIF DU JOUR

....

....

MES PRIORITÉS

1. ....
2. ....
3. ....

MES PROBLÈMES À RÉGLER

1. ....
2. ....
3. ....

FIN DE JOURNÉE

MON NIVEAU D'ÉNERGIE

☹ ☐ ☐ ☐ ☐ ☐ ☐ ☐ ☐ ☐ ☐ ☺

MES SUCCÈS DU JOUR

1. ....
2. ....
3. ....

MES ÉCHECS DU JOUR

1. ....
2. ....
3. ....

MES APPRENTISSAGES

1. ....
2. ....
3. ....

JEUDI : ....

DÉBUT DE JOURNÉE

MON NIVEAU D'ÉNERGIE

☹ □□□□□□□□□□ ☺

MON FOCUS

Préparation Vente Finance Partenaires Marketing

MON POURQUOI

....

....

MON OBJECTIF DU JOUR

....

....

MES PRIORITÉS

1. ....
2. ....
3. ....

MES PROBLÈMES À RÉGLER

1. ....
2. ....
3. ....

FIN DE JOURNÉE

MON NIVEAU D'ÉNERGIE

☹ □□□□□□□□□□ ☺

MES SUCCÈS DU JOUR

1. ....
2. ....
3. ....

MES ÉCHECS DU JOUR

1. ....
2. ....
3. ....

MES APPRENTISSAGES

1. ....
2. ....
3. ....

VENDREDI : ....

DÉBUT DE JOURNÉE

MON NIVEAU D'ÉNERGIE

☹ ☐☐☐☐☐☐☐☐☐☐ ☺

MON FOCUS

Préparation Vente Finance Partenaires Marketing

MON POURQUOI

....

....

MON OBJECTIF DU JOUR

....

....

MES PRIORITÉS

1. ....
2. ....
3. ....

MES PROBLÈMES À RÉGLER

1. ....
2. ....
3. ....

FIN DE JOURNÉE

MON NIVEAU D'ÉNERGIE

☹ ☐☐☐☐☐☐☐☐☐☐ ☺

MES SUCCÈS DU JOUR

1. ....
2. ....
3. ....

MES ÉCHECS DU JOUR

1. ....
2. ....
3. ....

MES APPRENTISSAGES

1. ....
2. ....
3. ....

SAMEDI : ....

DÉBUT DE JOURNÉE

MON NIVEAU D'ÉNERGIE

☹ ☐☐☐☐☐☐☐☐☐☐ ☺

MON FOCUS

Préparation Vente Finance Partenaires Marketing

MON POURQUOI

....

....

MON OBJECTIF DU JOUR

....

....

MES PRIORITÉS

1. ....
2. ....
3. ....

MES PROBLÈMES À RÉGLER

1. ....
2. ....
3. ....

FIN DE JOURNÉE

MON NIVEAU D'ÉNERGIE

☹ ☐☐☐☐☐☐☐☐☐☐ ☺

MES SUCCÈS DU JOUR

1. ....
2. ....
3. ....

MES ÉCHECS DU JOUR

1. ....
2. ....
3. ....

MES APPRENTISSAGES

1. ....
2. ....
3. ....

DIMANCHE : ....

DÉBUT DE JOURNÉE

MON NIVEAU D'ÉNERGIE

☹ ☐☐☐☐☐☐☐☐☐☐ ☺

MON FOCUS

Préparation Vente Finance Partenaires Marketing

MON POURQUOI

....

....

MON OBJECTIF DU JOUR

....

....

MES PRIORITÉS

1. ....
2. ....
3. ....

MES PROBLÈMES À RÉGLER

1. ....
2. ....
3. ....

FIN DE JOURNÉE

MON NIVEAU D'ÉNERGIE

☹ ☐☐☐☐☐☐☐☐☐☐ ☺

MES SUCCÈS DU JOUR

1. ....
2. ....
3. ....

MES ÉCHECS DU JOUR

1. ....
2. ....
3. ....

MES APPRENTISSAGES

1. ....
2. ....
3. ....

LE BILAN DE LA SEMAINE

SEMAINE 12

AVANCEMENT DE MON PROJET

☹ □□□□□□□□□□ ☺

MES PLUS BELLES RÉUSSITES

....

....

....

....

MES PRINCIPAUX ÉCHECS

....

....

....

....

MES APPRENTISSAGES MAJEURS

....

....

....

....

....

Félicitations,
vous êtes arrivé au bout de ce guide !

Nous espérons vous avoir aidé
dans votre parcours et vous souhaitons
toute la réussite possible dans votre projet.